高等院校

中华优秀传统文化教材

主编◎过常宝

北京师范大学出版集团
BEIJING NORMAL UNIVERSITY PUBLISHING GROUP
北京师范大学出版社

图书在版编目（CIP）数据

高等院校中华优秀传统文化/ 过常宝主编.—北京：
北京师范大学出版社， 2017. 1 (2021.9重印)
ISBN 978－7－303－21815－8

Ⅰ.①高…　Ⅱ.①过…　Ⅲ.①中华文化－高等学校－教材
Ⅳ.①K203

中国版本图书馆 CIP 数据核字（2016）第 296146 号

营　销　中　心　电　话	010－58802755　58800035
北师大出版社高等教育分社网	http://zjfs.bnup.com
电　子　信　箱	zhijiao@ bnupg.com

出版发行：北京师范大学出版社 www.bnup.com
　　　　　北京市西城区新街口外大街 12-3 号
　　　　　邮政编码： 100088
印　　刷：保定市中画美凯印刷有限公司
经　　销：全国新华书店
开　　本：787 mm×1092 mm　1/16
印　　张：14.75
字　　数：310 千字
版　　次：2017 年 1 月第 1 版
印　　次：2021 年 9 月第 5 次印刷
定　　价：38.80 元

策划编辑：曹　巍　周　强	责任编辑：曹　巍　周　强
美术编辑：高　霞	装帧设计：楠竹文化
责任校对：陈　民	责任印制：陈　涛

编委会

编写说明

中华民族有着悠久的历史，有着特点鲜明的文化形态和绚丽灿烂的文化成果，它维系了中华民族五千年的发展，也确证着每一个中国人的文化身份。优秀传统文化既是我们的精神故乡，也是我们面向未来的基石。如习近平总书记所说："优秀传统文化是一个国家、一个民族传承和发展的根本，如果丢掉了，就割断了精神命脉。"（《在纪念孔子诞辰 2565 周年国际学术研讨会暨国际儒学联合会第五届会员大会开幕式上的讲话》）因此，继承和光大优秀传统文化，是当代社会文化发展的必经之路，也是每一个中国人光荣的使命和不可推卸的责任。

中华优秀传统文化作为一门课程，进入高等院校，目的在于丰富青年学生的传统文化知识，提升青年学生的民族文化信念，更在于鼓励青年学生身体力行，因此，优秀传统文化课程具有知识性和实践性的双重性质。中华优秀传统文化是丰富而复杂的，在不同的历史发展阶段、不同的社会层次上，有着更为复杂的汰择、重构现象，此外，当代社会及青年学生在文化接受上，又有着自己的需求和特点，因此，怎样才能编撰出既能完整清晰地体现出优秀传统文化的精神和脉络，又切合时代需要的教材，就成为一个非常严肃而困难的问题。优秀传统文化作为一个学科，还只是在开始阶段，有很多基本性的问题还在探索之中：这一学科的领域，它和其他传统学科的关系，"优秀性"的界定，等等，都还没有形成共识。多数此类教材偏重于思想观念、社会制度、历史知识的描述，条理清晰，表述系统，其开辟之功，编撰之法，颇值得称赞和借鉴。但过于理论化的编排方式，不利于对文化事项的直观把握，也难以传达出传统文化所应有的体验性特征，有鉴于此，我们期望能够在此基础上，编出一本更为直观、更贴近传统文化，也更能引发学生思考的教材。

本教材采取主题单元的结构，包括了社会观念、生活习俗、行业技艺、宗教思想、社会制度、文学艺术、历史发展等多个层次和方面，并期望通过这些主题，体现出优秀传统文化的丰富性和体系性。每一单元课文则主要由经典古文组成。这些文章既有充实的文化内涵，又具有晓畅雅致的文采，编者希望通过这些文章的组合，体现出单元的主题。古文，是传统文化的重要载体，它自身也是传统文化的有机组成部分，还可以给学生提供一个虽然有限却有意义的文化场景，提供更多涵泳、体悟的机会，从而使学生能更加贴近文化传统。编者在每单元安排了一篇相关的现代文，目的是为了更准确、全面地阐释本单元的文化主题，或者表现出传统文化在现当代的传承。几篇选文还难以完整地呈现某类或某个文化观念或文化现象，为了尽可能克服这种局限性，编者还在教材中设置了"导语""知识链接""参考书""思考题"等多个环节，以弥补选文的不足，同时启发学生探讨和实践的兴趣。

面对着博大精深的中华优秀传统文化，一本教材远不能囊括其全貌，但编者仍然希望其能够展示出中华优秀传统文化的脉络、特征和精华，希望它能够激发青年学生学习、实践传统文化的兴趣，并为青年学生提供一个探寻传统文化的门径。就此而言，本教材的单元设置和选文，只是提供了一个框架和指引，我们期待授课老师和学生能够结合自身的情况，灵活使用本教材，并在教学中进一步拓展、补充、发挥，加强互动和实践环节，使得这门课程更加丰满。

最后，我们迫切期待着各位老师、同学以及其他读者，能够对我们这次尝试提出宝贵意见，以便我们进一步修改、完善，为优秀传统文化的传播和发展作出更大的贡献。

编　者

目录

第一单元

人伦纲常

 导语

　　所谓人伦，指中国传统社会中有关人与人之间关系的各种伦理规范。在儒家思想体系中，人伦主要包含夫妇、父子、兄弟、朋友、君臣五种关系。

　　家庭是社会最基本的单元，夫妇之道乃人伦之始，夫妇关系奠定了社会伦理的基础。而中国古代夫妇关系的基本原则是夫妇有别。"夫妇者何谓也？夫者，扶也，以道扶接也；妇者，服也，以礼屈服也。"（《白虎通·三纲六纪》）丈夫应该贯彻道义的原则，引导妻子；妻子则应该遵循礼制的要求，服从于丈夫。总体上主张男尊女卑。但妻子对丈夫的服从并不是盲目的，而是要事之以"道"，事之以"礼"。

　　有夫妇然后有父子。孔子主张"父父，子子"，即父亲要尽到做父亲的责任，儿子要承担做儿子的义务。为父之道的核心是"慈"。家长对于子女必须要有慈爱之心，但也不能一味纵容。"凡为家长，必谨守礼法，以御群子弟及家众。"（司马光《涑水家仪》）父母在关爱子女的同时，还要不失权威，以身作则，去正确地引导子女。为子之道的核心是"孝"。子女必须在物质和精神两个方面满足父母的基本需求。当然，自珍自爱，奋发有为，为父母争光也是子女尽孝的应有之义。《孝经》云："身体发肤，受之父母，不敢毁伤，孝之始也；立身行道，扬名于后世，以显父母，孝之终也。"身体毛发皮肤是父母给予我们的，我们必须珍惜它、爱护它，健康长成，按照正确的原则做人，做事，从而使自己得到后人的敬重，让后世知道自己的父母教育有方，这是尽孝的最终意义。故而孝并不是对子女的一种束缚，而是建立在亲情之上的对父母由衷的爱。

　　有父子然后有兄弟。《诗经·小雅·常棣》云："常棣之华，鄂不韡韡。凡今之人，莫如兄弟。"常棣花开常常两三朵彼此相依，诗人以此起兴，赞颂了兄弟之间的亲情。处理兄弟关系的基本原则是"兄友弟恭"，即兄弟间要互敬互爱。只有做到这一点，家庭乃至家族的和睦才成为可能。

走出家门，步入社会，朋友则成了我们日常生活中极为重要的人际关系。"友也者，友其德也。"（《孟子·万章下》）友情必须建立在以诚信为核心的道德基础之上。金钱、权势等因素在真正的友谊中是没有立足之地的，"世人结交须黄金，黄金不多交不深。纵令然诺暂相许，终是悠悠行路心"（张谓《题长安壁主人》），权钱交易带来的终究不是友情，而只是表面的诌媚逢迎。

在传统文化中，君臣是人伦关系中非常重要的一环，《礼记·大学》提出了"修身齐家治国平天下"的人生修养模式，将个人道德修养与国家治理紧密地结合在了一起。而这一修养路径正体现了中国古代士人一直秉持的人生理想，即"学而优则仕"。"君明臣忠"是调整、规范这种关系的基本道德要求。君主贤明，则可选贤任能；臣下忠诚，则可竭尽股肱之力。只有如此，政治才能清明，国家始可富强。但随着君主专制制度的建立与完善，忠君得到了片面的强调，以至于出现了"臣之事君，有死无贰"的愚忠思想，而对君主的道德约束力则逐渐减弱，臣沦为君主的附庸。

所谓纲常，即三纲五常的简称，是西汉及其以后儒家伦理文化的核心。三纲指君为臣纲、父为子纲、夫为妇纲。五常则是三纲的具体化，是处理君臣、父子、夫妇、上下尊卑关系的基本法则，包括仁、义、礼、智、信五种道德规范。西汉董仲舒在《春秋繁露》中首次提出这两个概念。他根据阳尊阴卑的理论，认为君、父、夫处于主宰的地位；臣、子、妇处于服从的地位，从而确立了君权、父权、夫权的绝对统治地位。此后，三纲五常理论便不断地得到发展、完善，最终在宋代朱熹那里成为了一套完整的政治伦理道德体系。三纲五常作为调整、规范各种人伦关系的基本准则，作为传统社会教化天下、维持社会伦理秩序的基础，在塑造个人性格、促进家庭和睦、维持社会稳定等方面有着积极而重要的意义。但它也有着消极的一面，如过分强调上下尊卑而导致缺乏自由民主精神、个人只服从而无主见等，对社会的发展造成了不利的影响。

面对中国历史悠久、积淀丰厚的传统人伦文化，我们必须剔除其中不利于社会发展的成分，继承其中的精华部分，如讲究孝道、追求诚信、宽以待人、崇尚和谐等，对于我们建设中国特色社会主义文化，构建社会主义和谐社会，意义重大。

主题课文

陈情表①

李 密

晋灭蜀汉之后，东吴尚存，晋武帝为笼络东吴民心，减少灭吴阻力，对亡国之臣采取怀柔政策。同时，晋武帝采取以孝治天下的策略来稳定社会秩序。李密为亡国之臣，又以孝闻名于世，因此屡被朝廷征召。对于李密来说，出来做官就面临两大难题：祖母刘病重，无人赡养；对蜀汉不忠，于心难安。可是不出来做官，晋武帝又会认为他对西晋政权不满，从而招来杀身之祸。在矛盾与恐惧之中，李密写下了这篇感人肺腑的《陈情表》。

　　臣密言：臣以险衅②，夙遭闵凶③。生孩六月，慈父见背④。行年四岁，舅夺母志⑤。祖母刘，愍臣孤弱⑥，躬亲抚养。臣少多疾病，九岁不行，零丁孤苦，至于成立。既无叔伯，终鲜兄弟。门衰祚薄，晚有儿息⑦。外无期功强近之亲⑧，内无应门五尺之童⑨，茕茕孑立⑩，形影相吊。而刘夙婴疾病，常在床蓐，臣侍汤药，未尝废离。

---

　　① 本文选自《古文观止》（中华书局1978年版）。李密（224—287），字令伯，犍为武阳（今四川彭山）人。以孝闻于乡里。初仕蜀汉，任尚书郎。蜀汉灭亡后，晋武帝屡次征召，他以祖母病重，无人赡养而力辞。祖母去世后，历任太子洗马、汉中太守，后免官，卒于家中。表，封建时代臣子给皇帝的奏章。

　　② 险衅：灾难祸患。

　　③ 夙：早。闵凶：忧患凶险，此处指不幸的事情。闵，同"悯"，忧患。

　　④ 见背：去世。

　　⑤ 舅夺母志：指李密之舅父逼迫李密的母亲改嫁。

　　⑥ 愍：哀怜。

　　⑦ 儿息：儿子。

　　⑧ 期功强近之亲：指比较亲近的亲戚。期功，古代的服丧制度。期，服丧一年；功，按照亲疏分为大功和小功，大功服丧九个月，小功五个月。

　　⑨ 应门：照管门户。

　　⑩ 茕茕孑立：孤独无依。茕茕，孤单的样子。孑立，孤立。

逮奉圣朝，沐浴清化①。前太守臣逵察臣孝廉②，后刺史臣荣举臣秀才③。臣以供养无主，辞不赴命。诏书特下，拜臣郎中④，寻蒙国恩，除臣洗马⑤。猥以微贱⑥，当侍东宫，非臣陨首所能上报。臣具以表闻，辞不就职。诏书切峻，责臣逋慢⑦；郡县逼迫，催臣上道；州司临门，急于星火。臣欲奉诏奔驰，则以刘病日笃⑧；欲苟顺私情，则告诉不许⑨。臣之进退，实为狼狈。

伏惟圣朝以孝治天下，凡在故老，犹蒙矜育⑩，况臣孤苦，特为尤甚。且臣少仕伪朝，历职郎署，本图宦达，不矜名节⑪。今臣亡国贱俘，至微至陋，过蒙拔擢，宠命优渥，岂敢盘桓，有所希冀！但以刘日薄西山，气息奄奄，人命危浅，朝不虑夕。臣无祖母，无以至今日，祖母无臣，无以终余年。母孙二人，更相为命，是以区区不能废远⑫。臣密今年四十有四，祖母刘今年九十有六，是臣尽节于陛下之日长，报养刘之日短也。乌鸟私情⑬，愿乞终养。

臣之辛苦，非独蜀之人士及二州牧伯所见明知，皇天后土，实所共鉴。愿陛下矜愍愚诚，听臣微志。庶刘侥幸，卒保余年。臣生当陨首，死当结草⑭。臣不胜犬马怖惧之情，谨拜表以闻。

知识链接

忠而被谤：屈原（约前340—约前278），战国时期楚国诗人、政治家。早年深得楚怀

---

① 清化：清明的政治教化。
② 孝廉：汉代选拔人才的一种科目，由地方郡国向中央推荐孝顺父母、行为方正的人。魏晋时仍沿用。逵：人名，生平不详。
③ 秀才：汉代与孝廉并为选拔人才的科目，由地方向中央推举优秀的人才，与科举时代的"秀才"不一样。魏晋时仍沿用。荣：人名，生平不详。
④ 郎中：官名，尚书诸曹司中的官员，分管各司事务。
⑤ 洗马：太子的属官，执掌图书典籍。
⑥ 猥：谦词，犹言辱。
⑦ 逋慢：逃避怠慢。
⑧ 笃：病沉重。
⑨ 告诉：申诉。
⑩ 矜育：怜悯、养育。
⑪ 名节：名誉与节操。
⑫ 是以区区不能废远：《晋书·李密传》作"是以私情区区不敢弃远"。区区，情感真挚恳切。废远，废止奉养，远离祖母。
⑬ 乌鸟私情：乌鸦反哺，以此来比喻子女奉养父母的孝心。
⑭ 结草：《左传·宣公十五年》载，晋国大夫魏武子病重时，嘱咐其子魏颗用其爱妾来殉葬。魏武子死后，魏颗并没照做。后来魏颗与秦将杜回交战，见到一位老人结草将杜回绊倒，因而擒获杜回。魏颗夜间梦见此位老人，自称魏武子爱妾的父亲，特来报恩。后来即用"结草"指代报答恩情。

王信任，任左徒，兼掌内政外交。后由于上官大夫等小人的毁谤，怀王疏远了屈原，免去了他左徒的官职，并且不让他参议国家大事。虽然如此，屈原仍旧心系怀王，屡次犯险进谏，希望怀王能够幡然醒悟。他此时创作的《离骚》即充分地表明了自己引君正道以兴国的崇高理想。后来，怀王被秦所骗，不断战败，连自己也被骗到秦国，做了三年俘虏，最终客死于秦。此时屈原正被流放汉北，闻听怀王死讯，悲痛异常，于是写下了独具特色的诗篇《招魂》，想借此招回客死秦地的怀王的魂魄。楚襄王时期，屈原被流放到长江以南，但他仍然心念故国，希望能为国尽力，后闻秦军攻破郢都，投汨罗江而死。屈原被后人认为是忠君爱国的典范。

湖南汨罗屈原天问坛

《出师表》：诸葛亮（181—234），字孔明，琅琊阳都（今山东临沂市沂南县）人，三国时期蜀汉丞相。为实现全国统一，诸葛亮在平定了南方孟获等人的叛乱后，于227年北上伐魏。临行前，他上书后主刘禅，劝他广开言路，申明法度，亲贤臣，远小人。在此表中，诸葛亮十三次提及"先帝"，七次讲到"陛下"，处处不忘先帝刘备遗德，时时为后主刘禅着想，"报先帝""忠陛下"的思想贯穿全文。《出师表》由于充分地表达了诸葛亮对蜀汉政权的忠贞不二，故深受后人推崇，如苏轼曰："读《出师表》不下泪者，其人必不忠。"陆游感慨曰："出师一表真名世，千载谁堪伯仲间。"

精忠报国：岳飞（1103—1142），字鹏举，相州汤阴（今河南安阳汤阴县）人。出仕前，母亲在其背上刺了"精忠报国"四字，期望他能够为国竭尽忠诚。投军后的十余年间，他率领岳家军同金军进行了大小数百次战斗，所向披靡。1140年，完颜兀术废除对南宋的和议，统军南下，宋高宗赵构无奈之下命岳飞挥师北上。岳飞在郾城（今河南漯

四川武侯祠

诸葛亮像

河市西北）取得大捷之后，驻兵朱仙镇，兵锋直指金朝在中原的战略要地——开封。就在这抗金形势一片大好之时，宋高宗却以十二道金字牌责令岳飞撤军南退。在忠君思想的驱使下，他不得不下令班师。面对着中原人民的遮马痛哭，岳飞也只能以"吾不得擅留"的理由回答曾经支持他抗金的百姓。但以身许君、唯君命是从的他最终还是被迫害致死。

杭州岳王庙

思考题

1. 结合《陈情表》一文，谈谈古代"忠君"和"尽孝"的关系。

2. 以岳飞为例，谈谈你对古代"忠君"观念的认识。

3. 你还知道历史上哪些有名的忠臣？请举例说明。

拓展课文

《孝经》选①

提示

　　"孝"是中国传统文化的精华，而《孝经》则是中国孝文化的重要经典。《开宗明义章》是《孝经》全书的总纲，指出了孝的道德地位：孝的各个层次以及孝对人生的意义。《谏争章》指出了孝并不是一味服从。子女必须以"义"为基础，对父母的命令进行判断，以免陷父母于不义的境地。

开宗明义章第一

　　仲尼居②，曾子侍。子曰："先王有至德要道，以顺天下，民用和睦，上下无怨。汝知之乎？"曾子避席曰③："参不敏，何足以知之？"子曰："夫孝，德之本也，教之所由生也。复坐，吾语汝。身体发肤，受之父母，不敢毁伤，孝之始也；立身行道，扬名于后世，以显父母，孝之终也。夫孝，始于事亲，中于事君，终于立身。《大雅》云：'无念尔祖，聿修厥德。'④"

谏争章第十五⑤

　　曾子曰："若夫慈爱、恭敬、安亲、扬名，则闻命矣。敢问子从父之令，可谓孝乎？"子曰："是何言与，是何言与！昔者，天子有争臣七人，虽无道，不失其天下；诸侯有争

---

　　① 本文选自《孝经译注》（中华书局1996年版）。《孝经》是儒家十三经之一。全书共分18章，集中阐述了儒家的孝道思想。

　　② 居：闲坐。

　　③ 避席：古人席地而坐，在师长或尊贵者提问时，坐在席上的人要离开自己的座位，以示尊敬。

　　④ 无念尔祖，聿修厥德：语出《诗经·大雅·文王》。无、聿，皆为语首助词。诗句本是针对西周进用的殷商旧臣而言，告诫他们要怀念商的先祖，努力地修习道德。此处断章取义，单指怀念先祖，述修德行。

　　⑤ 争：通"诤"，照直说出别人的过错，使之改正。

臣五人，虽无道，不失其国；大夫有争臣三人，虽无道，不失其家；士有争友，则身不离于令名；父有争子，则身不陷于不义。故当不义，则子不可以不争于父；臣不可以不争于君；故当不义则争之。从父之令，又焉得为孝乎!"

知识链接

三年之丧与丁忧：三年之丧是中国古代丧服中最重的一种，指臣为君、子为父、妻为夫服丧三年（实际为二十七个月）。孔子云："子生三年，然后免于父母之怀。夫三年之丧，天下之通丧也。"（《论语·阳货》）孩子出生后，到三岁才能离开父母的怀抱，所以当父母去世后，子女也应该为父母守丧三年。由此可知，为父母守丧三年的制度是以子女对父母的爱为基础的。丁忧则指官员在父母去世后，辞官回到祖籍，为父母守制二十七个月。若无特殊情况，国家也不可以强招丁忧之人为官。三年之丧与丁忧均为中国传统孝道观念的体现。

二十四孝：中国古代二十四位孝子行孝的故事，包括孝感动天、戏彩娱亲、鹿乳奉亲、百里负米、啮指痛心、芦衣顺母、亲尝汤药、拾葚异器、埋儿奉母、卖身葬父、刻木事亲、涌泉跃鲤、怀橘遗亲、扇枕温衾、行佣供母、闻雷泣墓、哭竹生笋、卧冰求鲤、扼虎救父、恣蚊饱血、尝粪忧心、乳姑不怠、涤亲溺器、弃官寻母。这些故事均提倡孝道，总体意图是好的，但其中的一些行为，如埋儿奉母、卖身葬父、扼虎救父等，与现在提倡的自由、民主、人权等精神相违背，成为了文化糟粕，须摒弃。

子路百里负米图

思考题

1. 结合《孝经》，谈谈中国古代"孝"与个人成长的关系。

2. 结合下面《论语·为政》中的一段对话，谈谈我们应该如何向父母尽孝。

> 孟懿子问孝。子曰："无违。"樊迟御，子告之曰："孟孙问孝于我，我对曰：无违。"樊迟曰："何谓也?"子曰："生，事之以礼；死，葬之以礼，祭之以礼。"

3. 阅读"二十四孝"故事，并讨论哪些是值得我们学习和发扬的，哪些是应该修正或摒弃的。

治家（节选）①

颜之推

> **提示**
>
> 　　本文论述了治家的伦理准则。作者首先提出了"夫风化者，自上而行于下者也，自先而施于后者也"的观点，认为家庭教化的关键在于父亲、兄长、丈夫的示范作用。然后又从六个方面指出了治家的原则：一、不废责罚，宽猛相济；二、俭而不吝，施而不奢；三、自给自足，躬俭节用；四、婚姻清白，不求荣利；五、爱惜典籍，不可秽用；六、不在怪异荒诞之事上浪费钱财。这其中蕴含着很多优秀的伦理道德，值得现代人借鉴。

　　夫风化者②，自上而行于下者也，自先而施于后者也。是以父不慈则子不孝，兄不友则弟不恭，夫不义则妇不顺矣。父慈而子逆，兄友而弟傲，夫义而妇陵③，则天之凶民，

---

　　① 本文选自《颜氏家训集解》（中华书局1996年版）。颜之推（531—约590），字介，南北朝后期到隋朝初年著名的经学家、文学家、教育家。其所著《颜氏家训》，不仅是我国历史上第一部内容丰富的家训，同时也具有很高的学术价值。

　　② 风化：教育感化。

　　③ 陵：同"凌"，侵犯、欺侮。

乃刑戮之所摄①，非训导之所移也②。

笞怒废于家③，则竖子之过立见④；刑罚不中，则民无所措手足。治家之宽猛，亦犹国焉。

孔子曰："奢则不孙⑤，俭则固⑥。与其不孙也，宁固。"又云："如有周公之才之美，使骄且吝，其余不足观也已。"然则可俭而不可吝已。俭者，省约为礼之谓也；吝者，穷急不恤之谓也。今有施则奢，俭则吝，如能施而不奢，俭而不吝，可矣。

生民之本⑦，要当稼穑而食，桑麻以衣。蔬果之畜，园场之所产；鸡豚之善⑧，坫圈之所生⑨。爰及栋宇器械，樵苏脂烛⑩，莫非种殖之物也⑪。至能守其业者，闭门而为生之具以足⑫，但家无盐井耳⑬。今北土风俗，率能躬俭节用，以赡衣食；江南奢侈，多不逮焉⑭。

梁孝元世⑮，有中书舍人治家失度⑯，而过严刻，妻妾遂共货刺客，伺醉而杀之。

世间名士，但务宽仁，至于饮食饷馈⑰，僮仆减损，施惠然诺⑱，妻子节量⑲，狎侮宾客⑳，侵耗乡党：此亦为家之巨蠹矣。

齐吏部侍郎房文烈㉑，未尝嗔怒。经霖雨绝粮㉒，遣婢籴米㉓，因而逃窜，三四许日，

---

① 摄：同"慑"，慑服，使害怕。
② 移：改变。
③ 笞：用鞭子、木杖或竹板抽打。
④ 竖子：未成年的仆人。
⑤ 孙：同"逊"，谦逊。
⑥ 固：鄙陋。
⑦ 生民：生养人民。
⑧ 豚：小猪，此处泛指猪。善：同"膳"，食物。
⑨ 坫：墙壁上挖洞做成的鸡窝。圈：养家畜的围栏，此处指猪圈。
⑩ 樵苏脂烛：樵苏，柴草。脂烛，古人用大麻的果实灌以油脂，点燃之后用来照明，故称为脂烛。
⑪ 殖：通"植"。
⑫ 为生之具：生活所需的物品。
⑬ 盐井：产盐的井。
⑭ 逮：赶上，及。此句指南方人赶不上北方人懂得持家。
⑮ 梁孝元：南朝梁元帝萧绎。
⑯ 中书舍人：中书省的属官，掌管起草、传宣诏令，南朝时权力日重，参与机密及决策政务等重要工作。
⑰ 饷馈：馈赠。
⑱ 然诺：允诺，答应。
⑲ 节量：减少数量，克扣。
⑳ 狎侮：怠慢、侮弄。
㉑ 吏部侍郎：吏部的副长官，主管官吏的任免、考核、调动、升降。房文烈：北齐人，房景伯之子，任司徒左长史。
㉒ 霖雨：连绵大雨。
㉓ 籴（dí）米：买米。

方复擒之。房徐曰："举家无食，汝何处来？"竟无捶挞。尝寄人宅^①，奴婢彻屋为薪略尽^②，闻之颦蹙^③，卒无一言。

裴子野有疏亲故属饥寒不能自济者^④，皆收养之；家素清贫，时逢水旱，二石米为薄粥，仅得遍焉，躬自同之，常无厌色^⑤。

邺下有一领军^⑥，贪积已甚，家童八百^⑦，誓满一千；朝夕每人肴膳，以十五钱为率，遇有客旅，更无以兼^⑧。后坐事伏法^⑨，籍其家产^⑩，麻鞋一屋，弊衣数库，其余财宝，不可胜言。

南阳有人，为生奥博^⑪，性殊俭吝。冬至后女婿谒之^⑫，乃设一铜瓯酒^⑬，数脔獐肉^⑭；婿恨其单率^⑮，一举尽之。主人愕然，俯仰命益^⑯，如此者再；退而责其女曰："某郎好酒，故汝常贫。"及其死后，诸子争财，兄遂杀弟。

婚姻素对^⑰，靖侯成规^⑱。近世嫁娶，遂有卖女纳财，买妇输绢，比量父祖^⑲，计较锱铢^⑳，责多还少，市井无异。或猥婿在门，或傲妇擅室，贪荣求利，反招羞耻，可不慎欤！

借人典籍，皆须爱护，先有缺坏，就为补治，此亦士大夫百行之一也。济阳江禄^㉑，

---

① 寄人宅：以宅寄人，把房子借给别人居住。

② 彻：剥取、毁坏。

③ 颦蹙（pín cù）：皱眉蹙额，形容忧愁不乐。

④ 裴子野（469—530）：字几原，河东闻喜（今属山西）人，仕齐、梁二朝，著名的史学家、文学家，著有《宋略》等。

⑤ 厌色：厌倦的神色。

⑥ 领军：武官名，即领军将军，统领中央军队的重要军事长官之一。

⑦ 家童：亦作"家僮"，旧时为私家奴仆的统称。

⑧ 兼：加倍。

⑨ 坐事伏法：犯事而被处死。坐事，因事获罪。

⑩ 籍其家产：登记并没收他的家产。

⑪ 奥博：蓄积丰厚。

⑫ 婿：同"婿"。

⑬ 瓯：盛酒的器具。

⑭ 脔：小块的肉。

⑮ 单率：简单草率。

⑯ 俯仰：周旋，应付。益：增加。

⑰ 素对：清白的配偶。

⑱ 靖侯：颜含，字宏都，琅琊莘（今属山东）人，以孝闻名。因参与讨伐苏峻有功，封西平县侯，拜侍中。桓温曾求婚于颜含，颜含以其骄傲自满而不答应。致仕二十余年卒，享年九十三岁。成规，前人制定的规矩办法。

⑲ 比量：对比较量。

⑳ 锱铢：锱、铢均为古代很小的计量单位，比喻极其微小的数量。

㉑ 江禄：字彦遐，济阳考城（今河南民权）人。生卒年不详，约梁武帝天监六年前后在世。

读书未竟，虽有急速，必待卷束整齐①，然后得起，故无损败，人不厌其求假焉②。或有狼藉几案，分散部帙③，多为童幼婢妾之所点污，风雨虫鼠之所毁伤，实为累德④。吾每读圣人之书，未尝不肃敬对之；其故纸有《五经》词义⑤，及贤达姓名，不敢秽用也⑥。

吾家巫觋祷请⑦，绝于言议；符书章醮亦无祈焉⑧，并汝曹所见也，勿为妖妄之费。

知识链接

家训： 即父祖辈对子孙立身处世的教诲，其内容涉及修身、齐家、治国、平天下的方方面面，推崇忠孝仁爱，礼义廉耻，是中国传统文化，特别是伦理道德文化中极具特色的部分。知名的家训有司马光《家范》、叶梦得《石林家训》、朱柏庐《朱子家训》、焦循《里堂家训》、《曾国藩家训》等。

祠堂

耕读传家： 中国很多古宅、祠堂的门额上都题有"耕读传家"四个字。耕指耕田，通过亲身劳动获得五谷丰收，以养家糊口。读指读书，通过阅读圣贤之书，学习做人的道理，修身养性。"耕读传家"作为一种文化传统，源远流长，是中国传统农业社会小康之家努力追求的一种理想生活模式。

---

① 卷束：唐代之前的典籍一般都写在纸、绢之上作卷收藏，数卷为一束。
② 求假：借用。
③ 部帙：典籍的书卷编次。
④ 累德：损坏德行。
⑤ 其故纸有《五经》词义：故纸，废旧的纸张。《五经》，指《诗经》《尚书》《礼记》《周易》《春秋》的合称。
⑥ 秽用：在污秽之处使用。
⑦ 巫觋：女巫为巫，男巫为觋，皆为以装神弄鬼的形式替人祈祷求神的巫师。
⑧ 符书：即符箓，道士巫师画的一种图形符号，用以驱鬼辟邪。章醮（jiào）：向神灵拜献祈祷文，念经做法事，为道教的一种祈祷形式。

门阀制: 东汉末年至南北朝时,人们通过门第等级来区分士族与庶族在政治、经济、文化上的不同地位。这种制度造成国家的重要官职被大家族所垄断,个人的出身背景对其仕途的影响远大于其自身的实际能力。魏晋时期著名的士族有琅琊王氏、陈郡谢氏、高平郗氏、颍川庾氏等。

思考题

1. 《颜氏家训·治家》中所体现出的理想的家庭是什么样子?

2. 《大学》云:"古之欲明明德于天下者,先治其国;欲治其国者,先齐其家。"请分析"齐家"与"治国"的关系。

3. 阅读《朱子家训》,谈谈家训对于个人修身的作用。

闺房记乐(节选)①

沈 复

> **提示**
>
> 《闺房记乐》是《浮生六记》的第一记,既描写了沈复、陈芸婚前的青梅竹马,又展现了二人婚后的伉俪情深,相敬如宾。本文主要节选了二人婚后的几个生活片断。陈芸勤于家务,侍奉长辈非常恭敬,对待下人十分和气,是一位有妇德的人。陈芸还能陪伴丈夫读书论古,品月赏花,时有见解,是一位拥有高雅情趣和极高艺术领悟力的人。陈芸不但是作者生活上的伴侣,更是精神上的知己。本文展现的是基于平等观念的夫妇伦理的新气象。

---

① 本文选自《浮生六记》(人民文学出版社 2010 年版)。沈复(1763—约1825),字三白,号梅逸,长洲(今江苏苏州)人,工诗画,清代文学家。所著《浮生六记》乃一部自传性散文。

芸作新妇，初甚缄默，终日无怒容，与之言，微笑而已。事上以敬，处下以和，井井然未尝稍失。每见朝暾上窗①，即披衣急起，如有人呼促者然。余笑曰："今非吃粥比矣②，何尚畏人嘲耶？"芸曰："曩之藏粥待君，传为话柄，今非畏嘲，恐堂上道新娘懒惰耳。"余虽恋其卧而德其正③，因亦随之早起。自此耳鬓相磨，亲同形影，爱恋之情有不可以言语形容者。

而欢娱易过，转睫弥月④。时吾父稼夫公在会稽幕府⑤，专役相迓⑥，受业于武林赵省斋先生门下⑦。先生循循善诱，余今日之尚能握管⑧，先生力也。归来完姻时，原订随侍到馆⑨，闻信之余，心甚怅然，恐芸之对人堕泪。而芸反强颜劝勉，代整行装，是晚，但觉神色稍异而已。临行，向余小语曰⑩："无人调护，自去经心！"

及登舟解缆，正当桃李争妍之候，而余则恍同林鸟失群，天地异色！

到馆后，吾父即渡江东去。居三月，如十年之隔。芸虽时有书来，必两问一答，半多勉励词，余皆浮套语，心殊怏怏⑪。每当风生竹院，月上蕉窗，对景怀人，梦魂颠倒。先生知其情，即致书吾父，出十题而遣余暂归。喜同戍人得赦⑫。

登舟后，反觉一刻如年。及抵家，吾母处问安毕，入房，芸起相迎，握手未通片语，而两人魂魄恍恍然化烟成雾，觉耳中惺然一响⑬，不知更有此身矣⑭。

时当六月，内室炎蒸，幸居沧浪亭爱莲居西间壁，板桥内一轩临流，名曰"我取"，取"清斯濯缨，浊斯濯足"意也⑮。檐前老树一株，浓阴覆窗，人面俱绿。隔岸游人往来不绝。此吾父稼夫公垂帘宴客处也。禀命吾母，携芸消夏于此。因暑罢绣，终日伴余课

---

① 暾（tūn）：刚升起的太阳。

② 吃粥：陈芸的堂姐出嫁时，作者跟随母亲去参加婚礼。由于晚上送亲到城外，回来时已半夜时分，作者饥饿难耐。陈芸便偷偷地把他叫到自己的房间里，去吃早已为他准备好的热粥，结果被陈芸的堂兄玉衡发现。此时陈芸与作者已有婚约，故玉衡讥讽她专门藏粥留给自己的夫婿吃，并把这事告知了长辈，于是全家上下都笑话陈芸。

③ 德其正：以其思想之端正为美德，即作者认为陈芸说得对。

④ 转睫弥月：眨眼间结婚已经满一个月了。

⑤ 在会稽幕府：指在会稽府（今浙江绍兴）担任幕僚。

⑥ 专役相迓：专程派人来接。迓，迎接。

⑦ 受业：跟随老师学习。武林：杭州。

⑧ 握管：执笔，指书写或者作文。

⑨ 随侍到馆：跟随父亲到馆里学习。随侍，追随在尊长的旁边，听候使唤。

⑩ 小语：低声说话。

⑪ 怏怏：不快乐的样子。

⑫ 戍人：因犯罪而被流放的人。

⑬ 惺然一响：清晰地响了一声。

⑭ 不知更有此身：指夫妻相聚的欢乐使作者进入了忘我的状态。

⑮ 清斯濯缨，浊斯濯足：语出《孟子·离娄上》，水清可以洗帽缨，水浊可以洗脚。水有清有浊导致了其用途的不同，借以形容人的福祸贵贱都由自取。

书论古①、品月评花而已。芸不善饮，强之可三杯，教以射覆为令②。自以为人间之乐，无过于此矣。

一日，芸问曰："各种古文，宗何为是？"余曰："《国策》、《南华》取其灵快③；匡衡、刘向取其雅健④；史迁、班固取其博大⑤；昌黎取其浑⑥；柳州取其峭⑦；庐陵取其宕⑧；三苏取其辩⑨，他若贾、董策对⑩，庾、徐骈体⑪，陆贽奏议⑫，取资者不能尽举，在人之慧心领会耳。"芸曰："古文全在识高气雄，女子学之恐难入彀⑬，唯诗之一道，妾稍有领悟耳。"余曰："唐以诗取士，而诗之宗匠必推李、杜⑭，卿爱宗何人？"芸发议曰："杜诗锤炼精纯，李诗激洒落拓⑮。与其学杜之森严，不如学李之活泼。"余曰："工部为诗家之大成⑯，学者多宗之，卿独取李，何也？"芸曰："格律谨严，词旨老当⑰，诚杜所独擅。但李诗宛如姑射仙子⑱，有一种落花流水之趣，令人可爱。非杜亚于李，不过妾之私心宗杜心浅，爱李心深。"余笑曰："初不料陈淑珍乃李青莲知己⑲。"芸笑曰："妾尚有启蒙师白乐天先生⑳，时感于怀，未尝稍释。"余曰："何谓也？"芸曰："彼非作《琵琶行》者耶？"余笑曰："异哉！李太白是知己，白乐天是启蒙师，余适字三白，为卿婿，卿与'白'字何其有缘耶？"芸笑曰："白字有缘，将来恐白字连篇耳（吴音呼别字为白字）。"相与大笑。余曰："卿既知诗，亦当知赋之弃取㉑。"芸曰："《楚辞》为赋之祖，妾

① 课书：研习文章典籍。
② 射覆：古代的酒令之一，猜枚或猜物。
③ 《国策》：即《战国策》。《南华》：即《庄子》。
④ 匡衡：字稚圭，祖籍东海郡丞邑（今兰陵县鲁城镇匡王村），西汉经学家，以说《诗》名世。刘向：字子政，彭城（今江苏徐州）人，汉朝宗室，西汉经学家、目录学家、文学家。
⑤ 史迁：司马迁。
⑥ 昌黎：韩愈。浑：形容文章质朴厚重，不事雕琢。
⑦ 柳州：柳宗元。峭：形容文风刚劲有力。
⑧ 庐陵：欧阳修，吉州永丰（今江西吉安市永丰县）人，因吉州原属庐陵郡，故而以"庐陵欧阳修"自居。宕：形容文笔豪放，富于变化。
⑨ 三苏：苏洵、苏轼、苏辙。辩：形容文章雄辩，有说服力。
⑩ 贾、董：贾谊、董仲舒。策对：即对策，汉代士人回答皇帝有关政治、经济策问所作的文章。
⑪ 庾、徐：庾信、徐陵。骈体：指骈文，盛行于六朝，以常用对偶、注重藻饰、讲求用典、音律和谐为主要特征。
⑫ 陆贽：字敬舆，吴郡嘉兴（今浙江嘉兴）人，唐代著名政治家、文学家，尤其擅长制诰政论。奏议：古代臣子呈给君王的奏章。
⑬ 入彀（gòu）：达到某种程度或标准。
⑭ 李、杜：李白、杜甫。
⑮ 激洒落拓：激昂，洒脱而豪放。
⑯ 工部：杜甫曾任检校工部员外郎，故后人称为杜工部。
⑰ 老当：老练稳妥，恰到好处。
⑱ 姑射仙子：典出《庄子·逍遥游》。传说中的神仙，居于藐姑射之山，肌肤若冰雪，绰约若处子。
⑲ 陈淑珍：陈芸，淑珍是其字。李青莲：李白，青莲居士是其号。
⑳ 白乐天：白居易，乐天居士是其号。
㉑ 赋：我国古代的一种有韵文体，讲求文采、韵律。

学浅费解。就汉、晋人中，调高语炼①，似觉相如为最。"余戏曰："当日文君之从长卿，或不在琴而在此乎？"复相与大笑而罢。

余性爽直，落拓不羁；芸若腐儒，迂拘多礼。偶为披衣整袖，必连声道"得罪"；或递巾授扇，必起身来接。余始厌之，曰："卿欲以礼缚我耶？《语》曰：'礼多必诈'。"芸两颊发赤，曰："恭而有礼，何反言诈？"余曰："恭敬在心，不在虚文。"芸曰："至亲莫如父母，可内敬在心而外肆狂放耶？"余曰："前言戏之耳。"芸曰："世间反目，多由戏起，后勿冤妾，令人郁死！"余乃挽之入怀，抚慰之，始解颜为笑。自此"岂敢"、"得罪"竟成语助词矣②。

鸿案相庄廿有三年③，年愈久而情愈密。家庭之内，或暗室相逢，窄途邂逅，必握手问曰："何处去？"私心忒忒④，如恐旁人见之者。实则同行并坐，初犹避人，久则不以为意。芸或与人坐谈，见余至，必起立偏挪其身，余就而并焉。彼此皆不觉其所以然者，始以为惭，继成不期然而然。独怪老年夫妇相视如仇者，不知何意？或曰："非如是，焉得白头偕老哉？"斯言诚然欤？

知识链接

举案齐眉： 梁鸿，字伯鸾，东汉扶风平陵（今陕西咸阳）人。因梁鸿节操高尚，很多有权势的人家想要把女儿嫁给他，但他都予以谢绝，而娶了貌丑而贤的孟光为妻。后来，梁鸿携妻子来到吴地，以给人舂米为生。每次完工回家，妻子孟光都会备好食物，恭恭敬敬地走到丈夫面前，把盛食物的托盘高举齐眉，然后请丈夫进食。"举案齐眉"被后世看作夫妻互敬互爱的典范。

凤求凰： 司马相如（约前179－前118），字长卿，蜀郡（今四川成都）人，西汉辞赋家。相如曾客游梁国，梁孝王卒，辞职归蜀。后受临邛令王吉之邀，前往作客。当地首富卓王孙有女名文君，精通音乐，时新寡居家。一次，卓氏举行宴会，相如应邀参加。席间，相如借机弹奏了琴曲《凤求凰》，意欲以此挑动文君。文君本就仰慕相如的风采，及相如抚琴，便在屏风后面窥视，内心非常高兴。宴会结束后，相如又通过文君的婢女传达自己的爱慕之情。于是，文君乘夜出家，私奔相如，从而成就了一段流传千古的爱情佳话。

---

① 调高语炼：格调高雅，语句凝练。

② 语助词：本指语言中表示语气的助词，此处意为说话时常用的词。

③ 鸿案相庄：据《后汉书·逸民传》，梁鸿家境贫寒，但坚守节操。他的妻子孟光有贤德。每次吃饭，孟光都会对梁鸿举案齐眉，以示敬重。后来以此指代夫妻关系和谐，能够互相尊敬。

④ 忒忒：象声词，此处指心脏的异常跳动。

钗头凤：南宋文学家陆游（1125—1210）与表妹唐婉青梅竹马，两小无猜。婚后，二人更是伉俪相得，情爱弥深。但陆游的母亲不满唐婉，责令陆游休妻。陆游不敢违背母亲之意，只得休了唐氏，并娶王氏为妻，唐婉也被迫改嫁同郡赵士程。十余年后，陆游春游沈园，偶遇唐婉夫妇，伤感之余，在园壁上题下了一首《钗头凤》："红酥手，黄縢酒，满城春色宫墙柳。东风恶，欢情薄。一怀愁绪，几年离索。错，错，错。春如旧，人空瘦，泪痕红浥鲛绡透。桃花落，闲池阁。山盟虽在，锦书难托。莫，莫，莫！"唐婉于次年游园时发现了这首词，于是和了一首《钗头凤》："世情薄，人情恶，雨送黄昏花易落。晓风干，泪痕残。欲笺心事，独语斜阑。难，难，难！人成各，今非昨，病魂常似秋千索。角声寒，夜阑珊。怕人寻问，咽泪装欢。瞒，瞒，瞒！"这两首词既充分地表现了二人的情深意浓，又充满了无奈与哀怨。而造成这一爱情悲剧的正是中国古代的封建家长制。

绍兴沈园

沈园《钗头凤》碑

思考题

1. 在陈芸的行为中，哪些是符合传统伦理要求的，又有哪些突破之处？谈一谈你自己的看法。

2. 结合陆游与唐婉的爱情悲剧，谈一谈你对封建婚姻制度的理解。

3. 与古代相比，当代社会的夫妻关系发生了哪些变化？你是如何看待这些变化的？

我们现在怎样做父亲（节选）[①]

鲁 迅

我作这一篇文的本意，其实是想研究怎样改革家庭；又因为中国亲权重[②]，父权更重，所以尤想对于从来认为神圣不可侵犯的父子问题，发表一点意见。总而言之：只是革命要革到老子身上罢了。但何以大模大样，用了这九个字的题目呢？这有两个理由：

第一，中国的"圣人之徒"[③]，最恨人动摇他的两样东西。一样不必说，也与我辈绝不相干；一样便是他的伦常，我辈却不免偶然发几句议论，所以株连牵扯，很得了许多"铲伦常""禽兽行"之类的恶名。他们以为父对于子，有绝对的权力和威严；若是老子说话，当然无所不可，儿子有话，却在未说之前早已错了。但祖父子孙，本来各各都只是生命的桥梁的一级，决不是固定不易的。现在的子，便是将来的父，也便是将来的祖。我知道我辈和读者，若不是现任之父，也一定是候补之父，而且也都有做祖宗的希望，所差只在一个时间。为想省却许多麻烦起见，我们便该无须客气，尽可先行占住了上风，摆出父亲的尊严，谈谈我们和我们子女的事；不但将来着手实行，可以减少困难，在中国也顺理成章，免得"圣人之徒"听了害怕，总算是一举两得之至的事了。所以说，"我们怎样做父亲。"

---

① 本文节选自《鲁迅全集》（人民文学出版社 2005 年版）。本文最初刊于 1919 年 11 月在《新青年》月刊第 6 卷第 6 号，署名唐俟，后收入《坟》。鲁迅（1881—1936），原名周樟寿，后改名周树人，浙江绍兴人，著名文学家、思想家、教育家。他既是五四新文化运动的重要参与者，又是中国现代文学的奠基人。

② 亲权：父母对子女的权力。

③ 圣人之徒：指当时努力维护旧道德、旧文学的林纾等人。林纾在 1919 年 3 月写给北京大学校长蔡元培的信中，曾以"必覆孔孟、铲伦常为快""有禽兽行"等语攻击新文化运动的参加者。

第二，对于家庭问题，我在《新青年》的《随感录》（二五，四十，四九）中①，曾经略略说及，总括大意，便只是从我们起，解放了后来的人。论到解放子女，本是极平常的事，当然不必有什么讨论。但中国的老年，中了旧习惯旧思想的毒太深了，决定悟不过来。譬如早晨听到乌鸦叫，少年毫不介意，迷信的老人，却总须颓唐半天。虽然很可怜，然而也无法可救。没有法，便只能先从觉醒的人开手，各自解放了自己的孩子。自己背着因袭的重担，肩住了黑暗的闸门，放他们到宽阔光明的地方去；此后幸福的度日，合理的做人。

还有，我曾经说，自己并非创作者，便在上海报纸的《新教训》里②，挨了一顿骂。但我辈评论事情，总须先评论了自己，不要冒充，才能像一篇说话，对得起自己和别人。我自己知道，不特并非创作者，并且也不是真理的发见者。凡有所说所写，只是就平日见闻的事理里面，取了一点心以为然的道理；至于终极究竟的事，却不能知。便是对于数年以后的学说的进步和变迁，也说不出会到如何地步，单相信比现在总该还有进步还有变迁罢了。所以说，"我们现在怎样做父亲。"

我现在心以为然的道理，极其简单。便是依据生物界的现象，一、要保存生命；二、要延续这生命；三、要发展这生命（就是进化）。生物都这样做，父亲也就是这样做。

生命何以必需继续呢？就是因为要发展，要进化。个体既然免不了死亡，进化又毫无止境，所以只能延续着，在这进化的路上走。走这路须有一种内的努力，有如单细胞动物有内的努力，积久才会繁复，无脊椎动物有内的努力，积久才会发生脊椎。所以后起的生命，总比以前的更有意义，更近完全，因此也更有价值，更可宝贵；前者的生命，应该牺牲于他。

但可惜的是中国的旧见解，又恰恰与这道理完全相反。本位应在幼者，却反在长者；置重应在将来，却反在过去。前者做了更前者的牺牲，自己无力生存，却苛责后者又来专做他的牺牲，毁灭了一切发展本身的能力。我也不是说，——如他们攻击者所意想的，——孙子理应终日痛打他的祖父，女儿必须时时咒骂他的亲娘。是说，此后觉醒的人，应该先洗净了东方古传的谬误思想，对于子女，义务思想须加多，而权利思想却大可切实核减，以准备改作幼者本位的道德。况且幼者受了权利，也并非永久占有，将来还要对于他们的幼者，仍尽义务。只是前前后后，都做一切过付的经手人罢了。

---

① 《随感录》：从 1918 年 4 月第 4 卷第 4 号起，《新青年》开始发表以社会和文化批评为基本内容的杂文，总题为《随感录》。

② 《新教训》：《时事日报》于 1919 年 4 月 27 日发表的一篇署名"记者"的文章。作者在这篇文章中骂鲁迅"轻佻""狂妄""头脑未免不清楚"等。

"父子间没有什么恩"这一个断语，实是招致"圣人之徒"面红耳赤的一大原因。他们的误点，便在长者本位与利己思想，权利思想很重，义务思想和责任心却很轻。以为父子关系，只须"父兮生我"一件事，幼者的全部，便应为长者所有。尤其堕落的，是因此责望报偿，以为幼者的全部，理该做长者的牺牲。殊不知自然界的安排，却件件与这要求反对，我们从古以来，逆天行事，于是人的能力，十分萎缩，社会的进步，也就跟着停顿。我们虽不能说停顿便要灭亡，但较之进步，总是停顿与灭亡的路相近。

自然界的安排，虽不免也有缺点，但结合长幼的方法，却并无错误。他并不用"恩"，却给予生物以一种天性，我们称他为"爱"。动物界中除了生子数目太多——爱不周到的如鱼类之外，总是挚爱他的幼子，不但绝无利益心情，甚或至于牺牲了自己，让他的将来的生命，去上那发展的长途。

人类也不外此，欧美家庭，大抵以幼者弱者为本位，便是最合于这生物学的真理的办法。便在中国，只要心思纯白，未曾经过"圣人之徒"作践的人，也都自然而然的能发现这一种天性。例如一个村妇哺乳婴儿的时候，决不想到自己正在施恩；一个农夫娶妻的时候，也决不以为将要放债。只是有了子女，即天然相爱，愿他生存；更进一步的，便还要愿他比自己更好，就是进化。这离绝了交换关系利害关系的爱，便是人伦的索子①，便是所谓"纲"。倘如旧说，抹杀了"爱"，一味说"恩"，又因此责望报偿，那便不但败坏了父子间的道德，而且也大反于做父母的实际的真情，播下乖剌的种子。有人做了乐府，说是"劝孝"，大意是什么"儿子上学堂，母亲在家磨杏仁，预备回来给他喝，你还不孝么"之类，自以为"拼命卫道"。殊不知富翁的杏酪和穷人的豆浆，在爱情上价值同等，而其价值却正在父母当时并无求报的心思；否则变成买卖行为，虽然喝了杏酪，也不异"人乳喂猪"，无非要猪肉肥美，在人伦道德上，丝毫没有价值了。

思考题

1. 结合本文，谈谈鲁迅先生是怎样看待"父为子纲"的。

2. 谈一谈，在今天的社会里我们应当如何处理和父母的关系？

3. 结合本单元的内容，你认为哪些优秀的传统伦理道德值得我们继承和发扬？

---

① 索子：长而粗的绳子或链子。

参考书目

应忠良：《孝行天下》，杭州：西泠印社出版社 2010 年版。

费孝通：《乡土中国》，北京：中华书局 2013 年版。

冯尔康：《中国古代的宗族和祠堂》，北京：商务印书馆 2013 年版。

唐松波编：《古代名人家训评注》，北京：金盾出版社 2009 年版。

宋林飞，王婷：《中华传统美德丛书·仁爱卷》，南京：南京大学出版社 2008 年版。

张锡勤：《中国伦理思想史》，北京：高等教育出版社 2015 年版。

礼乐教化

导语

　　礼乐文化是儒家思想的核心，形成于西周初年，于春秋晚期经孔子之手完备。历史上虽然发生过礼崩乐坏的现象，但历朝历代都有制礼作乐的举措，礼乐文化始终是中国文化的主流。重要典籍有《左传》《论语》《荀子》《周礼》《仪礼》《礼记》《大戴礼记》《大唐开元礼》《政和五礼新仪》《明集礼》《清通礼》《三礼图集注》《皇朝礼器图式》等。历代史籍中的《礼书》《乐书》《礼乐志》《郊祀志》《舆服志》以及专门记述典章制度的政书如《通典》《通志》等，也都是研读礼乐文化的重要文献。

　　礼最初起源于祭祀仪式，经过发展，范围大大扩展，涉及国家、社会和人生的各个方面。有关政治体制、宗庙祭祀、朝聘会盟、军事征伐、学校教育、职官科举等一切典章制度，以及服饰饮宴、宫室车马、婚嫁丧葬、言辞进退、待人接物等方面的仪式规定，都属于礼。与此相应，每一种礼都有一整套仪式，对行礼的步骤，所用的器物，所穿戴的冠冕服饰，所用的乐、舞，都有严格的规定。相对于仪式而言，内在的庄敬之情更为重要。随着历史的变迁，每个朝代对具体的礼仪都有所修订增删，每个时代的礼乐教化都具有自身的特点。整体的趋势是由繁入简，由贵族阶层逐渐覆盖下层百姓的日常生活。

　　家庭是构成社会的基本组织，一个家庭内部也要讲究礼。《礼记·内则》开其端，颜之推的《颜氏家训》踵其后，至宋，司马光的《书仪》《家仪》和朱熹的《家礼》则广为传播，影响深远。

　　礼乐对一个特定地域及社会群体的社会风气和道德风尚会产生强大的塑造作用，这就是所谓礼乐教化。礼侧重外在的行为规范，乐则强调对内在情感的陶冶。礼可能使人疏离，而乐则可以使人亲近，礼乐相携而行，相辅相成。很多时候，乐是礼的一个重要组成部分。周代的乐教非常发达，设有专门的音乐机构"大司乐"，以"乐德""乐语"和"乐舞"教育贵族子弟。乐具有感动人心、移风易俗的作用，声音之道，与政治相通，意义重大。孔子说："兴于诗，立于礼，成于乐。"（《论语·泰伯》）说的就是礼乐对于成就一个符合儒家社会价值的人的作用。

古代的教育制度也是礼乐教化的一个重要方面。据《尚书·舜典》记载，夏代即设有学官，契为司徒，掌管教育；夔为乐官，负责音乐和诗歌。西周时期有国学、乡学、大学、小学各级教育机构，教育内容以"六艺"为主。春秋时期私学兴起，从此官学与私学共同承担了教化的职责。官学逐渐与选举制度相配合，私学于两宋达到鼎盛，出现了很多著名的书院，促进了学术的发展。

礼的核心是秩序，乐的核心是和谐。无论哪个时代，秩序与和谐都是人类不变的追求。因而，虽然历史上不时有反对礼教的声音，但是礼乐的精神却一直传承不衰，对礼乐的探究也从未间断。有关礼乐教化的思想对当今世界的国家治理、社会安定以及个体的身心健康都仍然具有积极的现实意义。

主题课文

乐记（节选）①

《礼记》

提示

《乐记》，收录于《礼记》，是我国古代最早的音乐理论著作。据西汉刘向《别录》载录，《乐记》本有二十三篇，流传至今的是由原来的十一篇合为一篇。本文选取的几节，阐述了礼乐的起源、作用，礼乐各自的特点及二者的关系，描述了礼乐大行的理想社会图景，辨析了礼乐的外在形式与内在精神。文章指出不同时代的礼乐也不相同，统治者制礼作乐应避免片面追求形式的完备和宏大。先秦两汉时期，论乐的文章主要还有《荀子·乐论》和《史记·乐书》。

---

① 本文选自《礼记·乐记》（《十三经注疏·礼记正义》，北京大学出版社1999年版），有删节。

是故先王之制礼乐，人为之节①；衰麻哭泣②，所以节丧纪也；钟鼓干戚③，所以和安乐也；昏姻冠笄④，所以别男女也；射乡食飨⑤，所以正交接也。礼节民心，乐和民声，政以行之，刑以防之，礼乐刑政，四达而不悖⑥，则王道备矣。

乐者为同⑦，礼者为异⑧。同则相亲，异则相敬。乐胜则流，礼胜则离⑨。合情饰貌者⑩，礼乐之事也。礼义立⑪，则贵贱等矣；乐文同，则上下和矣；好恶著⑫，则贤不肖别矣。刑禁暴，爵举贤⑬，则政均矣。仁以爱之，义以正之，如此，则民治行矣。

乐由中出，礼自外作。乐由中出故静，礼自外作故文⑭。大乐必易，大礼必简。乐至则无怨⑮，礼至则不争。揖让而治天下者，礼乐之谓也。

暴民不作，诸侯宾服，兵革不试，五刑不用⑯，百姓无患，天子不怒，如此则乐达矣。合父子之亲，明长幼之序，以敬四海之内，天子如此则礼行矣⑰。

故钟鼓管磬，羽籥干戚⑱，乐之器也。屈伸俯仰，缀兆舒疾⑲，乐之文也。簠簋俎豆⑳，制度文章㉑，礼之器也。升降上下，周还裼袭㉒，礼之文也。故知礼乐之情者能作，

---

① 节：分限或法度。

② 衰（cuī）麻哭泣：衰，同"缞"，古代用粗麻布制成的毛边丧服。衰麻，指代丧服制度。哭泣，指生者哭死者的规定，何时当哭，何时不当哭，用哪种哭法等。

③ 干：盾。戚：古代兵器，斧的一种，也用作舞具。

④ 冠笄（jī）：指成年礼。冠，古代男子二十岁举行加冠礼。笄，发簪。古代女子十五岁举行笄礼，结发，插以笄。

⑤ 射乡食飨（xiǎng）：指几种礼仪。射，大射礼。乡，乡饮酒礼。食飨，指宴饮宾客之礼。

⑥ 四达而不悖：指礼、乐、刑、政四种治国方法互不冲突，能相辅相成，发挥作用。

⑦ 乐者为同：音乐的作用是将不同的元素协调、统一为一个整体，使人们和谐相处。

⑧ 礼者为异：礼的作用是让人与人有所区别。

⑨ 乐胜则流，礼胜则离：乐超越了礼，就会使人放纵，不庄敬；礼超越了乐，就会使人们疏远，不亲近。这两句讲的是礼和乐应当并重，不能有所偏废。

⑩ 合情饰貌：乐能使人们感情融洽，礼让人仪态庄敬。合情，指的是乐的作用；饰貌，指的是礼的作用。

⑪ 义（yí）：同"仪"。

⑫ 著：明确。

⑬ 爵：官位。中国古代的贵族封号分为公、侯、伯、子、男五等。

⑭ 文：指礼仪制度。

⑮ 至：真正地践行。

⑯ 五刑：指墨、劓（yì）、刖（fēi）、宫、大辟五种刑法。

⑰ 天子如此则礼行矣：根据古人的行文习惯，前文曰："天子不怒，如此则乐达矣"，此句"天子"后疑脱二字。

⑱ 羽籥（yuè）：古代舞具。羽，鸟的长翎。籥，管乐器。有吹籥和舞籥两种。此处当指舞籥，较长，舞蹈时持之吹奏。

⑲ 缀兆：指舞者的队列分合。缀，指舞者的行列相连缀；兆，指舞者的活动区域。

⑳ 簠（fǔ）簋（guǐ）俎（zǔ）豆：古代祭祀或宴会时用的器皿。簠、簋，盛黍稷稻粱等的容器。俎，形如几，其上常放肉类。豆，形如高脚盘，盛肉或肉酱、咸菜类食物。

㉑ 文章：指各种具体的礼仪规定。

㉒ 周还（xuán）：同"周旋"，指行礼时进退、揖让、绕圈、转身等动作。裼（xī）袭：裼，古代覆于裘上的半袖衣。袭，穿在裼衣外的上衣。行礼时祖外衣而露裼衣，称为裼，不如此则称为袭。盛礼以袭为敬，非盛礼以裼为敬。

识礼乐之文者能述①。作者之谓圣，述者之谓明；明圣者，述作之谓也。

乐者，天地之和也。礼者，天地之序也。和故百物皆化，序故群物皆别。乐由天作，礼以地制。过制则乱，过作则暴②。明于天地，然后能兴礼乐也。

论伦无患③，乐之情也；欣喜欢爱，乐之官也④。中正无邪，礼之质也；庄敬恭顺，礼之制也⑤。若夫礼乐之施于金石⑥，越于声音⑦，用于宗庙社稷，事乎山川鬼神，则此所与民同也。

王者功成作乐，治定制礼，其功大者其乐备，其治辩者其礼具⑧。干戚之舞，非备乐也。孰亨而祀，非达礼也⑨。五帝殊时，不相沿乐。三王异世，不相袭礼。乐极则忧，礼粗则偏矣。及夫敦乐而无忧⑩，礼备而不偏者，其唯大圣乎！

知识链接

制礼作乐：西周初年，周公为了巩固周朝的统治，在确定宗法制度、嫡长子继承制、分封制度的基础上，制定了完备的社会礼仪、道德准则和典章制度，从而奠定了中国传统文化的基本形态。故《左传·文公十八年》曰："先君周公制周礼。"

三礼：有两层含义。一是指天事、地事、人事之礼。二是指《周礼》《仪礼》和《礼记》三部礼学经典。

五礼：《周礼·春官·大宗伯》将礼分为吉礼、凶礼、军礼、宾礼和嘉礼五种类别。吉礼指祭祀天神、地祇、祖先之礼；凶礼包括丧礼和救助灾荒之礼；军礼指与军队、征战有关的礼仪；宾礼指人际交往方面的礼仪；嘉礼指美善之事的礼仪，包括冠礼、婚礼、大射、乡射、饮食、贺庆等。

五声八音：五声，也称"五音"，指古代宫、商、角、徵、羽五个音阶。八音，周代按照制作材料将乐器划分为八类：金、石、丝、竹、匏、土、革、木。

---

① 述：阐发。
② 过制则乱，过作则暴：制礼过度就会引起混乱，作乐过度就会对百物有所损害。
③ 论伦无患：平衡、治理不同元素之间的差异，使之有序，没有忧患。论，衡量。伦，条理，顺序。
④ 官：功能。
⑤ 制：形制，职能。
⑥ 金石：指钟、磬等乐器。
⑦ 越：传播，宣扬。
⑧ 辩：同"遍"。具：完备。
⑨ 干戚之舞，非备乐也，孰亨而祀，非达礼也：意思是武舞和祭品只是形式，并不重要。孰，同"熟"。亨(pēng)，同"烹"。达，完善。
⑩ 敦乐：乐容盛大。敦，厚。

列鼎： 周代的礼制规定，簋与鼎搭配使用，天子用九鼎八簋，诸侯用七鼎六簋，大夫用五鼎四簋，士用三鼎二簋。

冕服： 中国古代大夫以上的礼冠与服饰。凡举行祭祀大典以及朝会、大婚亲迎等吉礼，帝王和百官都身穿礼服。冕服主体部分由冕冠、玄衣、纁裳等构成，还有一些附件。冕冠分为大裘冕、衮冕、鷩冕、毳冕、希冕、玄冕等六种样式，合称六冕或六服。玄衣是黑色的上衣，纁裳是红色的下衣。帝王的冕冠前后各有12旒，用玉288颗。上衣绘有日、月、星辰、山、龙、华虫等六种图案，下衣绘有宗彝、藻、火、粉米、黼、黻等六种图案，合称十二章纹，具有特定的象征意义。冕服有着严格的等级区别。在不同的场合，帝王及百官所服冕服也不相同。冕服制度完备于周代，其后，历代均在周制基础上有所取舍。

虢国国君虢季墓七鼎六簋（出土于河南三门峡上村岭）

战国曾侯乙墓出土编钟

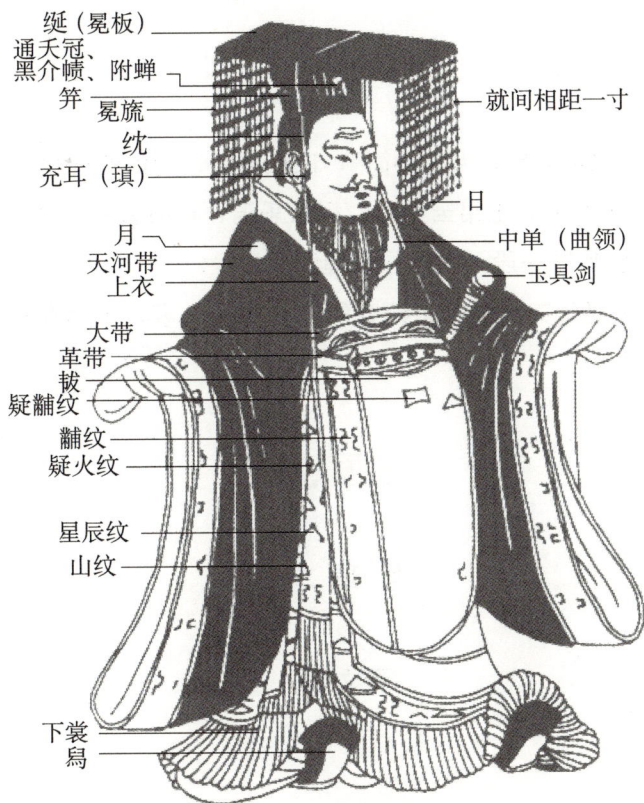

绖（冕板）
通天冠、
黑介帻、附蝉
笄
冕旒
纮
充耳（瑱）
月
天河带
上衣
大带
革带
韨
疑黼纹
黼纹
疑火纹
星辰纹
山纹
下裳
舄

就间相距一寸
日
中单（曲领）
玉具剑

冕服名称图说

郎世宁《清雍正祭先农坛图》（局部）

思考题

1.《乐记》曰"大乐必易，大礼必简"，谈谈你对这句话的理解。

2. 孔子说："礼云礼云，玉帛云乎哉？乐云乐云，钟鼓云乎哉？"（《论语·阳货》）结合《乐记》"故钟鼓管磬"一段，谈谈你的理解。

3. 阅读《左传·襄公二十九年》记载的季札观乐一事，了解春秋时期礼教、乐教与诗教相结合的情况。

拓展课文

故事二则

晋文教民①
《左传》

> **提示**
>
> 春秋时期，晋文公重耳因为骊姬之乱而在外流亡十九年，鲁僖公二十四年（前636年）回国。他任用贤能，教化百姓，帮助周襄王平定王子带叛乱，大败楚军于城濮，一战"成名"，由此称霸。本文记载了两件事：一是晋文公在城濮之战前扩建军队的情况，从中可以看出晋国君臣上下一心，人才济济，而且众臣互相推举、谦让权位，尊崇熟习礼、乐、《诗》《书》之人。二是追述了晋文公从一回国就开始教化百姓知义、知信、知礼，肯定了晋文公一战而霸是大力推行礼义教化的结果。

冬，楚子及诸侯围宋②，宋公孙固如晋告急③。先轸曰④："报施、救患⑤，取威、定

---

① 本文选自《左传·僖公二十七年》，见《春秋左传注》（修订本）（中华书局1990年版）。题目为编者所加。晋文：指晋文公重耳（前636—前628在位），是春秋时期继齐桓公之后的第二位霸主。

② 楚子：指楚成王。鲁僖公二十七年（前633），楚率陈、蔡、郑、许诸国围宋。

③ 公孙固：宋庄公的孙子，曾为大司马。

④ 先轸（zhěn）：因采邑在原（今河南济源西北），又称原轸，晋国名将。

⑤ 报施、救患：报答宋襄公赠马之恩，解救宋国被围之患。晋文公流亡时，至宋国，宋襄公赠马二十乘。

霸，于是乎在矣。"狐偃曰①："楚始得曹，而新昏于卫②，若伐曹、卫，楚必救之，则齐、宋免矣。"

于是乎蒐于被庐③，作三军④，谋元帅。赵衰曰⑤："郤縠可⑥。臣亟闻其言矣⑦，说礼、乐而敦《诗》、《书》⑧。《诗》、《书》，义之府也，礼、乐，德之则也，德、义，利之本也。《夏书》曰：'赋纳以言，明试以功，车服以庸⑨。'君其试之!"乃使郤縠将中军，郤溱佐之⑩。使狐偃将上军，让于狐毛，而佐之⑪。命赵衰为卿，让于栾枝、先轸⑫。使栾枝将下军，先轸佐之。荀林父御戎⑬，魏犨为右⑭。

晋侯始入而教其民，二年，欲用之。子犯曰："民未知义，未安其居。"于是乎出定襄王⑮，入务利民，民怀生矣⑯。将用之。子犯曰："民未知信，未宣其用。"于是乎伐原以示之信⑰。民易资者，不求丰焉，明征其辞⑱。公曰："可矣乎?"子犯曰："民未知礼，未生其共⑲。"于是乎大蒐以示之礼，作执秩以正其官⑳。民听不惑，而后用之。出穀戍㉑，释宋围，一战而霸㉒，文之教也㉓。

---

① 狐偃：晋文公的舅舅，字子犯，又称舅犯。

② 昏：同"婚"。

③ 蒐（sōu）于被庐：蒐，检阅军队。被庐：晋国地名。

④ 作三军：创建军制。分为中军、上军、下军，中军主将为元帅。鲁闵公元年（前661），晋献公创制二军，晋文公增设为三军。

⑤ 赵衰：晋国大夫，谥"成季"。随晋文公重耳流亡，辅佐晋文公称霸。

⑥ 郤（xì）縠（hú）：晋国大夫，中军主将，统领三军。

⑦ 亟（qì）：屡次。

⑧ 说：同"悦"。敦：尊崇。

⑨ 赋纳以言，明试以功，车服以庸：出自《尚书》的《尧典》和《皋陶谟》。赋纳：听取，采纳。这三句的意思是使用人才应当听取他的意见，用具体的任务去考验他，赏赐给他车马服饰以做酬劳。

⑩ 郤溱（zhēn）：晋国大夫，郤縠的弟弟。

⑪ 狐毛：晋国大夫，狐偃的哥哥。

⑫ 栾枝：晋国大夫。

⑬ 荀林父：晋国大夫。又称荀伯，中行桓子。

⑭ 魏犨（chōu）：晋国大夫，又称魏武子。

⑮ 定襄王：指鲁僖公二十五年（前631），晋文公出兵帮助逃亡在郑国的周襄王归国，复位。

⑯ 怀生：眷恋产业，安居乐业。

⑰ 伐原以示之信：鲁僖公二十五年（前631），晋文公讨伐原国。下令士兵只携带三天的军粮。三天而原国没有投降，晋文公为守信而下令撤兵。原，今河南济源。

⑱ 明征其辞：明白无误地标明价格。

⑲ 共：同"恭"。

⑳ 作执秩：作，设置。执秩，负责管理爵禄等级的官员。

㉑ 出穀戍：指后文所言楚国撤去在穀地的戍守军队。

㉒ 一战而霸：指公元前632年，晋军在城濮（今山东鄄城西南）大败楚军，之后，晋文公获得周襄王策命为"侯伯"，成为一代霸主。

㉓ 文：指晋文公。

秦始皇陵二号铜车马

乾隆帝丛薄围猎图

夹谷之会①

司马迁

提示

春秋时期，由于周王室的衰微，礼乐制度已经不再被人们严格遵守。尽管如此，礼乐对人们的言行还是具有约束力的。孔子娴习礼乐，主张恢复古礼，在任鲁国大司寇期间，辅佐鲁定公与齐景公会于夹谷。齐强鲁弱，齐大鲁小，孔子不畏强权，识破齐景公打算劫持鲁君的阴谋，斥责齐侯违礼，取得了外交上的胜利，从中可见礼乐的巨大作用。这件事最早记载于《左传·定公十年》，《史记》与《左传》文辞有很大差异，司马迁所载，可能另有所据。

定公十年春②，及齐平③。夏，齐大夫黎鉏言于景公曰④："鲁用孔丘，其势危齐。"乃使使告鲁为好会，会于夹谷。

---

① 本节选自《史记·孔子世家》，见点校本二十四史《史记》（修订本）（中华书局 2014 年版）。题目为编者所加。《史记》原名《太史公书》，是中国第一部经传体通史，记载从上古传说的黄帝时期，到汉武帝元狩元年（前 122）长达三千多年的历史，被公认是中国史书的典范。司马迁（前 145—前 90），字子长，夏阳人，一说龙门人，西汉伟大的史学家、文学家、思想家。早年漫游各地，武帝时任太史令，继承父业著史，因替李陵降匈奴之事辩解，遭受宫刑，发愤继续写作《史记》。夹谷：地名，在今山东莱芜境内。

② 定公十年：公元前 500 年，孔子当时 52 岁，为鲁国大司寇。

③ 及齐平：与齐国和好。平，也称"成"，指两国为恢复和平友好而订立盟约。

④ 黎鉏（chú）：齐国大夫。景公：齐景公（前 547—前 490 在位），即位初期能有所作为，后期贪图享乐。

　　鲁定公且以乘车好往①。孔子摄相事②，曰："臣闻有文事者必有武备，有武事者必有文备。古者诸侯出疆，必具官以从。请具左右司马③。"定公曰："诺。"具左右司马。

　　会齐侯夹谷，为坛位④，土阶三等⑤，以会遇之礼相见⑥，揖让而登。献酬之礼毕⑦，齐有司趋而进曰⑧："请奏四方之乐⑨。"景公曰："诺。"于是旍旄羽袚矛戟剑拨鼓噪而至⑩。孔子趋而进，历阶而登⑪，不尽一等⑫，举袂而言曰⑬："吾两君为好会，夷狄之乐何为于此⑭！请命有司！"有司却之⑮，不去，则左右视晏子与景公⑯。景公心怍⑰，麾而去之⑱。

　　有顷，齐有司趋而进曰："请奏宫中之乐。"景公曰："诺。"优倡侏儒为戏而前⑲。孔子趋而进，历阶而登，不尽一等，曰："匹夫而营惑诸侯者罪当诛⑳！请命有司！"有司加法焉，手足异处。景公惧而动，知义不若，归而大恐，告其群臣曰："鲁以君子之道辅其君，而子独以夷狄之道教寡人，使得罪于鲁君，为之奈何？"有司进对曰："君子有过则谢以质㉑，小人有过则谢以文㉒。君若悼之㉓，则谢以质。"于是齐侯乃归所侵鲁之郓、汶阳、龟阴之田以谢过㉔。

----

① 鲁定公（前556—前495）：鲁定公在位期间，政权掌握在季孙氏、孟叔氏和叔孙氏三家手中。乘车：与"兵车"相对而言，是平常日用的车驾。好往：没有戒备地前去。

② 摄相事：指孔子以大司寇之职代行齐鲁两君盟会的傧相之礼。

③ 左右司马：即小司马，地位较低的武官，掌管小规模的祭祀及诸侯相会之事。

④ 为坛位：筑土为坛，在坛上布列两国君主的位次。

⑤ 土阶三等：夯土为阶，坛高三级。

⑥ 会遇之礼：两国君主相会的礼节。春秋时期，诸侯相见有盟、会、遇等形式。会、遇是级别较低的礼节。会，一般会见。遇，不期而会。

⑦ 献酬：主客互相敬酒。主人向宾客敬酒曰献，宾客向主人敬酒曰酬。

⑧ 有司：泛指执掌其事的官员。趋：小步快走，以示臣子对君主的尊敬。

⑨ 四方之乐：境内少数民族的乐舞。

⑩ 旍（jīng）旄（mào）羽袚（fú）矛戟剑拨（fá）：都是武舞中所用的道具。旍，同"旌"。旍旄，用牦牛尾或雉羽装饰竿头的旗子。袚，一种舞具。拨，大盾。据《左传》记载，这次会见齐国事先安排好了，准备让莱人用兵器劫持鲁定公。

⑪ 历阶而登：一步一级地登上台阶。本来登阶的方法应当是每两脚都登上一阶后，才能再上一阶。这里指当时形势紧急，所以顾不上每阶聚足。

⑫ 不尽一等：还有一层台阶还没有上完（就开口说话）。形容情势危急，孔子已经顾不上礼数。

⑬ 袂（mèi）：袖子。

⑭ 夷狄：泛指少数民族。夷，对东方少数民族的统称。狄，对北方少数民族的统称。

⑮ 却之：命令舞乐的人退下。

⑯ 晏子：指晏婴（前578—前500），历仕齐灵公、庄公、景公三朝，为齐国著名贤臣。《春秋》三传均未载晏子赴夹谷之会，司马迁这里的记载可能有误。

⑰ 怍（zuò）：惭愧。

⑱ 麾（huī）：同"挥"。

⑲ 优倡侏儒：古代在君主身边表演歌舞及滑稽杂戏的艺人。侏儒，矮小的人，常扮滑稽可笑的角色。

⑳ 匹夫：指小人，身份卑贱的人。营惑：同"荧惑"，迷惑。

㉑ 谢以质：用实在的东西表示歉意。

㉒ 谢以文：用虚饰之辞表示歉意。

㉓ 悼：惭愧，悔过。

㉔ 乃归所侵鲁之郓、汶阳、龟阴之田：就归还侵占鲁国的几处田地。

知识链接

六艺：周代教育贵族子弟，要求学生学习五礼、六乐、五射、王御、六书、九教，简称礼、乐、射、御、书、数。孔子传授《易》《书》《诗》《礼》《乐》《春秋》，这六种经典也称六艺。

五射：指源自周代的五种射箭之法，分别为白矢、参连、剡注、襄尺、井仪五种。"白矢"指准确有力命中且穿靶，此时箭头发白；"参连"意为先放一箭后三箭连发，全部连续命中；"剡注"要求箭的羽尾高过箭头，疾速中靶；"襄尺"是臣与君同射的时候，必须退让一尺，不可与君并肩射箭；"井仪"指的是用四支箭命中靶心，并以井字状排列。

五御：周代的五种驾车技术，指鸣和鸾、逐水曲、过君表、舞交衢、逐禽左。"鸣和鸾"是指驾车节奏与车身配饰铃铛等物的声音保持有规律；"逐水曲"是能够沿着曲折的水边平稳驾车；"过君表"指在插有旗子的狭窄辕门处可以顺利穿过；"舞交衢"指遇到交叉路口处有序穿行；"逐禽左"是指在田野中追逐禽兽时，要把禽兽驱逐到车的左侧，以便坐在车左的人捕捉。

六乐：指《周礼·地官·保氏》中所载六篇乐章，是官学中乐教的重要内容，包括《云门》《咸池》《大韶》《大夏》《大濩》《大武》六套礼仪性乐舞，相传分别为周时所存黄帝、尧、舜、禹、汤、武王六代之乐。

八佾：八佾是舞蹈的行列，一佾指一行八人，八佾即六十四人。按周礼规定，天子

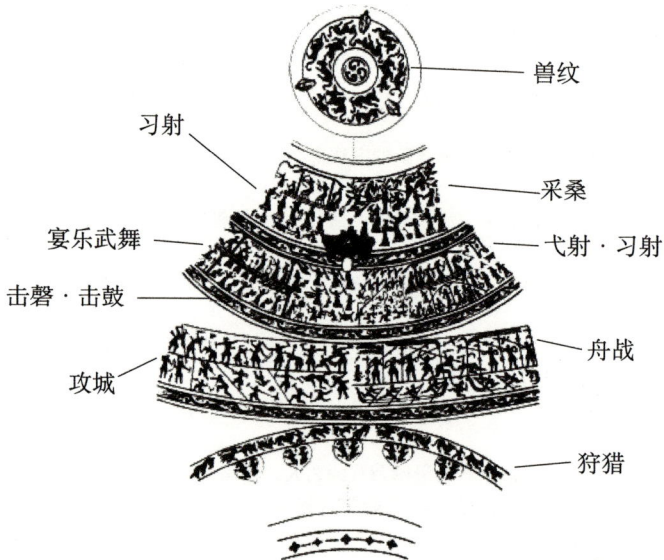

战国宴乐采桑狩猎攻战纹壶纹饰展开图（局部）

用八佾，诸侯用六佾，卿大夫用四佾，士用二佾。鲁国的季氏曾让八佾舞于庭，孔子对此非常不满，认为季氏的行为破坏了礼乐制度，事见《论语·八佾》。

东汉《君车出行图》画像石拓片

思考题

1. 阅读《左传·定公十年》记载的孔子相齐鲁夹谷之会一段，与《史记·孔子世家》相比较，二者各偏重于记载有关礼乐的哪方面内容？

2. 阅读《史记·叔孙通传》，了解叔孙通为汉高祖制礼仪的故事。

白鹿洞书院揭示①

朱 熹

白鹿洞书院，位于江西庐山五老峰下，与湖南岳麓书院、河南嵩阳书院和江苏应天书院并称为古代"四大书院"。本"揭示"包含两部分内容：第一部分集

---

① 本文选自《晦庵先生朱文公文集》卷七十四，也称《白鹿洞书院学规》。朱熹（1130—1200）：字元晦，一字仲晦，号晦庵。徽州婺源（今属江西）人。南宋思想家，理学的集大成者。进士出身，历仕高宗、孝宗、光宗、宁宗四朝。有《四书章句集注》《周易本义》《诗集传》及后人所编《朱子全书》《朱子语类》等著作行世。其学说自南宋后期至清末，始终被奉为官学，影响深远。"揭示"即告示，《白鹿洞书院揭示》是朱熹为学院所制定的章程、规矩。

儒家经典语录，从人伦五教、为学之序、修身、处事和接物之要五个方面，给学生指示了学习的目标；第二部分谈论"教人为学"的要点。朱熹认为教与学的目的，是为了研习儒家学说，修身而后能推己及人，而不是为了沽名钓誉，谋取利禄。这一"揭示"对今人仍然不失教育意义。

父子有亲，君臣有义，夫妇有别，长幼有序，朋友有信。

右五教之目①。

尧舜使契为司徒②，敬敷五教③，即此是也。学者学此而已。而其所以学之之序，亦有五焉，其列如左：博学之，审问之，谨思之，明辨之，笃行之④。

右为学之序。

学、问、思、辨四者，所以穷理也。若夫笃行之事，则自修身以至于处事接物，亦各有要，其列如左：言忠信，行笃敬⑤。惩忿窒欲，迁善改过⑥。

右修身之要。

正其义不谋其利，明其道不计其功⑦。

右处事之要。

己所不欲，勿施于人⑧。行有不得，反求诸己⑨。

右接物之要。

熹窃观古昔圣贤所以教人为学之意，莫非使之讲明义理以修其身，然后推己及人。非徒欲其务记览为词章，以钓声名、取利禄而已也。今人之为学者，则既反是矣。然圣贤所以教人之法具存于经，有志之士，固当熟读深思而问辨之，苟知其理之当然，而责其身以必然，则夫规矩禁防之具，岂待他人设之而后有所持循哉！近世于学有规，其待学者为已浅矣；而其为法，又未必古人之意也。故今不复以施于此堂，而特取凡圣贤所

---

① 右五教之目：古代自右向左书写，"右"指前面的文字内容。五教之目，出自《孟子·滕文公上》。

② 司徒：官名，掌管教化百姓的事务。

③ 敷：布施、传播。

④ 博学之，审问之，谨思之，明辨之，笃行之：广博地学习，详细地追问，勤勉地思考，明白地辨别，切实地践行。语出《礼记·中庸》。谨思之，《中庸》原文作"慎思之"，刊载此文的其他版本均作"慎思之"。

⑤ 言忠信，行笃敬：言语忠诚老实，行为敦厚严肃。语出《论语·卫灵公》。

⑥ 惩忿窒欲，迁善改过：克制愤怒，压抑欲望，改正错误，一心向善。语出周敦颐《太极图说》。

⑦ 正其义不谋其利，明其道不计其功：做事是为了匡扶正义而不是为了谋取个人利益，是为了明辨真理而不必计较功劳大小。《汉书·董仲舒传》云："夫仁者，正其谊不谋其利，明其道不计其功。"

⑧ 己所不欲，勿施于人：自己所不想要的，就不要强加给他人。语出《论语·颜渊》。

⑨ 行有不得，反求诸己：凡是行为得不到预期的效果，都应该反过来检查自己。语出《孟子·离娄上》。

以教人为学之大端，条列如右而揭之楣间①。诸君其相与讲明遵守而责之于身焉。则夫思虑云为之际，其所以戒谨而恐惧者，必有严于彼者矣。其有不然，而或出于此言之所弃，则彼所谓规者必将取之②，固不得而略也③。诸君其亦念之哉！

知识链接

辟雍：据《礼记》《周礼》等文献记载，西周王城的太学称为辟雍。

泮宫：诸侯国的大学称为泮宫。辟雍和泮宫原是厅堂式的建筑，四面敞开，没有墙，建筑物四周有水泽环绕，主要为习射之地，也是祭祀、宴会、选拔武士、议战、献俘、告功的地方。

庠序：我国古代地方官学的名称。汉平帝元始三年（3年），建立了地方学校制度。郡国曰学，县、道、邑、侯国曰校，乡曰庠，聚曰序。学习内容为儒家"五经"。一说夏商周三代学校的名称不同：夏曰校，殷曰庠，周曰序。

释奠：古代学生入学时，用酒食祭祀先圣先师的典礼，或皇帝亲临或派遣使者祭祀先圣先师的典礼。汉高祖曾以太牢祭孔子，后世帝王行释奠礼，都祭祀孔子。

释菜：古代学生入学时，用蔬菜祭祀先圣先师的典礼。

白鹿洞书院

---

① 楣：门框上的横木。
② 彼所谓规者必将取之：意思是这个学规一定会对他发生作用。
③ 固不得而略也：因此不能忽略它。

北京国子监辟雍大殿

思考题

1. 查找资料，了解古代学校制度的发展状况。

2. 对照《白鹿洞书院揭示》，讨论你所在的学校的校规或校训在哪些方面继承和发展了古代的学规。

3. 讨论：我们今天的学校应该有哪些基本的礼仪？

儒家的礼乐教化[①]

楼宇烈

上世纪四十年代，我的老师贺麟先生讲到，儒家文化是一个综合性的文化，是一个诗教、礼教、理学合为一体的学问。其中，诗教也就是我们后来常讲的乐教，相当于艺术教育，礼教就相当于宗教教育，而理学就相当于哲学。

"礼"是让我们辨明社会中每个人的身份，明白与这个身份对应的责任和义务，然后按照所应当承担的责任和义务去做人、做事。人是一个有组织的群体，在这个有社会性的群体中，有各种不同身份的人。儒家用什么词来表达呢？就是"伦"。"伦"是类的意

---

① 本文选自2013年5月27日《光明日报》第5版《光明讲坛》，有删改。楼宇烈，生于1934年，浙江嵊县人，北京大学哲学系教授。

思。人是分成不同类的，人伦就是探讨在社会中人与人之间的不同关系，所以儒家推崇"礼"，进行"礼"的教化，最终的目的是要达到让我们每个人都能"明伦"，即明白自己是属于哪一类的。在所有的孔庙中，一定有个大殿，上面挂着一块牌子，叫"明伦堂"。这就是儒家礼教的根本目的——让我们每个人都能"明伦"。儒家强调从自己做起。怎么从自己做起？就是每个人都要明白自己的身份或者是"名分"。礼教最后就是给你确定一个"名"，因此在历史上也称为"名教"。礼教即"名教"。

儒家把整个社会的人与人之间的关系分成五大类——君臣、父子、夫妇、长幼、朋友。"明伦"就是要明这五伦，明白社会中人与人之间的这五种关系。这五种关系里面的每一个身份都有它的职责，做父母的有父母的职责，做子女的有子女的职责等等。通过礼的教育，明白每人的身份以及这样的身份应该承担的职责，自觉地实践自己的责任和义务。这就是儒家礼教最终要达到的目的——每个人都要尽伦尽职、尽伦尽责。如果能够做到这一点，我们的社会就有序了，就和谐了，就安定了。

礼教或"名教"有没有约束作用？当然有，而且有很强的约束作用。让你自觉去约束自己。如果有人想不受这个约束，觉得这种约束压制了他的个性，那么这个礼教在他心目中就可怕得很，可是当他认识到"礼"是让他懂得怎样做人，因而应该自觉地遵循礼的规范时，他在这个范围内是可以"纵心所欲"的。

人生就那么严肃地过一辈子吗？所以要有"乐"的教育、诗的教育。中国古人讲："礼者别宜"，"乐者敦和"（《礼记·乐记》）。礼是用来分别的，而乐的核心是和谐。天地的和谐，人与人之间的和谐。在乐的教育（艺术教育或者美育）里面也能让我们学到礼教所要传播的很多观念。艺术很讲究相互配合。一首好的音乐，一定是各种音色的配合；各种不同的音色，快慢节奏，高低声音，配合得好，这首乐曲才好听。一幅画，远近、浓淡、高低配合好，才能是一幅美丽的画。所以在艺术的实践活动中，就会让我们懂得人与人之间应该怎样相处，怎样配合。所以我经常讲，艺术对人生的教育，对人生的提升是非常重要的。我们每个人不要只是欣赏艺术，而是要参与、实践艺术，培养多方面的艺术爱好。通过艺术的实践，能让我们更多地懂得如何处理好各方面的关系。所以乐教和礼教是紧密相连、紧密配合的，如鸟之两翼，车之两轮。礼乐的教化在儒家的思想中，被认为是密不可分、缺一不可的。

思考题

1. 你认为中国礼乐教化的精髓是什么？对我们今天的教育有什么启示意义？

2.《荀子·乐论》云"君子以钟鼓道志，以琴瑟乐心"，请谈谈你对这一句话的理解。

3. 礼教在中国历史上曾受到过不少的冲击，请阅读鲁迅有关礼教的文章，谈谈你的看法。

参考书目

《文史知识》编辑部：《古代礼制风俗漫谈》，北京：中华书局 1997 年版。

郭齐家：《中国古代学校》，北京：商务印书馆 1998 年版。

陈戍国：《中国礼制史》（全 6 册），长沙：湖南教育出版社 2011 年版。

周锡保：《中国古代服饰史》，北京：中央编译出版社 2011 年版。

彭林：《中国古代礼仪文明》，北京：中华书局 2013 年版。

顾迁：《中国的乐舞》，南京：南京大学出版社 2014 年版。

第三单元

王朝兴亡

导语

  在中国历史上，有长久的王朝，也有短命的王朝；有疆域广阔的王朝，也有偏安一隅的王朝；有大一统的王朝，也有多个王朝并立的时代。一个又一个王朝串联在一起，成为古代历史的基本线索。可以说，王朝的兴废与更迭，是贯穿中国古代传统文化的主线。无论政治经济的发展，还是思想文化的变迁，以至文学艺术的繁荣，都离不开这条主线。百家争鸣的兴盛局面，出现在春秋战国诸侯争霸的背景中；"丝绸之路"的贯通，以汉代的统一与强盛为前提；晋代的五胡乱华，导致中原大乱、民生凋敝，却也在一定程度上促进了民族融合；唐朝经历了"贞观之治"与"开元盛世"，一举跻身于当时世界上最强盛国家的行列……王朝兴亡，深刻影响着中国古代历史文化的整体面貌。

  每个王朝都有其兴盛与覆亡的具体原因。就拿覆亡来说，或终于权臣篡位，或衰于外戚干政，或毁于藩镇割据，或亡于异族入侵……兴亡原因看似不同，归结起来却有许多相通的地方。大体而言，一个王朝往往兴于励精图治，而亡于荒淫废弛。唐玄宗是一个比较典型的例子。当他致力于朝政、重用贤臣时，就是唐代最为繁盛的时期，是杜甫诗中"稻米流脂粟米白，公私仓廪俱丰实"（《忆昔》）的全盛图景。而当他耽溺杨贵妃之美色，纵情享乐，将朝政交由李林甫、杨国忠等人处理时，一场翻天覆地的安史之乱也就难以避免。唐朝的由盛转衰，也恰以安史之乱为转折点。

  每个朝代的有识之士，都会正视历代王朝的更迭，并思索这样的问题：如何避免重蹈前代王朝灭亡的覆辙？如何让自己身处的王朝更为兴盛、持续的时间更为久远？《诗经·大雅·荡》云：“殷鉴不远，在夏后之世。”从前代王朝的兴亡中总结历史教训并加以借鉴，就成为历代统治者孜孜不倦的诉求。所谓“国史明乎得失之迹”（《诗大序》），中国由此形成了一条重史的传统。唐太宗曾表示：“以史为鉴，可以知兴替。”《资治通鉴》书名的由来，就是因为宋神宗认为该书“鉴于往事，有资于治道”，而钦赐此名。历朝历代都重视史书的编纂，择取关乎国家盛衰、生民休戚之事加以记录，善者可以为法，恶者可以为戒。然而，理想与现实往往存在差距，尽管历代君主都想方设法要维持长久的统治，但仍然摆脱不了王朝覆亡的命运。正如杜牧所叹：“后人哀之而不鉴之，亦使后人而复哀后人也。”（《阿房宫赋》）王朝的兴废，如同一个不变的定律，不断往复循环，构筑着历史演进的轨迹。

值得重视的是，在反复不断的思索中，古人得出了不少宝贵的经验，总结出许多为政的指导思想。这些为政思想凝结着古人的智慧，并在王朝运转过程中发挥着重要作用。在诸多为政思想中，仁政是尤为突出的一种。仁政思想以儒家学说为内在支撑，主张以仁德治国。孔子曰：“为政以德，譬如北辰，居其所而众星共之。”（《论语·为政》）孟子则曰，“以力假仁者霸”，“以德行仁者王”（《孟子·公孙丑上》）。必须以民为本，宽以待民，因此孟子又主张：“民为贵，社稷次之，君为轻。”（《孟子·尽心下》）仁政思想在历史上具有深远影响，每个朝代都有仁政思想的回音。唐太宗说：“为君之道，必须先存百姓，若损百姓以奉其身，犹割股以啖腹，腹饱而身毙。”（《贞观政要》）宋代司马光《稽古录》曰：“兴教化，修政治，养百姓，利万物，然后可以为仁。”清代王夫之《读通鉴论》则称：“无德于民，不足以兴。”这些观点，包含着每一时代仁人志士对君民家国的深切关怀和理性思索，同时也是古代思想文化的精髓所在。总而言之，历代对于王朝兴废的认识与诠释，已成为古代传统文化中的巨大财富。今天来看，依然闪烁着智慧之光，焕发着强大的生命力。

主题课文

过秦论①

贾 谊

《过秦论》分上、中、下三篇，以上篇最为著名。上篇主要讲述秦朝的兴衰史，通过几组强弱胜败的对比，总结出"仁义不施，而攻守之势异也"的历史教训。强大的秦国，没有败给联合起来的六国，却在"瓮牖绳枢之子"的冲击下一溃千里，其中的关键原因在于"仁义"。贾谊的思考是深刻的，同时又具有现实意义。汉朝建立以后，在统治过程中必然面临方方面面的问题，而针对这些问题的各种应对措施，归根结底都是要保证统治的长久。在贾谊看来，秦的兴亡史，恰恰为汉朝的统治提供了切近而鲜明的借鉴。

本文通过大量的铺排、强烈的对比，聚合成波澜壮阔的雄辩气势，尤具激荡人心的力量。

贾谊像

秦孝公据崤函之固②，拥雍州之地③，君臣固守，以窥周室④，有席卷天下，包举宇

----

① 本文选自《文选》（上海古籍出版社1986年版）。《过秦论》原为上、中、下三篇。本文为上篇。"过秦"意为指出秦的过失，"论"是一种议论文体。贾谊（前200—前168），洛阳人，西汉初年著名政论家、辞赋家。少年时以博学多才闻名，文帝时为太中大夫。后受到排挤，外放为长沙王太傅，迁梁王太傅。梁王坠马死，贾谊深切自责，以至抑郁而终。

② 秦孝公：战国时秦国的国君，名渠梁。他任用商鞅变法，使秦富国强兵。崤：一作"峭"，山名，在今河南省洛宁县北。函：函谷关，在河南省灵宝市。

③ 雍州：古九州之一，包括今陕西省北部、甘肃省西北部、青海省的东南部和内蒙古自治区小部分地区。

④ 窥周室：窥视周王朝，企图夺取政权。窥，窥伺。

内①，囊括四海之意，并吞八荒之心②。当是时也，商君佐之③，内立法度，务耕织，修守战之具，外连衡而斗诸侯④。于是秦人拱手而取西河之外⑤。孝公既没，惠文、武、昭⑥，蒙故业⑦，因遗策⑧，南取汉中，西举巴蜀⑨，东割膏腴之地，北收要害之郡。诸侯恐惧，会盟而谋弱秦⑩，不爱珍器重宝肥饶之地，以致天下之士⑪，合从缔交⑫，相与为一。

当此之时，齐有孟尝，赵有平原，楚有春申，魏有信陵⑬。此四君者，皆明智而忠信，宽厚而爱人，尊贤而重士，约从离衡⑭，兼韩、魏、燕、楚、齐、赵、宋、卫、中山之众。于是六国之士，有宁越、徐尚、苏秦、杜赫之属为之谋⑮，齐明、周最、陈轸、召滑、楼缓、翟景、苏厉、乐毅之徒通其意，吴起、孙膑、带佗、兒良、王廖、田忌、廉颇、赵奢之伦制其兵⑯。尝以十倍之地，百万之众，叩关而攻秦⑰。秦人开关而延敌，九国之师，遁逃而不敢进。秦无亡矢遗镞之费⑱，而天下诸侯已困矣。于是从散约解，争割地而赂秦。秦有余力而制其弊⑲，追亡逐北⑳，伏尸百万，流血漂橹㉑。因利乘便㉒，宰割天下，分裂河山。强国请服，弱国入朝。施及孝文王、庄襄王㉓，享国之日浅，国家无事。

---

① 包举：包裹，这里有吞并的意思。宇内：天下。
② 八荒：八方荒远之地，代指天下。
③ 商君：即商鞅。
④ 连衡：也作"连横"。战国时有所谓的"连横"与"合纵"。"连横"指秦国联合东方国家打击其他国家，"合纵"指东方六国联合共同抗击秦国。斗诸侯：使诸侯相斗。
⑤ 拱手：两手相合，形容毫不费力。西河之外：指魏国在黄河以西的土地。秦孝公二十二年（前340），秦国派商鞅讨伐魏国，大破魏军，俘虏了公子卬。后魏国割河西之地献于秦国。
⑥ 惠文、武、昭：即惠文王、武王、昭襄王。惠文王为秦孝公之子，武王乃惠文王之子，昭襄王为武王异母弟。
⑦ 蒙：承受，继承。
⑧ 因遗策：沿袭秦孝公留下的政策。因：沿袭，遵循。
⑨ 举：攻取。
⑩ 弱：削弱。
⑪ 致：招致。
⑫ 合从：即"合纵"。
⑬ "齐有"四句：齐国孟尝君田文、赵国平原君赵胜、楚国春申君黄歇、魏国信陵君魏无忌，以善养士闻名，合称战国四公子。
⑭ 约从离衡：建立合纵的盟约，破坏连横的局面。
⑮ 属：类。
⑯ 制其兵：统领军事。
⑰ 叩：攻打。关：指函谷关。
⑱ 亡矢遗镞（zú）：损失箭羽。
⑲ 制其弊：利用诸侯的困弊。
⑳ 追亡逐北：追赶战败逃跑的敌人。亡，逃亡。北，战败，败北。
㉑ 橹：大盾牌。
㉒ 因利乘便：乘着有利的机会。因，趁着。
㉓ 施（yì）及：延续到。施，延。孝文王：昭襄王之子。庄襄王：孝文王之子。

及至始皇，奋六世之余烈①，振长策而御宇内②，吞二周而亡诸侯③，履至尊而制六合④，执敲扑以鞭笞天下⑤，威振四海。南取百越之地⑥，以为桂林、象郡⑦。百越之君，俛首系颈⑧，委命下吏⑨。乃使蒙恬北筑长城而守藩篱⑩，却匈奴七百余里⑪。胡人不敢南下而牧马，士不敢弯弓而报怨⑫。于是废先王之道，燔百家之言⑬，以愚黔首⑭。隳名城⑮，杀豪杰，收天下之兵⑯，聚之咸阳。销锋镝⑰，铸以为金人十二，以弱天下之民。然后践华为城，因河为池⑱，据亿丈之城，临不测之谿以为固⑲。良将劲弩，守要害之处，信臣精卒，陈利兵而谁何⑳。天下已定，始皇之心，自以为关中之固，金城千里㉑，子孙帝王万世之业也㉒。

始皇既没，余威震于殊俗㉓。然而陈涉，瓮牖绳枢之子㉔，氓隶之人㉕，而迁徙之徒

---

① 六世：指秦孝公、惠文王、武王、昭襄王、孝文王、庄襄王六代。余烈：流传的功业。

② 振：挥动。长策：马鞭。御：统治。

③ 二周：西周和东周。西周灭于昭襄王五十一年（前256），东周灭于庄襄王元年（前249）。

④ 履至尊而制六合：登上帝位而统治天下。履：登。制：控制。六合：上、下、东、西、南、北称"六合"，即天下。

⑤ 敲扑：木杖，短曰敲，长曰扑。鞭笞（chī）：均为刑具，这里是鞭打的意思。

⑥ 百越：南方少数民族的总称。

⑦ 桂林、象郡：桂林郡相当于今广西北部及东部地区，象郡相当于今广东西南部、广西西部及贵州南部等地区。两郡均为秦始皇新置。

⑧ 俛首系颈：低垂着头，脖子上系着绳子。俛：同"俯"。

⑨ 委命下吏：把性命交给秦朝的下级官员处置。

⑩ 蒙恬：秦始皇时的将领。藩篱：篱笆，比喻国家的屏障。

⑪ 却：击退。

⑫ 士：指山东六国之人。

⑬ 燔（fán）：焚烧。百家之言：诸子百家的著作。

⑭ 黔首：百姓。

⑮ 隳（huī）：毁坏。

⑯ 兵：兵器。

⑰ 销锋镝：把兵器融化。锋，兵器尖端。镝，箭头，一作"镝"。

⑱ "然后"二句：据华山建立城郭，以黄河为护城河。池：护城河。

⑲ 谿：同"溪"。

⑳ 谁何：盘问。一说，意为"谁敢问"。

㉑ 金城：比喻坚固的城池。

㉒ 子孙帝王万世：子孙万世称帝为王。

㉓ 殊俗：不同的风俗，指边远地区。

㉔ 陈涉：又名陈胜，阳城（今河南省登封市）人，秦末农民起义领袖。瓮牖（yǒu）绳枢：用破瓮作窗户，用绳索栓门枢，形容很穷。牖，窗。枢，门上的轴。

㉕ 氓：农民。隶：奴隶。

也①。材能不及中庸②，非有仲尼、墨翟之贤，陶朱、猗顿之富③，蹑足行伍之间④，而倔起阡陌之中⑤，率罢散之卒⑥，将数百之众，转而攻秦。斩木为兵，揭竿为旗，天下云集而响应，赢粮而景从⑦。山东豪俊，遂并起而亡秦族矣⑧。

且夫天下非小弱也，雍州之地，崤函之固自若也⑨。陈涉之位，非尊于齐、楚、燕、赵、韩、魏、宋、卫、中山之君也；锄耰棘矜⑩，非铦于钩戟长铩也⑪；谪戍之众，非抗于九国之师也⑫；深谋远虑，行军用兵之道，非及曩时之士也⑬。然而成败异变，功业相反。试使山东之国与陈涉度长絜大⑭，比权量力，则不可同年而语矣。然秦以区区之地，致万乘

秦兵马俑

之权⑮，招八州而朝同列⑯，百有余年矣。然后以六合为家，殽函为宫，一夫作难而七庙隳⑰，身死人手⑱，为天下笑者，何也？仁义不施，而攻守之势异也。

---

① 迁徙之徒：被谪罚服役的人。陈涉本来被征发去戍守渔阳。
② 中庸：平常的人。
③ 陶朱：春秋越国大夫范蠡，辅佐越王勾践灭吴后，辞官经商，号陶朱公。猗顿：春秋时鲁人，经商致富。
④ 蹑足行伍：跻身于戍卒行列中。
⑤ 倔起阡陌：崛起于乡野之上。倔起，自下而起。阡陌，田间小路。
⑥ 罢（pí）散：疲劳散乱。罢，同"疲"。散，一作"弊"。
⑦ 赢粮而景从：带着粮食追随陈涉。赢，负担。景从，如影之随行。景，同"影"。
⑧ 山东：指崤山以东。秦族：指秦王朝。
⑨ 自若：依然如故。
⑩ 锄耰：锄头。棘矜：棘木杖。这里泛指起义军作为兵器用的农具木棍等。
⑪ 非铦（xiān）于钩戟长铩：不比钩戟长矛锋利。铦，锋利。钩戟，带钩的戟。长铩，长矛。
⑫ 抗：匹敌。
⑬ 曩时：先前。这里指六国联合攻秦时。
⑭ 度长絜大：比量长短大小。絜，计量物体粗细。
⑮ 致万乘之权：得到帝王的权利。万乘，周朝制度，天子拥有兵车万乘。
⑯ 招八州而朝同列：占有天下的土地，而让原来与自己地位平等的六国前来朝拜。八州，古代天下分九州，八州指秦所据雍州之外的其他八州，亦即六国之地。
⑰ 七庙：古代帝王宗庙祭祀七代祖先，故称七庙。
⑱ 身死人手：指秦二世和子婴被杀。

知识链接

《三字经》选段

《三字经》是中国传统蒙学三大读物之一（另两种是《百家姓》和《千字文》），内容涵盖人文历史、天文地理、道德规范等，通俗易记，影响深远。下面的选段概括了中国王朝更替的大致情况。

经子通，读诸史。考世系，知终始。自羲农，至黄帝。号三皇，居上世。

唐有虞，号二帝。相揖逊，称盛世。夏有禹，商有汤。周文王，称三王。

夏传子，家天下。四百载，迁夏社。汤伐夏，国号商。六百载，至纣亡。

周武王，始诛纣。八百载，最长久。周辙东，王纲堕。逞干戈，尚游说。

始春秋，终战国。五霸强，七雄出。嬴秦氏，始兼并。传二世，楚汉争。

高祖兴，汉业建。至孝平，王莽篡。光武兴，为东汉。四百年，终于献。

魏蜀吴，争汉鼎。号三国，迄两晋。宋齐继，梁陈承。为南朝，都金陵。

北元魏，分东西。宇文周，与高齐。迨至隋，一土宇。不再传，失统绪。

唐高祖，起义师。除隋乱，创国基。二十传，三百载。梁灭之，国乃改。

梁唐晋，及汉周。称五代，皆有由。炎宋兴，受周禅。十八传，南北混。

辽与金，皆称帝。迨灭辽，宋犹存。至元兴，金绪歇。有宋世，一同灭。

并中国，兼戎狄。明太祖，久亲师。传建文，方四祀。迁北京，永乐嗣。

迨崇祯，煤山逝。清太祖，膺景命。靖四方，克大定。至世祖，乃大同。

十二世，清祚终。

古代史籍

历朝都重视史书的编纂，以记录历史事件、制度因革，总结得失盛衰、更迭规律等。其中最著名的是"二十四史"和"十通"。

二十四史：即《史记》《汉书》《后汉书》《三国志》《晋书》《宋书》《南齐书》《梁书》《陈书》《魏书》《北齐书》《周书》《隋书》《南史》《北史》《旧唐书》《新唐书》《旧五代史》《新五代史》《宋史》《辽史》《金史》《元史》《明史》。

十通：古代十部政书的合称，包括《通典》《通志》《文献通考》《续通典》《续通志》

《续文献通考》《清朝通典》《清朝通志》《清朝文献通考》《清朝续文献通考》。

元大都城垣遗址（北京）

崇祯皇帝自缢处（北京景山公园）

思考题

1. 阅读《过秦论》全文，了解文章写作时的社会政治背景及作者的写作意图。

2. 了解中国古代朝代更迭的顺序及其灭亡的原因。

3. 先秦时期，人们认为一个朝代的兴起是受命于天，但他们同时也提出"天命靡常"和"皇天无亲，惟德是辅"（《左传·僖公五年》）的观点，谈谈你对这一观点的理解。

拓展课文

故事二则

提示

　　一个王朝的兴盛，离不开统治者自身的努力。因此，在探讨王朝兴废的问题时，古人非常注重人君的德行。有德之君往往能成就宏图伟业，而失德之君往往众叛亲离。具体而言，爱民如子、礼贤下士、勤于政务、勇于纳谏，以至亲贤臣、远佞人、重简朴、去奢靡等，都是有德之君所应具备的素质。

　　汉朝与唐朝，都是历史上繁盛的朝代。而汉唐盛世图景的形成，帝王自身的努力不应忽视。刘邦之所以能以布衣之身夺取天下，唐太宗之所以能成就"贞观之治"，都与他们的所作所为密切相关。这两则故事，一则是说刘邦知人善任、与人同利，一则是说唐太宗留心治道、注重百姓。我们可以从中感受两位帝王的过人之处。

汉高祖有天下①

司马迁

　　高祖置酒雒阳南宫。高祖曰："列侯诸将无敢隐朕，皆言其情。吾所以有天下者何？项氏之所以失天下者何？"高起、王陵对曰："陛下慢而侮人②，项羽仁而爱人。然陛下使人攻城略地，所降下者因以予之，与天下同利也。项羽妒贤嫉能，有功者害之，贤者疑之，战胜而不予人功，得地而不予人利，此所以失天下也。"高祖曰："公知其一，未知其二。夫运筹策帷帐之中，决胜于千里之外，吾不如子房③。镇国家，抚百姓，给馈饷④，不绝粮道，吾不如萧何⑤。连百万之军，战必胜，攻必取，吾不如韩信⑥。此三者，皆人杰也，吾能用之，此吾所以取天下也。项羽有一范增而不能用⑦，此其所以为我擒也。"

汉高祖像

水能载舟，亦能覆舟⑧

吴　兢

　　贞观六年⑨，太宗谓侍臣曰："看古之帝王，有兴有衰，犹朝之有暮。皆为敝其耳目⑩，不知时政得失，忠正者不言，邪谄者日进，既不见过，所以至于灭亡。朕既在九重⑪，不能尽见天下事，故布之卿等，以为朕之耳目。莫以天下无事，

唐太宗像

---

　　① 本文节选自《史记·高祖本纪》（中华书局 1982 年版）。

　　② 慢：态度冷淡，不礼貌，轻慢。

　　③ 子房：即张良，字子房，刘邦的重要谋士，足智多谋，以出色的才智协助刘邦夺得天下。

　　④ 馈饷：即粮饷，军队中发给官兵的口粮和钱。

　　⑤ 萧何：曾辅佐刘邦起义，楚汉战争时留守关中，不断输送士卒粮饷支援作战，为刘邦战胜项羽、建立汉朝发挥了重要作用。

　　⑥ 韩信：汉朝建立的重要功臣之一，军事才能卓越，在楚汉战争中多次发挥关键作用。

　　⑦ 范增：项羽的谋士，被项羽尊为"亚父"。屡劝项羽消灭刘邦势力，未被采纳。在鸿门宴上亦多次示意项羽杀刘邦，又使项庄舞剑，意欲行刺，终未成功。后被项羽猜忌，辞官归里，病死于途中。

　　⑧ 本文节选自《贞观政要·政体》（上海古籍出版社 2008 年版）。《贞观政要》是一部政论性史书。全书十卷四十篇，分类编辑了唐太宗与魏征、房玄龄、杜如晦等大臣关于施政问题的对话，以及一些大臣的谏议和奏疏，是研究唐初政治的重要资料。吴兢（670—749），汴州浚仪（今河南开封）人，唐代史学家。

　　⑨ 贞观（627—649）：唐太宗李世民的年号。

　　⑩ 敝：同"蔽"，遮挡。

　　⑪ 九重：宫门九重，这里指深宫之内。

四海安宁，便不存意。'可爱非君，可畏非民。'[1] 天子者，有道则人推而为主，无道则人弃而不用，诚可畏也。"魏征对曰："自古失国之主，皆为居安忘危，处治忘乱，所以不能长久。今陛下富有四海，内外清晏[2]，能留心治道，常临深履薄[3]，国家历数[4]，自然灵长[5]。臣又闻古语云：'君，舟也；人，水也。水能载舟，亦能覆舟。'[6] 陛下以为可畏，诚如圣旨。"

知识链接

文景之治：西汉建立后，从刘邦开始的数代统治者，采取了轻徭薄赋、与民休息的政策，并且提倡节俭，减轻刑罚。到汉文帝、汉景帝统治时期，形成了社会稳定、经济发展、百姓安定、家给人足的局面，史称"文景之治"。这为后来汉武帝统治时期的繁盛局面奠定了坚实基础。

光武中兴：西汉末年，王莽篡权，夺取帝位。赤眉军、绿林军相继起义，反对王莽统治。一些汉朝宗室也纷纷起兵。其中，汉景帝之子刘发的后人刘秀，逐渐掌握大权，于公元25年称帝，是为汉光武帝。光武帝陆续消灭各地割据势力以后，致力于国家治理。一方面讲求吏治，尤其注重地方官吏的选拔；另一方面以民为本，实行轻徭薄赋的政策，并多次下诏释放奴婢。由此开启了东汉近两百年的统治，故有"光武中兴"之称。

贞观之治：唐太宗即位后，吸取隋朝灭亡的教训，在政策方面减轻赋税与徭役，在用人方面坚持任人唯贤，并且虚心听取臣子的进谏。通过各方面努力，唐太宗在位的贞观年间（627—649），政治清明，社会发展，百姓生活安定，出现了"囹圄常空，马牛布野，外户不闭"的繁荣景象（《贞观政要·政体》），因而被誉为"贞观之治"，号称治世之典范。

开元盛世：开元年间（713—741），唐玄宗励精图治，任用贤臣，如姚崇、宋璟、张九龄等人，都是有名的贤相，均能指陈得失，补察时弊。因此这一时期政局比较稳定，经济继续发展，被称为"开元之治"或"开元盛世"。杜甫曾在《忆昔》诗中描绘开元全

---

[1] 可爱非君，可畏非民：出自《尚书·大禹谟》。意思是值得爱戴的是君主，值得敬畏的是百姓。
[2] 清晏：和平安宁。
[3] 临深履薄：见于《诗·小雅·小旻》："战战兢兢，如临深渊，如履薄冰。"谓面临深渊、脚踏薄冰，比喻谨慎戒惧。
[4] 历数：指帝王代天理民的顺序。
[5] 灵长：广远绵长。
[6] "君，舟也"四句：见于《荀子·王制》："君者舟也，庶人者水也，水则载舟，水则覆舟。"

盛时的景象："忆昔开元全盛日，小邑犹藏万家室。稻米流脂粟米白，公私仓廪俱丰实。"开元年间的繁荣，是唐朝百余年来社会发展所积累的成果，也与唐玄宗君臣的孜孜求治密不可分。

唐长安大明宫复原图

康乾盛世：清朝康熙皇帝在位年间（1662—1722），平定三藩之乱，反击沙俄，平定西北叛乱，又实行"盛世滋生人丁，永不加赋"的赋税政策，促使清朝国力不断强盛。乾隆皇帝统治时（1736—1795），进一步发展生产，重农恤商，并收复伊犁、平定准噶尔叛乱，进一步完成了多民族国家的统一；同时广修文治，编成《四库全书》等大型丛书。这一时期，疆域空前广阔，人口迅速增长，清朝统治达到极盛，史称"康乾盛世"。

（宋）张择端《清明上河图》（局部）

思考题

1. 汉高祖认为自己之所以"有天下"的原因是什么？

2. "君，舟也；人，水也"，这一比喻包含着怎样的道理？

3. 请思考"贞观之治""开元盛世"局面出现的原因。

4. 除了"知识链接"中提到的"盛世"和"中兴"，你还知道历史上有哪些"盛世"或"中兴"？

伶官传序①

欧阳修

提示

> 这篇文章是欧阳修所撰《新五代史·伶官传》的序文。伶人指宫廷中的乐工和扮演杂剧的艺人。通常来说，正史是不为伶人立传的，《伶官传》可说是欧阳修的首创。欧阳修专为伶人立传，其实大有深意。后唐庄宗李存勖，正是由于宠幸伶人，喜好俳优，才导致了身死国破的悲剧。《伶官传》记叙了这批伶人败政乱国的史实，这篇序文则高屋建瓴地指出了撰写《伶官传》的用意所在。序文强调国家盛衰之理取决于人事，阐述了"忧劳可以兴国，逸豫可以亡身"的道理，总结了"夫祸患常积于忽微，而智勇多困于所溺"的历史教训。这不但是对历史兴亡的睿智判断，而且具有极强的现实意义，体现了作者作为史学家及政治家的卓越见识。

呜呼！盛衰之理，虽曰天命，岂非人事哉！原庄宗之所以得天下②，与其所以失之者，可以知之矣。

---

① 本文选自《新五代史·伶官传》（中华书局 1974 年版）。欧阳修（1007—1072），北宋文学家、史学家，字永叔，号醉翁，晚号六一居士，庐陵（今江西吉安市永丰县）人。宋仁宗天圣八年进士，历任西京留守推官、监察御史、枢密副使、参知政事等职。卒，谥文忠，世称欧阳文忠公。《旧五代史》是宋太祖诏令编纂的官修史书，薛居正监修。欧阳修又作《五代史记》，后名为《新五代史》，是唐代设馆修史后唯一的私修正史。伶官：宫廷中的乐工和扮演杂剧的艺人。《伶官传》是欧阳修为庄宗宠幸的伶人敬新磨、景进、史彦琼、郭从谦所写的合传。

② 原：推究，考查。庄宗：后唐庄宗李存勖。李存勖于后梁龙德三年（923 年）称帝，国号唐，同年灭后梁。同光四年（926 年），在兵变中被杀。

世言晋王之将终也①，以三矢赐庄宗而告之曰："梁②，吾仇也；燕王，吾所立③；契丹与吾约为兄弟④，而皆背晋以归梁。此三者，吾遗恨也。与尔三矢，尔其无忘乃父之志⑤！"庄宗受而藏之于庙。其后用兵，则遣从事以一少牢告庙⑥，请其矢，盛以锦囊，负而前驱，及凯旋而纳之。

方其系燕父子以组⑦，函梁君臣之首⑧，入于太庙，还矢先王，而告以成功，其意气之盛，可谓壮哉！及仇雠已灭⑨，天下已定，一夫夜呼，乱者四应⑩，仓皇东出，未及见贼，而士卒离散，君臣相顾，不知所归，至于誓天断发，泣下沾襟⑪，何其衰也！

岂得之难而失之易欤？抑本其成败之迹而皆自于人欤⑫？《书》曰："满招损，谦得益⑬。"忧劳可以兴国，逸豫可以亡身⑭，自然之理也。故方其盛也，举天下豪杰，莫能与之争；及其衰也，数十伶人困之，而身死国灭⑮，为天下笑。

夫祸患常积于忽微⑯，而智勇多困于所溺⑰，岂独伶人也哉？作《伶官传》。

知识链接

女祸：指由于皇帝过分宠爱女子而导致国事败坏。这些受宠的女子常常受到正史的遣责，甚至承担了千古骂名，不过，问题的根源往往不在她们，而在皇帝自身。历史上

---

① 晋王：庄宗之父李克用，西突厥沙陀族人，因镇压黄巢起义有功，封晋王。

② 梁：指后梁太祖朱温，原为黄巢部将，后叛变降唐，封为梁王。

③ 燕王：指刘仁恭父子。刘仁恭因李克用推荐成为卢龙军节度使，后背晋归梁。其子刘守光被朱温封为燕王。此处称刘仁恭为燕王，是笼统说法。

④ 契丹：辽的前身。契丹首领耶律阿保机曾与李克用结盟，相约讨伐朱温，但不久后又背约与朱温联合反晋。

⑤ 乃父：你的父亲。

⑥ 少牢：古代祭祀，用一羊、一猪称"少牢"，用一牛、一羊、一猪则称"太牢"。

⑦ 系燕父子以组：914年，李存勖破幽州，擒刘仁恭，刘守光出逃，不久亦被擒。系，捆绑。组，绳子。

⑧ 函梁君臣之首：923年，李存勖率兵攻破后梁首都大梁（今河南开封），梁末帝朱友贞命部将皇甫麟杀死自己，皇甫麟也随后自尽。李存勖令人收葬，并将二人首级装匣归献太庙。函，匣子，这里作动词用。

⑨ 仇雠：仇敌。

⑩ "一夫"两句：926年，因李存勖接连杀害功臣大将，加上军民缺粮，人心惶恐，当时驻贝州（今河北清河县西）军士皇甫晖于夜间杀帅，起兵叛乱。

⑪ "仓皇"六句：叛乱发生后，李存勖避乱东逃，将士损失过半，诸将截发而誓，君臣相对悲号。

⑫ 抑：或。本：推究。迹：事迹。

⑬ 满招损，谦得益：语出《尚书·大禹谟》，孔颖达疏："自以为满，人必损之，自谦受物，人必益之。"

⑭ 逸豫：安逸游乐。

⑮ "数十"二句：李存勖灭梁后，纵情声色，宠幸伶人，让伶人参政掌权，作威作福，最终导致身死国破。

⑯ 忽微：指极细小的事情。忽为寸的十万分之一，微为寸的百万分之一。

⑰ 溺：沉溺，贪爱。

著名的"女祸"有：夏桀宠爱妹喜，纣王宠爱妲己，周幽王宠爱褒姒，南齐东昏侯宠爱潘贵妃，陈后主宠爱张丽华，唐玄宗宠爱杨贵妃等。

（元）钱选《杨贵妃上马图》（局部）

宦官擅权：宦官本是宫廷中服侍皇帝的特殊人群，由于与皇帝关系极为密切，一旦得到皇帝重用，就有机会获得极高的地位。他们往往利用手中的权力，卖官鬻爵，贪污纳贿，以至把持朝政，甚至掌握废立皇帝的大权。在古代历史上，宦官擅权以东汉、晚唐、明朝最为剧烈。历史上著名的宦官有：秦二世时指鹿为马的赵高、东汉时的"十常侍"、唐肃宗时的李辅国、晚唐把持朝政二十余年的仇士良、明武宗时的"立地皇帝"刘瑾、明熹宗时的"九千岁"魏忠贤等。

外戚干政：外戚指皇帝后妃的家族成员。外戚凭借与皇帝的姻亲关系，获得特殊的权力，成为一种特殊的政治势力，其种种活动，或关系到王室的安危，或直接影响着国家的命运。外戚干政，是导致王朝衰落的重要原因之一。历史上著名的外戚有：汉武帝时的田蚡、汉桓帝时的梁冀、西汉末篡夺皇位的王莽、唐高宗时的武氏家族、唐玄宗时的杨国忠、明宪宗时的万氏家族等。

朋党之争：朋党之争是统治集团内部不同派别的争权斗争。朋党并非现代意义上的政党，而是出于特定需要而结成的利益集团。朋党之间往往党同伐异，争持不下，常常导致朝政的混乱，影响着政局的变迁。如唐代的牛李党争、宋代的新旧党争、明代的东林党之祸等。

异族入侵：尽管汉族政权在经济、文化等方面有着绝对的优势，但在某些历史时期，一些少数民族凭借强大的军事实力，得以入主中原并建立政权。异族入侵成为一些王朝覆亡的直接原因。例如，北宋因金国入侵导致灭亡，南宋被元朝夺取政权，明朝在清军与李自成起义军的攻击下走向灭亡。入主中原的异族往往被汉文化同化，促进了中华民族的大融合。

思考题

1. "忧劳可以兴国，逸豫可以亡身"，请从中国古代皇帝中举出相应的事例。
2. 中国古代的有识之士对"君德"提出了哪些要求？

哀江南①

孔尚任

提示

《桃花扇》以侯方域和李香君的爱情故事为线索，描写了南明王朝的兴亡，揭露了南明王朝政治的腐败，反映了明末时期社会动乱的局面，寄寓了作者"借离合之情，写兴亡之感"的思想情感。《哀江南》是《桃花扇》结尾的一套北曲。教曲师傅苏昆生在南明灭亡后重游南京，但见凄凉满目，于是抚今追昔，一一道出南京各处的景象，从城郊到孝陵，再到昔日宫殿，又到秦淮、板桥、旧院等地。在对今日荒芜景色的描写过程中，时时穿插昔日的豪华气象，从而更增今非昔比的无限凄凉。最后一曲收束全套曲词，慷慨悲歌，将"舆图换稿"之悲倾泻而出，哀怨凄婉，写尽亡国之痛。

【北新水令】② 山松野草带花挑，猛抬头，秣陵重到③。残军留废垒，瘦马卧空壕；村郭萧条，城对着夕阳道。

【驻马听】野火频烧，护墓长楸多半焦④。山羊群跑，守陵阿监几时逃⑤。鸽翎蝠粪满堂抛，枯枝败叶当阶罩；谁祭扫，牧儿打碎龙碑帽⑥。

---

① 本文节选自孔尚任《桃花扇》第四十出（人民文学出版社 1998 年版）。孔尚任（1648—1718），字聘之，又字季重，号东塘，别号岸堂，又自号云亭山人。山东曲阜人，孔子六十四代孙。
② "北新水令"：曲牌名。下同。
③ 秣（mò）陵：今江苏南京，秦朝时称为秣陵。
④ 长楸（qiū）：高大的楸树，古代常种于道旁。
⑤ 阿监：太监。
⑥ 龙碑帽：雕刻着龙形的石碑顶部。

昆曲《1699·桃花扇》剧照

【沉醉东风】横白玉八根柱倒，堕红泥半堵墙高。碎琉璃瓦片多，烂翡翠窗棂少。舞丹墀燕雀常朝①，直入宫门一路蒿，住几个乞儿饿殍②。

【折桂令】问秦淮旧日窗寮，破纸迎风，坏槛当潮，目断魂消。当年粉黛，何处笙箫？罢灯船端阳不闹，收酒旗重九无聊。白鸟飘飘，绿水滔滔，嫩黄花有些蝶飞，新红叶无个人瞧。

【沽美酒】你记得跨青溪半里桥，旧红板没一条。秋水长天人过少，冷清清的落照，剩一树柳弯腰。

【太平令】行到那旧院门，何用轻敲，也不怕小犬哰哰③。无非是枯井颓巢，不过些砖苔砌草。手种的花条柳梢，尽意儿采樵；这黑灰是谁家厨灶？

【离亭宴带歇拍煞】俺曾见金陵玉殿莺啼晓，秦淮水榭花开早，谁知道容易冰消。眼看他起朱楼，眼看他宴宾客，眼看他楼塌了。这青苔碧瓦堆，俺曾睡风流觉，将五十年兴亡看饱。那乌衣巷不姓王④，莫愁湖鬼夜哭，凤凰台栖枭鸟⑤。残山梦最真，旧境丢难掉，不信这舆图换稿⑥。诌一套《哀江南》，放悲声唱到老。

---

① 丹墀：宫殿的赤色台阶或赤色地面，亦指群臣朝见天子之处。
② 饿殍（piǎo）：饿死的人。
③ 哰（láo）哰：鸟兽鸣叫。
④ 乌衣巷：东晋时王、谢两大家族居住此地。刘禹锡《乌衣巷》诗："旧时王谢堂前燕，飞入寻常百姓家。"
⑤ 莫愁湖、凤凰台：均为南京名胜。
⑥ 舆图换稿：指江山易代。舆图，地图。

知识链接一

遗民故事

遗民，有多重意思，如亡国之民、沦陷区的百姓、劫后余留的人民等。这里主要指改朝换代后不仕新朝的人。

伯夷叔齐不食周粟：伯夷、叔齐是商末孤竹君之子。孤竹君遗命，立次子叔齐为继承人。叔齐让位给伯夷，伯夷不接受，叔齐也不愿登位，两人相继让国出逃。周武王伐纣，二人叩马谏阻。武王灭商后，两人耻食周粟，采薇而食，遂饿死于首阳山。古人将他们当作抱节守志的典范。

谢枋得绝食明志：谢枋得（1226—1289），字君直，号叠山。南宋灭亡后，隐居于福建建阳一带。元朝想要网罗南宋人才，列出二十余人的名单，以谢枋得为首。然而元朝多次诱降，均被谢枋得严辞拒绝。福建行省参政魏天佑为了立功，强迫谢枋得北上。到大都后，谢枋得被拘于悯忠寺。寺中有《曹娥碑》，谢枋得有感于曹娥投江寻父的孝行，泣曰："小女子犹尔，吾岂不汝若哉！"于是绝食以明志，最终不食而死。

郑思肖画兰无根：郑思肖（1241—1318），宋末文学家，画家。原名不详，宋亡后改名思肖，因"肖"是宋朝国姓赵（趙）的组成部分；号所南，表示不忘故国，日常坐卧，都要向南背北。郑思肖擅长画墨兰。宋亡后，他所画的兰花既不画土，也不画根，意谓国土已沦丧于异族，无从扎根。一些权贵以重金索画，郑思肖坚决不给。当时的县令曾以权力逼迫他画兰，他怒曰："头可断，兰不可画！"郑思肖原本与著名画家赵孟頫有交往。后来赵孟頫接受了元朝的任职，郑思肖即与之绝交。

顾炎武频谒皇陵：顾炎武（1613—1682），明末清初思想家、文学家。本名绛，明亡后，因仰慕文天祥学生王炎午的忠贞品格，改名炎武。顾炎武曾加入复社，后又以经商为掩护，联络反清复明人士，从事抗清活动。他曾四次前往南京明孝陵，哭吊明朝开国皇帝朱元璋，两次到北京昌平长陵哭吊明成祖朱棣，六次到明思陵哭吊崇祯帝朱由检。往返数千里，不辞跋涉之苦。据说，他每年端午都会在门前悬挂一块红色的蔓菁，在里面塞上蒜青，并在后面挂一块白布，写上"避青"二字，以表达对清朝的态度。世人又称其为"避青先生"。

朱耷画里狂颠：著名画家朱耷（1626—1705）本是明太祖朱元璋第十七子宁献王朱权的九世孙。明朝灭亡，朱耷时年十九。不久后，他便假装聋哑，隐姓埋名，潜居山野，

（宋）郑思肖《墨兰图》

（明末清初）
八大山人《孤雁》

通过作画来寄托内心的抑郁与痛苦。朱耷的署名和签押是很奇特的。他的画幅上常常出现一个像"龟"字的签押，实际上这并非一个字，而是隐蔽地以"三月十九"四字组成。"三月十九"正是李自成攻破北京、崇祯帝上吊自尽的日子。朱耷晚年开始使用"八大山人"的号，在落款时，常把"八大"二字紧密地连缀在一起，"山人"二字也同样如此，看来就像"哭之"或"笑之"的字样，以寄托他的痛苦心情。他的一首题画诗写道："墨点无多泪点多，山河仍是旧山河。横流乱世权椰树，留得文林细揣摹。"委婉道出了朱耷内心深处的沉痛。

知识链接二

表现兴亡之感的文学名著

古代还有许多包含王朝兴亡之感的文学作品，与史书相比，具有更生动的描绘和细节，以及鲜明的个人情感，拥有经久不衰的魅力。

《**哀江南赋**》：南北朝庾信著。此赋是庾信晚年在北周时所作，赋名取自《楚辞·招魂》"魂兮归来哀江南"，寄寓自己的家国之念。赋中表达了庾信对个人身世的无奈哀叹、对梁朝灭亡的沉重伤悼以及对江南故国的深切思念。文辞优美，哀婉动人。

《**武林旧事**》：南宋周密著。成书于南宋灭亡以后、元至元二十七年（1290 年）以前。

书中追忆南宋都城临安的城市风貌，包含着物是人非的深切悲慨。《四库全书总目》称："遗老故臣，恻恻兴亡之隐，实曲寄于言外。"

《三国演义》：明罗贯中著。是中国第一部长篇章回体小说，也是历史演义小说的开山之作。该书依托历史，描绘了自黄巾起义到三国归晋的近百年历史风云。"浪花淘尽英雄"，"古今多少事，都付笑谈中"，波澜壮阔，生动鲜活。

《陶庵梦忆》：明张岱著。是作者在明亡以后追忆往事而作。书中通过作者的经历和见闻，描绘了一幅晚明时期的生活画卷，包含着深重的故国之思和沧桑之感。

《板桥杂记》：明末清初余怀著。该书记述明朝末年南京秦淮河南岸长板桥一带旧院诸名妓的相关逸事见闻。书中极力渲染当年的文酒笙歌的繁华盛况，实际上是为了对照今日的凄凉景象。

【课后练习】

1. 了解《三国演义》的主要内容，谈一谈书中所表达的兴亡思想。

2. 收集更多遗民故事，思考古人在朝代更迭之际是如何选择的？你对这样的选择有何看法？

3. 阅读张岱《陶庵梦忆》，围绕书中体现的兴亡之感，写一篇读书札记。

一个王朝的背影（节选）[①]

余秋雨

我们这些人，对清代总有一种复杂的情感阻隔。记得很小的时候，历史老师讲到"扬州十日"、"嘉定三屠"时眼含泪花，这是清代的开始；而讲到"火烧圆明园"、"戊戌变法"时又有泪花了，这是清代的尾声。年迈的老师一哭，孩子们也跟着哭，清代历史，是小学中唯一用眼泪浸润的课程。从小种下的怨恨，很难化解得开。

老人的眼泪和孩子们的眼泪拌和在一起，使这种历史情绪有了一种最世俗的力量。我小学的同学全是汉族，没有满族，因此很容易在课堂里获得一种共同语言。好像汉族理所当然是中国的主宰，你满族为什么要来抢夺呢？抢夺去了能够弄好倒也罢了，偏偏越弄越糟，最后几乎让外国人给瓜分了。于是，在闪闪泪光中，我们懂得了什么是汉奸，

---

① 本文节选自《一个王朝的背影》，收入《山居笔记》（文汇出版社 2002 年版）。余秋雨（1946—　），中国当代著名文化学者，散文家。

圆明园遗址

什么是卖国贼,什么是民族大义,什么是气节。我们似乎也知道了中国之所以落后于世界列强,关键就在于清代,而辛亥革命的启蒙者们重新点燃汉人对清朝的仇恨,提出"驱除鞑虏,恢复中华"的口号,又是多么有必要,多么让人解气。清朝终于被推翻了,但至今在很多中国人心里,它仍然是一种冤孽般的存在。

年长以后,我开始对这种情绪产生警惕。因为无数事实证明,在我们中国,许多情绪化的社会评判规范,虽然堂而皇之地传之久远,却包含着极大的不公正。我们缺少人类普遍意义上的价值启蒙,因此这些情绪化的社会评判规范大多是从封建正统观念逐渐引伸出来的,带有很多盲目性。先是姓氏正统论,刘汉、李唐、赵宋、朱明……在同一姓氏的传代系列中所出现的继承人,哪怕是昏君、懦夫、色鬼、守财奴、精神失常者,都是合法而合理的,而外姓人氏若有觊觎,即便有一千条一万条道理,也站不住脚,真伪、正邪、忠奸全由此划分。由姓氏正统论扩而大之,就是民族正统论。这种观念要比姓氏正统论复杂得多,你看辛亥革命的闯将们与封建主义的姓氏正统论势不两立,却也需要大声宣扬民族正统论,便是例证。民族正统论涉及到几乎一切中国人都耳熟能详的许多著名人物和著名事件,是一个在今后仍然要不断争论的麻烦问题。在这儿请允许我稍稍回避一下,我需要肯定的仅仅是这样一点:满族是中国的满族,清朝的历史是中国历史的一部分;统观全部中国古代史,清朝的皇帝在总体上还算比较好的,而其中的康熙皇帝甚至可说是中国历史上最好的皇帝之一,他与唐太宗李世民一样使我这个现代汉族中国人感到骄傲。

既然说到了唐太宗,我们又不能不指出,据现代历史学家考证,他更可能是鲜卑族而不是汉族之后。

如果说先后在巨大的社会灾难中迅速开创了"贞观之治"和"康雍乾盛世"的两位

中国历史上最杰出帝王都不是汉族，如果我们还愿意想一想那位至今还在被全世界历史学家惊叹的建立了赫赫战功的元太祖成吉思汗，那么我们的中华历史观一定会比小学里的历史课开阔得多，放达得多。

汉族当然非常伟大，汉族当然没有理由要受到外族的屠杀和欺凌，当自己的民族遭受危难时当然要挺身而出进行无畏的抗争，为了个人的私利不惜出卖民族利益的无耻之徒当然要受到永久的唾弃，这些都是没有异议的。问题是，不能由此而把汉族等同于中华，把中华历史的正义、光亮、希望，全都押在汉族一边。与其他民族一样，汉族也有大量的污浊、昏聩和丑恶，它的统治者常常一再地把整个中国历史推入死胡同。在这种情况下历史有可能作出超越汉族正统论的选择，而这种选择又未必是倒退。

承德避暑山庄

《桃花扇》中那位秦淮名妓李香君，身份低贱而品格高洁，在清兵浩荡南下、大明江山风雨飘摇时节保持着多大的民族气节！但是，她万万没有想到，就在她和她的恋人侯朝宗为抗清扶明不惜赴汤蹈火、奔命呼号的时候，恰恰正是苟延残喘而仍然荒淫无度的南明小朝廷，作践了他们。那个在当时当地看来既是明朝也是汉族的最后代表的弘光政权，根本不要她和她的姊妹们的忠君泪、报国心，而只要她们作为一个女人最可怜的色相。李香君真想与恋人一起为大明捐躯流血，但叫她恶心的是，竟然是大明的官僚来强逼她成婚，而使她血溅纸扇，染成"桃花"。"桃花扇底送南朝"，这样的朝廷就让它去了吧，长叹一声，气节、操守、抗争、奔走，全都成了荒诞和自嘲。《桃花扇》的作者孔尚任是孔老夫子的后裔，连他，也对历史转捩时期那种盲目的正统观念产生了深深的怀疑。他把这种怀疑，转化成了笔底的灭寂和苍凉。

对李香君和侯朝宗来说，明末的一切，看够了，清代会怎么样呢，不想看了。文学作品总要结束，但历史还在往前走，事实上，清代还是很可看看的。

59

为此，我要写写承德的避暑山庄。清代的史料成捆成扎，把这些留给历史学家吧，我们，只要轻手轻脚地绕到这个消夏的别墅里去偷看几眼也就够了。这种偷看其实也是偷看自己，偷看自己心底从小埋下的历史情绪和民族情绪，有多少可以留存，有多少需要校正。

思考题

1. 这篇文章的核心思想是什么？

2. 结合本单元所学内容，自选一个朝代，写一篇小文章，谈谈你对历代王朝兴亡的认识或感想。

参考书目

李山：《李山讲春秋五霸》，南昌：江西人民出版社 2011 年版。

李山：《战国七雄》，北京：商务印书馆 2012 年版。

吕思勉：《三国史话》，北京：生活·读书·新知三联书店 2012 年版。

沈起炜：《细说两晋南北朝》，上海：上海人民出版社 2002 年版。

赵剑敏：《细说隋唐》，上海：上海人民出版社 2002 年版。

虞云国：《细说宋朝》，上海：上海人民出版社 2002 年版。

黄仁宇：《万历十五年》（增订本），北京：中华书局 2007 年版。

阎崇年：《清朝十二帝》，北京：紫禁城出版社 2010 年版。

第四单元

经邦济世

导语

在中国传统政治文化中，人们将管理国家称为"经邦济世"。"经邦"指经营国政，主持秩序；"济世"指济助世人，解民倒悬。

古人认为，官员来自于君主的授权，而君主则是上天为生民所立，所以，经邦济世的最终目标是国富民强。孟子说："民为贵，社稷次之，君为轻。"（《孟子·尽心下》）这就是儒家"以民为本"的政治思想。人民既为权力之本，又是施政的目的，如黄宗羲所说，"天下之治乱；不在一姓之兴亡，而在万民之忧乐"（《明夷待访录》），因此，无论是帝王还是士大夫，都必须以民为先。"爱民""重民""养民""富民""教民""化民"构成了古代"经邦济世"的核心。了解人民疾苦，重视民生，爱惜民力，勇于"为生民立命"，这就是"爱民""重民"；发展经济，不与民争利，轻敛薄赋，完善救济与赈灾制度，这就是"养民""富民"；人民丰衣足食，统治者就应当及时弘扬教化，以构建理想的社会秩序，这就是"教民""化民"。"仓廪实"而"知礼节"（《管子·牧民》），是古代所推崇的政治理想。

良好的政治关系，是经邦济世的前提。中国古代王权建立在宗法制的基础之上，社会政治是家庭伦理的延伸，体现为"家国一体""君臣一心"的观念。先秦典籍《尚书》把君臣关系比喻为"元首"与"股肱"的关系。大臣们分担君主的责任与权力，履行经邦济世的职责，君臣上下为了共同的政治目标而努力，这是古人心目中最理想的政治状态。这样的政治目标，一方面要求君主励精图治，尊德尚贤，信任臣属；另一方面要求臣属忠于国家，敢以"帝师""诤友"自命，勇于矫正君主的道德和行为，同时也能为官清廉，谦逊待物，提携后进。

出色的吏治才能，是经邦济世的手段。外交应对、御边守土、矫偏纠弊、经营一方、振兴工商、兴修水利、赈灾济困、兴学教民等，既需要广博的知识和才略，更需要强烈的责任感和勤勉务实的态度。贺长龄《清朝经世文编》云："治事人最要有略，方处置得宜。然有大略，有远略，有雄略。目前紧要著数，得一二可当千百者曰大略；事机出耳目之表，利害在数十百年之后曰远略；出奇履险，为人所不敢为，不斤斤于成败利钝之算，而目无全牛，气足吞敌曰雄略。识不远者，不能见大略；器不大者，不能知远略；识均匀器大，而无雄才壮气者，不能具雄略。雄略天授，不可学而至，故人当以拓充器识为先也。"也就是说，出色的管理者，能够非常敏锐地以小知大，敢于担当，能够果断地解决问题，这才能成为经邦济世之才。

在经邦济世的目标下，王朝培养和选拔政治人才的标准，一是道德品质，二是实务能力，三是知识素养。汉时以孝廉取士，唐以后则凭科考择优；后来科举考试的科目也相应地分为经学义理、时事策论、诗赋文学等，这体现了中国古代对政治能力的多方面要求。通过选拔的人才通常具备较高的文化素养，怀有远大的政治抱负，十分明确自己的政治责任与文化使命，被称为"士大夫"，是经邦济世、治国理政的主体。在他们当中，既有锐意革新、运筹帷幄的朝廷重臣，也有爱民如子、低调勤恳的地方官吏。前者充分利用自己的政治影响力，直接左右帝王的决策；后者则发挥贴近民生的优势，为一方百姓谋求福祉。当面对王朝弊政时，士大夫会积极探索变法改革的道路，力图从法律、制度、经济等方面富国强民，救国家于危亡；当面对民生利益时，士大夫还能亲力亲为地参与到各种改革赋税或其他经济实务之中，留下不朽的功绩。

古代士大夫经邦济世的理想和见识，往往保留在大量奏表议章、策论文书中，也保留在一些记载了实用知识的著作中，例如农书《齐民要术》、经济学论集《盐铁论》、手工业著作《天工开物》、建筑学著作《营造法式》等，都是古人对历史经验和政治实践的总结。我们从中可以感受古代士大夫对现实民生的拳拳关怀，对政治理想和社会责任的坚定执着。

主题课文

谏太宗十思疏[①]

魏　征

提示

这篇文章是唐贞观十一年（637 年）魏征写给唐太宗的奏疏。当时唐王朝正值

---

① 本文选自《全唐文》卷一百三十九，原题《论时政疏》。魏征（580—643），字玄成，魏郡内黄（今河南内黄西北）人，一说馆陶（今属河北）人。唐初政治家、文学家、史学家、思想家。因敢于直言进谏，辅佐唐太宗开创贞观之治而名垂千古。

国力上升期，魏征却看到了欣欣向荣的政治局面背后所隐藏的危机。文章先是从正反两面阐述"思国之安"的要义，阐明君主"积其德义"对于国家长治久安的重要作用，接着以史为鉴，指出过往统治者怠慢民心所造成的后果，提醒唐太宗守成之义在于厚民。最后，作者恳切地提出了"十思"的具体内容，劝谏唐太宗应当居安思危，加强自律，从而使臣属各尽其职，国家长治久安。

臣闻：求木之长者，必固其根本；欲流之远者，必浚其泉源①；思国之安者，必积其德义。源不深而望流之远，根不固而求木之长，德不厚而思国之安，臣虽下愚，知其不可，而况于明哲乎②？人君当神器之重③，居域中之大，将崇极天之峻，永保无疆之休。不念居安思危，戒奢以俭，德不处其厚，情不胜其欲，斯亦伐根以求木茂，塞源而欲流长也。

凡百元首④，承天景命，莫不殷忧而道著⑤，功成而德衰，有善始者实繁，能克终者盖寡。岂其取之易守之难乎？昔取之而有余，今守之而不足，何也？夫在殷忧必竭诚以待下，既得志则纵情以傲物；竭诚则胡越为一体⑥，傲物则骨肉为行路⑦。虽董之以严刑⑧，震之以威怒，终苟免而不怀仁⑨，貌恭而不心服。怨不在大，可畏惟人；载舟覆舟，所宜深慎。奔车朽索⑩，其可忽乎？

君人者，诚能见可欲，则思知足以自戒；将有作，则思知止以安人；念高危，则思谦冲而自牧⑪；惧满溢，则思江海下百川；乐盘游⑫，则思三驱以为度⑬；忧懈怠，则思慎始而敬终；虑壅蔽，则思虚心以纳下；惧谗邪，则思正身以黜恶；恩所加，则思无因

---

① 浚：疏通。
② 明哲：明智而洞察事理的人，这里实指唐太宗。
③ 神器：帝位。
④ 元首：指帝王。
⑤ 殷忧：深切的忧虑。道著：彰扬天道。
⑥ 胡越：两地一南一北，比喻距离遥远。
⑦ 骨肉为行路：骨肉至亲之人变成陌路之人。
⑧ 董：督察。
⑨ 终苟免而不怀仁：最终只图免于刑罚而不会怀念君主的仁德。
⑩ 奔车朽索：用朽烂的缰绳驾驭奔跑的马车，比喻情况十分危险。
⑪ 自牧：自我修养。
⑫ 盘游：打猎游乐。
⑬ 三驱：古代的一种打猎方式，围其三面，网开一面，驱逐三次之后再射杀其未逃逸者，以示好生之德。

喜以谬赏①；罚所及，则思无因怒而滥刑。总此十思，宏兹九德②，简能而任之，择善而从之，则智者尽其谋，勇者竭其力，仁者播其惠，信者效其忠；文武争驰，君臣无事，可以尽豫游之乐，可以养松乔之寿③，鸣琴垂拱，不言而化。何必劳神苦思，代下司职，役聪明之耳目，亏无为之大道哉？

魏征像

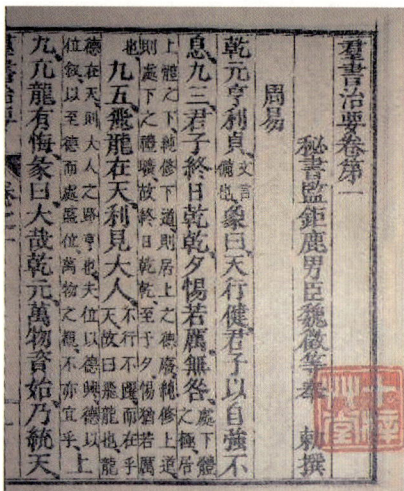

《群书治要》书影

知识链接

历史上的著名奏疏

奏疏是古代臣僚向君主递交的进言文书，明代徐师曾《明辨序说·奏疏》说："按奏疏者，群臣论谏之总名也。奏御之文，其名不一，故以奏疏括之也。"奏疏可细分为章、表、奏、议等文体，《文心雕龙》分为"章表""奏启""议对"三类。奏疏的功能或是针对某一时政问题发表议论，或为向君主进劝谏言，或表达对君主的庆贺与感谢之情。明代永乐年间，朝廷主持编纂了《历代名臣奏议》，辑录自商及元奏疏八千余篇，内容涵括了祭祀、用人、水利、赋役、边防等经邦济世的各个层面。明人刘楚光在序言中感叹道："信乎奏议之书，为辅治之药石，所不能一日废也。"指出了奏议对于经邦济世、治国理

---

① 谬赏：奖赏不当。
② 九德：指古书所载的九种德行，这里泛指一切德行。
③ 松乔：古时传说中的仙人赤松子和王乔的合称，泛指仙人。

政的重要性。

晁错《言兵事疏》：西汉时期，北方匈奴频频侵扰，成为汉王朝的心腹之患。朝廷虽发兵抵抗，但收效甚微。时任太子家令的晁错向汉文帝上《言兵事疏》，详细分析了敌我的形势，阐述了与匈奴作战应该采取的战略，提出了具有可操作性的战术方针。汉文帝对此疏大为赞赏，采用了晁错的建议，汉朝的边防因此得到了巩固。

司马相如《谏猎书》：汉武帝爱好游猎，常常亲自猎杀猛兽。他还扩建了上林苑等皇家园林，耗费了大量的人力物力，引起了许多大臣的不满。为了劝谏汉武帝不要沉湎游猎，司马相如写作《谏猎书》，重点陈述了捕猎猛兽的危险，善意地提醒汉武帝应当多注重自身安危，最后指出许多祸患藏于隐微之处，聪明的人应当居安思危，预防事端。这段议论其实含蓄地提醒汉武帝：汉王朝虽逢盛世，但身为天子应当时刻保持警醒，不能为了自己的快乐而虚耗国力。这篇谏书充分顾及了天子的心理，点到为止，意在言外，因而得到了汉武帝的称赞。

诸葛亮《出师表》《后出师表》：三国时期，诸葛亮在刘备病逝后辅佐后主刘禅。在平息南方叛乱之后，决定北上伐魏，以实现统一的愿望。临行前，他上《出师表》，回忆了自己追随先帝的原因，表达了报效蜀汉的忠诚和热忱，并以长辈的身份，谆谆教导刘禅要勉力治国，是传诵千古的名篇。《后出师表》则写于第一次北伐失败之后，第二次北伐之前。诸葛亮在文中驳斥了一些大臣只求偏安的言论，阐明了北伐的正义性与可行性，但也不讳言失败的可能性，表达了"鞠躬尽瘁，死而后已"的决心，读来令人慨叹不已。

除了上述几种奏疏外，秦代李斯《谏逐客书》、汉代贾谊《治安策》、晋代李密《陈情表》都是奏议名篇，无论在思想性还是写作技巧上都达到了较高水平，值得一读。

思考题

1. 本文中，魏征是从哪些角度劝谏唐太宗的？
2. 读最后一段，说一说作者心中的理想社会是什么样的。

拓展课文

答司马谏议书①

王安石

提示

在王安石推行新法的过程中，司马光连写三封长信，列举新法之弊，指斥王安石"侵官、生事、征利、拒谏"，代表保守派向王安石发难。对此，王安石写下这篇回信，通过"名实"之辨，对司马光加给自己的四条罪状一一给予驳斥，批评了以保守派为首的士大夫阶层思想因循守旧、不合时宜，表明自己坚决推行新法的决心。

某启：昨日蒙教，窃以为与君实游处相好之日久，而议事每不合，所操之术多异故也。虽欲强聒②，终必不蒙见察③，故略上报④，不复一一自辩。重念蒙君实视遇厚⑤，于反复不宜卤莽，故今具道所以，冀君实或见恕也。

盖儒者所争，尤在名实⑥。名实已明，而天下之理得矣。今君实所以见教者，以为侵官、生事、征利、拒谏⑦，以致天下怨谤也。某则以谓：受命于人主⑧，议法度而修之于朝廷，以授之于有司，不为侵官；举先王之政，以兴利除弊，不为生事；为天下理财，不为征利；辟邪说，难壬人⑨，不为拒谏。至于怨谤之多，则固前知其如此也。

人习于苟且非一日，士大夫多以不恤国事、同俗自媚于众为善，上乃欲变此⑩，而某

---

① 本文选自《临川先生文集》。王安石（1021—1086），字介甫，号半山，抚州临川（今江西抚州）人，北宋仁宗庆历二年（1042年）中进士，任多处地方官，曾主持历史上著名的"熙宁变法"，是一位有理想、有个性的政治家、文学家。司马谏议，即司马光，字君实。谏议，官名，宋朝设置左右谏议大夫，为谏议院之首。

② 强聒：声音聒噪叨扰，在这里指勉强说给人听。

③ 不蒙见察：不被你谅解。

④ 上报：写回信的一种谦辞。

⑤ 视遇：看待。

⑥ 名实：这里名称、概念等是否符合实际。也即下文辩论的在侵官、生事、征利、拒谏四个"名"上与司马光的不同认知。

⑦ 侵官：指添设新机构，侵夺原有职权。生事：保守派认为变法是另生事端，使民纷扰。

⑧ 人主：君主，这里指宋神宗。

⑨ 壬人：指谗佞之人，善于花言巧语、阿谀奉承之人。

⑩ 上：指国君，即宋神宗。

不量敌之众寡，欲出力助上以抗之，则众何为而不汹汹①？然盘庚之迁②，胥怨者民也③，非特朝廷士大夫而已。盘庚不为怨者故改其度④，度义而后动⑤，是而不见可悔故也。

如君实责我以在位久，未能助上大有为，以膏泽斯民⑥，则某知罪矣。如曰今日当一切不事事⑦，守前所为而已，则非某之所敢知。

无由会晤，不任区区向往之至⑧。

王安石像

司马光像

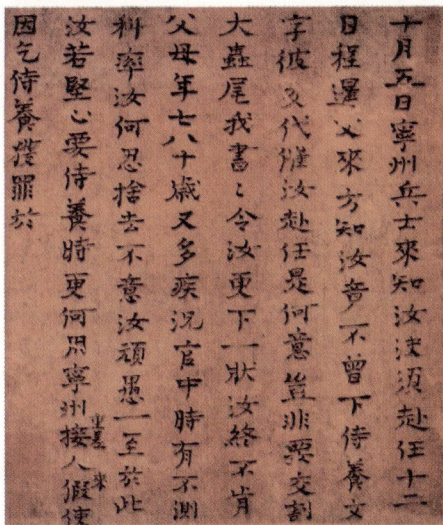

司马光《宁州帖》

① 汹汹：喧闹。
② 盘庚之迁：盘庚是殷代国君，曾在王室衰乱之际率众自奄迁都于殷。
③ 胥怨：人皆埋怨。《尚书·盘庚》序："盘庚五迁，将治亳殷，民咨胥怨，作《盘庚》三篇。"
④ 度：此处用作名词，指计划。
⑤ 度（duó）：意为衡量。义：同"宜"，合宜。
⑥ 膏泽斯民：施惠于人民。膏，油。泽，雨露。这里均名词动用，意为施惠。
⑦ 事事：从事一切活动。前一个"事"用作动词，从事；后一个事用作名词。
⑧ 区区：小，谦词，指自己内心。

知识链接

商鞅变法：战国时期，秦孝公发愤图强，广招贤才。卫人商鞅来到秦国，向孝公提出了废井田、重农桑、奖军功、实行统一度量和建立县制等变法措施。秦孝公非常信任商鞅，任命他为左庶长，在秦国主持了两次变法。第一次变法主要是重农抑商，罢黜儒术，厉行法令，扩大赋税及徭役来源，削弱贵族特权；第二次变法实行土地私有制，推行县制，迁都咸阳，统一度量衡，编订户口等。商鞅变法为秦国后来的强盛奠定了基础，但由于变法触犯了旧贵族的利益，在孝公去世后，商鞅受车裂而死，但变法的成果却得到了保留。

张居正改革：明朝万历年间，政府外侮内患不绝，还面临着严重的财政危机，王朝的统治岌岌可危。内阁首辅张居正决意实施改革，缓解民众的苦难，消解王朝的危机。他整顿吏治，实行"考成法"，对官吏加强考核。在经济方面，推行"一条鞭法"，简化田赋徭役，对农业和商业均产生了积极影响。张居正改革增加了政府的收入，安定了民生，但因为触动权贵的利益，张居正死后，其家产尽被抄没，大部分改革措施遭到废止。

思考题

1. 司马光对王安石的指责体现了怎样的政治观念？
2. 王安石认为改革的根据和判断改革是否成功的标准各是什么？

越州赵公救灾记[①]

曾巩

提示

　　熙宁八年（1075）夏天，吴越一带遭遇严重旱灾。时任资政殿大学士的赵抃

---

① 本文选自《元丰类稿》。曾巩（1019—1083），字子固，建昌军南丰（今江西省南丰县）人，后居临川，北宋散文家、史学家、政治家。赵公，即赵抃，字阅道，北宋宋衢州西安（今浙江衢州市）人。景祐元年（1034）中进士，任殿中侍御史，弹劾不避权势，时称"铁面御史"。平时以一琴一鹤自随，为政简易，长厚清修。

出任为越州长官，紧急救灾。曾巩以此文详细记叙了赵抃救灾的整个过程，首先是救灾之前的各项准备，然后是救灾时应对灾害的各种措施，如发粮赈灾、平抑粮价、以工代赈、治病丧葬等；最后列举了赵抃救灾的成果。本文并不止于记载赵抃的功绩，作者详细记述了赵公救灾之法，并号召其他官吏学习赵抃救灾经验，是一篇经世致用之文。

熙宁八年夏①，吴越大旱。九月，资政殿大学士、右谏议大夫知越州赵公，前民之未饥②，为书问属县：灾所被者几乡？民能自食者有几？当廪于官者几人③？沟防构筑可僦民使治之者几所④？库钱仓廪可发者几何？富人可募出粟者几家？僧道士食之羡粟书于籍者其几具存⑤？使各书以对，而谨其备。

州县吏录民之孤老疾弱不能自食者二万一千九百余人以告。故事⑥，岁廪穷人⑦，当给粟三千石而止。公敛富人所输及僧道士食之羡者，得粟四万八千余石，佐其费。使自十月朔，人受粟日一升，幼小半之。忧其众相蹂也⑧，使受粟者男女异日，而人受二日之食。忧其且流亡也，于城市郊野为给粟之所，凡五十有七，使各以便受之，而告以去其家者勿给。计官为不足用也⑨，取吏之不在职而寓于境者，给其食而任以事⑩。不能自食者，有是具也⑪。能自食者，为之告富人，无得闭粜⑫。又为之出官粟，得五万二千余石，平其价予民。为粜粟之所，凡十有八，使籴者自便如受粟⑬。又僦民完城四千一百丈⑭，为工三万八千，计其佣与钱，又与粟再倍之。民取息钱者⑮，告富人纵予之⑯，而待熟官

---

① 熙宁：北宋神宗赵顼的年号，自1068年至1077年。

② 前民之未饥：于民遭大饥荒之前。

③ 廪：仓库。这里名词动用，指开仓赈济。

④ 僦：雇。

⑤ 羡粟：多余的粮食。其几具存：实存多少。

⑥ 故事：旧例。

⑦ 岁廪：每年赈放。

⑧ 蹂：拥挤。

⑨ 计官：估计发赈的官吏。

⑩ "取吏"两句：选取不在职而住在越州境内的官吏，给他们粮食让他们担当赈济事务。

⑪ 不能自食者，有是具也：对不能自救的人有以上诸种措施。

⑫ 粜（tiào）：卖粮。

⑬ 籴（dí）：买粮。自便如受粟：如受赈者一样得到方便。

⑭ 完城：修缮城防。

⑮ 民取息钱者：借有利息的债的百姓。

⑯ 纵：尽可能地。

为责其偿①。弃男女者，使人得收养之。

明年春，大疫，为病坊，处疾病之无归者②。募僧二人，属以视医药饮食，令无失所恃。凡死者，使在外随收瘗之③。

法④，廪穷人，尽三月当止，是岁尽五月而止。事有非便文者，公一以自任，不以累其属⑤。有上请者，或便宜多辄行⑥。公于此时，蚤夜惫心力不少懈⑦，事细巨必躬亲。给病者药食多出私钱。民不幸罹旱疫⑧，得免于转死⑨，虽死，得无失敛埋，皆公力也。

是时旱疫被吴越，民饥馑疾疠，死者殆半，灾未有巨于此也。天子东向忧劳，州县推布上恩⑩，人人尽其力。公所拊循⑪，民尤以为得其依归。所以经营绥辑先后终始之际⑫，委曲纤悉⑬，无不备者。其施虽在越，其仁足以示天下；其事虽行于一时，其法足以传后。盖灾沴之行⑭，治世不能使之无，而能为之备。民病而后图之，与夫先事而为计者，则有间矣⑮；不习而有为⑯，与夫素得之才，则有间矣。予故采于越，得公所推行，乐为之识其详岂独以慰越人之思⑰，将使史之有志于民者，不幸而遇岁之灾，推公之所已试，其科条可不等顷而具⑱，则公之泽岂小且近乎！

知识链接

四川都江堰：岷江作为长江上游水量最大的一条支流，在古代常有泛滥的危险。而其流经的四川以盆地为主，每逢岷江洪灾，都会遭到极其严重的损失，面临颗粒无收的

---

① 熟：这里指庄稼成熟收获。
② 处：安顿，收留。
③ 瘗（yì）：埋葬。
④ 法：按平时的法规。
⑤ "事有"三句：救灾工作便宜从事，凡有不合常规条文的，全由赵公自己承担责任，不会连累下属。
⑥ 辄：立刻，马上。
⑦ 蚤：通"早"。
⑧ 罹（lí）：遭遇。
⑨ 转死：流离辗转而死。
⑩ 推布上恩：推广布施皇上的恩德。
⑪ 拊循：抚慰。
⑫ 所以经营绥辑：所用来经营安排的措施。
⑬ 委曲纤悉：无微不至。
⑭ 沴（lì）：灾气。
⑮ 间：有差距。
⑯ 不习而有为：不熟悉便去做。
⑰ 识（zhì）：记载。
⑱ 科条：指法律条文。

困境。秦昭襄王五十一年，任命李冰为蜀郡守。李冰父子在前人治水经验的基础上，率当地人民修建了都江堰。都江堰将岷江水流一分为二，控制水量，分洪减灾。这一水利工程历经两千多年始终守护着蜀中大地，历代政府亦对其极为重视，按时整修。直到今天，都江堰仍在发挥着重大作用，为四川平原抵御水旱灾害。

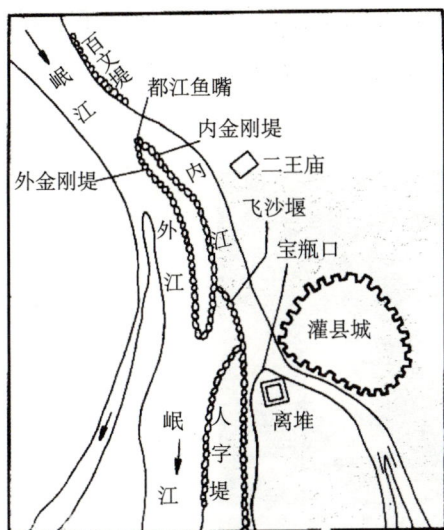

都江堰工程图

都江堰分水鱼嘴

广西灵渠： 灵渠位于今天广西兴安县内，沟通长江与珠江两大水系，是世界上最古老的运河之一。它始凿于秦始皇三十三年，最初用于运送粮草，帮助秦人统一岭南。到了东汉时期，交趾叛乱，汉光武帝命伏波将军马援出征岭南，继续疏通灵渠。自唐及清，历朝历代均对灵渠进行过整修。灵渠的存在，完善了华南一带的水上交通，使岭南与中原的联系更为紧密。

灵渠水系图

丰图义仓：中国自古就有仓储存粮，以防天灾的传统。与政府所设官仓相对，古代民间亦有自己的仓储系统，即为义仓。丰图义仓位于陕西大荔，始建于清光绪八年，由当时的户部尚书阎敬铭倡议修建，竣工后慈禧太后朱批"天下第一仓"，直到今天仍作为粮站使用，是一项保存良好的古代义仓工程。义仓的理念不在于遇灾时被动等待官府救助，而是强调民间社群内的自救和互助，以及对灾害的未雨绸缪。它加强了乡村作为一个共同体的认同，使人民得以以集体的力量对抗天灾，构建起一套自足、自发的救灾系统。

义仓

思考题

1. 从灾情始发，到赈济灾民，再到抵御瘟疫，赵抃主要做了哪些工作？

2. 在古代，除了国家力量之外，地方乡贤也常常承担乡里的公益建设。阅读宋濂《龙渊义塾记》，思考传统士人如何在庙堂之外履行自己的社会责任。

最后一位戴罪的功臣（节选）[①]

梁 衡

既然中国近代史是从 1840 年鸦片战争算起，禁烟英雄林则徐就是近代史上第一人。可惜这个第一英雄刚在南海点燃销烟烈火，就被发往新疆，接受朝廷给他的处罚。功与罪在瞬间便交织在一个人身上，将其扭曲再造，像原子裂变一样，产生出一个意想不到

---

① 本文选自《把栏杆拍遍》（东方出版中心 1998 年版）。梁衡（1946—　），中国当代著名学者、新闻理论家。

的结果。

道光帝在禁烟问题上持犹豫态度，林则徐那篇著名的奏折，指出若再任鸦片泛滥，几十年后中原将"无可以御敌之兵"，"无可以充饷之银"，狠狠地击中了他的私心。他感到家天下难保，所以就鞭打快牛，顺手给了林一个禁烟钦差。林太天真，不知道自己"回不回"，鸦片"绝不绝"，不是他说了算，还得听皇上的。果然他上任只有一年半，1840 年 9 月，就被革职贬到镇海。第二年 7 月又被再"从重发往伊犁效力赎罪"。在林赴疆就罪的途中，黄河泛滥，在军机大臣王鼎的保荐下，林则徐被派赴黄河戴罪治水。他是一个见害就除，见民有难就救的人，不管是烟害、夷害还是水害都挺着身子去堵。半年后治水完毕，所有的人都论功行赏，惟独他得到的却是"仍往伊犁"的谕旨。众情难平，须发皆白的王鼎伤心得泪如滂沱。林则徐就是在这样一而再、再而三的打击下西出玉门关的。他以诗言志："苟利国家生死以，岂因祸福避趋之。"

等待林则徐的是两个考验。一是恶劣环境的折磨。由于年老体弱，路途颠簸，林一过西安就脾痛，鼻流血不止。当他从乌鲁木齐出发取道果子沟进伊犁时，大雪漫天而落，脚下是厚厚的坚冰，无法骑马坐车，只好徒步，蹚雪而行。陪他进疆的两个儿子，于两旁搀扶老爹，心痛得泪流满面。二是脱离战场的寂寞。林是一步一回头离开中原的。当他走到酒泉时，听到清政府签订《南京条约》的消息，痛心疾首，深感国事艰难。

林则徐是一个有经天纬地之才的良臣，是可以作为历史坐标点的人物。禁烟的烈火仍在胸中燃烧，南海的涛声还在耳边回响，万里之外朝野上下还在与英国人作无奈的抗争，而他只能面对这大漠的寂寞。兔未死而狗先烹，鸟未尽而弓先藏。"何日穹庐能解脱，宝刀盼上短辕车。"他是一个被捆绑悬于壁上的壮士，心急如焚，而无可用力。怎么摆脱这种状况？最常规的办法是得过且过，忍气苟安，争取朝廷早点召回。一般还要想方设法讨好皇帝，贿赂官员。这时内地林的家人和朋友正在筹措银两，准备按清朝法律为他赎罪。林则徐却断然拒绝，他明确表示，我没有任何错，这样假罪真赎，是自认其咎，何以面对历史？他选择了上对苍天，下对百姓，我行我志，不改初衷，为国尽力。

林则徐看到这里荒山遍野，便向伊犁将军建议屯田固边，先协助将军开垦城边的 20 万亩荒地。垦荒必先兴水利，但这里向无治水习惯与经验，林带头示范，捐出自己的私银，承修了一段河渠。历时四个月，用工 210 万。这被后人称为"林公渠"的工程，一直使用了 123 年，直到 1967 年新渠建成才得以退役。他还发现并研究了当地人创造的特殊水利工程"坎儿井"，并大力推广。皇帝本是要用边地的恶劣环境折磨他，他却用自己的意志和才能改造了环境；皇帝要用寂寞和孤闷郁杀他，他却在这亘古荒原上爆出一声惊雷。

林则徐在北疆伊犁修渠垦荒卓有成效，但就像当年治好黄河一样，皇帝仍不饶他，又派他到南疆去勘察荒地。南疆沙海无垠，天气燥热，人烟稀少，语言不通。对皇帝而言，这是对他的进一步惩罚，而在他，则是在暮年为国为民再尽一点力气。1845 年 1 月 17 日，林则徐在三儿聪彝的陪伴下，由伊犁出发，在以后一年内，他南到喀什，东到哈密，勘遍东、南疆域。他经历了踏冰而行的寒冬和烈日如火的酷暑，走过"车箱簸似箕中粟"的戈壁，住过茅屋、毡房、地穴，风起时"彻夕怒号"，"毡庐欲拔"，"殊难成眠"，甚至可以吹走人马车辆。林则徐每到一地，三儿与随从搭棚造饭，他则立即伏案办公，"理公牍至四鼓"，只能靠第二天在车上假寐一会儿，其工作紧张、艰辛如同行军作战。对垦荒修渠工程，他必得亲验土方，察看质量，要求属下必须"上可对朝廷，下可对百姓，中可对僚友"。别人十分不理解，他是一戍边的罪臣啊，何必这样认真，又哪来的这种精神。说来可怜，这次受旨勘地，也算是"钦差"吧，但这与当年南下禁烟已完全不同。这是皇帝给的苦役，活得干，名分全无。他的一切功劳只能记在当地官员的名下，甚至连向皇帝写奏折，汇报工作，反映问题的权力也没有，只能拟好文稿，以别人的名义上奏，这和治黄有功而不上褒奖名单同出一辙。林则徐在诗中写道："羁臣奉使原非分""头衔笑被旁人问"，这是何等的难堪，又是何等的心灵折磨啊。但是他忍了，他不计较，只要能工作，能为国出力就行。整整一年，他为清政府新增 69 万亩耕地，极大地丰盈了府库，巩固了边防。林则徐真是干了一场"非分"之举。他以罪臣之分，而行忠臣之事。

林则徐还有一件更加"分外"的事，就是大胆进行了一次"土地改革"。当勘地工作将结束，返回哈密时，路遇百余官绅商民跪地不起，拦轿告状。原来这里山高皇帝远，哈密土王将辖区所有土地及煤矿、山林、瓜园、菜圃等皆霸为己有。汉、维群众无寸土可耕，就是驻军修营房拉一车土也要交几十文钱，百姓埋一个死人也要交银数两。土王大肆截留国家税收，数十年间如此横行竟无人敢管。林则徐接状后勃然大怒："此咽喉要地，实边防最重之区，无田无粮，几成化外"，立判将土王所占一万多亩耕地分给当地汉、维农民耕种。并张出布告："新疆与内地均在皇舆一统之内，无寸土可以自私。民人与维吾尔人均在圣恩并育之中，无一处可以异视。必须互相和睦，畛域无分。"为防有变，他还将此布告刻制成碑，"立于城关大道之旁，俾众目共瞻，永昭遵守"。布告一出，各族人民奔走相告，不但有了生计，且民族和睦，边防巩固。要知道他这是以罪臣之身又多管了一件"闲事"啊！恰这时清廷赦令亦下，林则徐在万众感激和依依不舍的祝愿声中向关内走去。

林则徐是皇家钦定的、中国古代最后的一位罪臣，又是人民托举出来的、近代史开篇的第一位功臣。

林则徐像

知识链接

林则徐在广东领导禁烟期间，为更好地进行外交交涉，组织翻译西文书报法条，积极了解西方国情；为防范军事侵略，他购置西洋大炮，搜集西洋船舰图样以备仿制。魏源将林则徐称为"开眼看世界的第一人"。在他以后，中国掀起了向西方学习的思想浪潮。

洋务运动：在两次鸦片战争失败的刺激和太平天国农民战争的打击下，清朝廷以恭亲王奕䜣为代表，地方上以曾国藩、李鸿章、左宗棠、张之洞为代表的洋务派官僚，为维护清朝统治，御侮自强，以"中学为体，西学为用"为宗旨，在"自强""求富"的口号下，从 19 世纪 60 年代到 90 年代，掀起了一场名为"师夷长技以自强"的改良运动，史称"洋务运动"。洋务运动包括开办军事工业以自强，兴办民用工业以求富，创办近代陆海军，创办新式学堂和派遣留学生等。

《天演论》：《天演论》是甲午战争后由严复翻译而成。用"物竞天择，适者生存"的

林则徐虎门销烟

社会进化论思想，首次向国人介绍了达尔文的进化论思想，给人们提供了一种全新的世界观；更重要的是用生物进化和演变规律阐述社会发展规律，揭示出国家落后就要挨打的定律，激发起人们救亡图存、变法维新的新观念，向世人敲响了国家危亡的警钟，成为近代中国资产阶级改良政治和社会革命的先导。

百日维新：1898年6月11日，在康有为、梁启超等维新派的推动和策划下，具有爱国思想的光绪帝终于颁布"明定国是"诏书，包括一系列政治、经济、军事和文教方面有利于资本主义发展的政令，正式宣布变法。这一年是中国干支纪年的戊戌年，历史上被称为"戊戌变法"。从正式宣布变法开始，到慈禧太后发动政变止，光绪帝发出了100多件维新谕旨，推行新政共计103天，故又称"百日维新"。

思考题

1. 林则徐赴疆前写下的"苟利国家生死以，岂因祸福避趋之"这两句诗，反映了他什么样的人生信念和政治理想？

2. 左宗棠为林则徐撰写挽联曰："附公者不皆君子，间公者必是小人，忧国如家，二百余年遗直在；庙堂倚之为长城，草野望之若时雨，出师未捷，八千里路大星沉。"结合本文，说说"长城"和"时雨"分别象征着林则徐在政治上的哪两方面成就？

参考书目

钱穆：《中国历代政治得失》（新校版），北京：九州出版社2012年版。

阎步克：《中国古代官阶制度引论》，北京：北京大学出版社 2010 年版。

邱永明：《中国古代监察制度史》，上海：上海人民出版社 2006 年版。

陈寅恪：《隋唐制度渊源略论稿唐代政治史述论稿》，北京：生活·读书·新知·三联书店 2001 年版。

邓广铭：《北宋政治改革家王安石》，北京：生活·读书·新知·三联书店 2007 年版。

关文发，严广文：《明代政治制度研究》，北京：中国社会科学出版社 1995 年版。

赖惠敏：《清代的皇权与世家》，北京：北京大学出版社 2010 年版。

李军编：《中国救灾史》，广州：广东人民出版社 1996 年版。

修身正己

导语

　　修身正己，是指儒家对士人精神品质的基本要求。修身正己，既是自我约束的道德过程，又是士人实现生命价值的开端。当然，非独儒家，先秦诸子及佛教、道教都拥有自己的修身主张，有相对独立的修身方法和目的。但鉴于儒家思想在中国传统社会的主流地位，儒家的修身理念、正己标准及实践性更为突出，影响亦更为广泛、深远。

　　儒家认为，人人都可以通过不断完善自我、磨砺自我而臻于圣贤的人格境界。孔子曰"性相近也，习相远也"（《论语·阳货》），就是强调人的本性会受到后天的影响，而形成很大的差别；孟子认为人性本善，只要保持内心的纯正，则"人皆可以为尧舜"（《孟子·告子下》）；荀子持"性恶论"，认为只有通过后天的学习矫正，才能实现身"正"国"治"。儒家对人性善恶虽有不同的认识，但都主张通过学习、实践，以求得人格的完善。《大学》与《中庸》是儒家讲解修身正己的重要经典。儒家是积极入世的，有着知难而进的精神和知其不可而为之的勇气。治理国家，济世救民，是儒者的基本信念。但儒者首先需完善自我，《大学》讲"修身而后家齐，家齐而后国治，国治而后天下平。自天子以至于庶人，壹是皆以修身为本"，修身是实现治国和安天下理想的基石。无论是坐拥四海的天子，还是安分守己的庶人，都必须遵循修身正己这一路径，正如孔子所云，"不能正其身，如正人何？"（《论语·子路》）

　　修身正己的方式主要在于学识培养和道德实践。在求学过程中，首先应当做到谦虚诚信、恭敬善思，所以，《论语》言"恭、宽、信、敏、惠"（《论语·阳货》），《大学》讲"诚意、正心"。其次，学与思向来相为辅翼，时常自觉反省，才可改过进益。荀子曾言"君子博学而日参省乎己，则知明而行无过矣"（《荀子·劝学》），朱熹也崇尚"持中、慎独、尊德性、道问学"。在实践层面，必须秉持仁爱、礼敬的基本处事原则，如孟子讲"以仁存心，以礼存心"（《孟子·离娄下》），进而才能养成正直的人格和磊落的襟怀，也就是"浩然之气"（《孟子·公孙丑上》）。修身正己是一个漫长的过程，需要调动意志力、集中智慧来不断克服自身弱点，不断解决内心疑惑，勇敢面对外在困境，正所谓"君子无终食之间违仁，造次必于是，颠沛必于是"（《论语·里仁》）。待修成君子品格之后，还有更高的目标，即社会道义的担当和兼济天下的责任，同时个体自我也达到超越的精神境界，这便是古人最高的理想人格"内圣外王"（《宋史·邵雍传》）。

在儒家思想作为主流意识形态的漫长历史中，无论居庙堂之高，还是处江湖之远，"修身正己"四字已经如影随形，融入士人的生命意识里，不断地塑造着士人人格。《周易·乾》讲"君子终日乾乾，夕惕若，厉"，《诗经·小雅·小旻》云"战战兢兢，如临深渊，如履薄冰"，《礼记·中庸》曰："行远必自迩，登高必自卑"……一代又一代传承的古语古训提醒着任重道远的士人们不忘初心、鞠躬尽瘁，因此他们的生命里少了一些怠惰与骄矜，多了一些勤勉与谦逊。在漫漫人生的长路中，在逝者如斯的感叹里，精神的修养更是让士人义无反顾、勇往直前：从"一箪食，一瓢饮，在陋巷。人也不堪忧，回也不改其乐"（《论语·雍也》）的安贫乐道，到"老当益壮，宁移白首之心；穷且益坚，不坠青云之志"（王勃《滕王阁序》）的壮怀激烈，再到"上达则乐天，乐天则不怨；下学则治己，治己则无尤"（张载《正蒙·至当》）的睿智沉思，其言其行无不在中华文化史上熠熠生辉。

主题课文

大学之道①

《大学》

提示

文章第一部分总体论述"大学之道"的纲目，即获得天地大道、至上学问的必备品质——"明明德""亲民""止于至善"，必要功夫——"定、静、安、虑、得"，必经之路——"格物、致知、诚意、正心、修身、齐家、治国、平天下"。

---

① 本文选自《大学》（《礼记正义》，北京大学出版社 1999 年版），有删节。《大学》是《礼记》的第四十二章，相传为孔子弟子曾子所作，南宋朱熹编订《四书》《五经》时，取《大学》为《四书》之首。

第二部分通过对比君子小人的行迹来凸显诚意慎独的重要性。第三部分和第四部分讲述"正心"在修身中的地位以及修身作为齐家之前提。学习这篇课文，需总体把握儒家的修身方法与修习顺序，尤其留意体悟慎独、正心在整个修身过程中的重要性，明白修身对于齐家、治国以及平天下的基础地位及其作用。

大学之道①，在明明德②，在亲民③，在止于至善④。知止而后有定⑤，定而后能静⑥，静而后能安⑦，安而后能虑⑧，虑而后能得⑨。物有本末，事有终始，知所先后，则近道矣。古之欲明明德于天下者，先治其国。欲治其国者，先齐其家⑩。欲齐其家者，先修其身⑪。欲修其身者，先正其心⑫。欲正其心者，先诚其意⑬。欲诚其意者，先致其知⑭。致知在格物⑮。物格而后知至，知至而后意诚，意诚而后心正，心正而后身修，身修而后家齐，家齐而后国治，国治而后天下平。自天子以至于庶人⑯，壹是皆以修身为本，其本乱而末治者否矣。其所厚者薄，而其所薄者厚，未之有也。此谓知本，此谓知之至也。

所谓诚其意者，毋自欺也，如恶恶臭⑰，如好好色⑱，此之谓自谦⑲。故君子必慎其独也。小人闲居为不善，无所不至，见君子而后厌然⑳，揜其不善，而著其善。人之视

---

① 大学：最大的学问，天地法则。
② 明明德：彰明美德。《史记·五帝本纪》："天下明德皆自虞帝始。"
③ 亲民：亲近民众。《管子·形势解》："道之纯厚，遇之有实，虽不言曰'吾亲民'，而民亲矣。"一悦"亲"当作"新"，"新民"即使民更新、开发民智。
④ 至善：人的道德修养所能达到的最高境界。
⑤ 定：方向明确且有定力。
⑥ 静：心志不为外在境遇牵绊。
⑦ 安：心态安然。
⑧ 虑：思考。
⑨ 得：领悟。
⑩ 齐其家：治家，令家庭和睦有礼。
⑪ 修其身：陶冶性情，涵养德行。
⑫ 正其心：让人心归向于正。
⑬ 诚其意：使心志精诚无欺。
⑭ 致其知：明晓事理。
⑮ 格物：研究事物道理。
⑯ 庶人：泛指平民百姓。
⑰ 恶（wù）恶（è）臭（xiù）：厌恶丑恶事物。
⑱ 好（hào）好（hǎo）色：喜爱美好事物。
⑲ 谦：通"慊"，乐而知足。
⑳ 厌然：有意躲藏、遮掩的样子。

己，如见其肺肝，然则何益矣？此谓诚于中形于外，故君子必慎其独也。曾子曰[①]："十目所视，十手所指，其严乎[②]？"富润屋，德润身[③]，心广体胖[④]，故君子必诚其意。

所谓修身在正其心者，身有所忿懥[⑤]，则不得其正；有所恐惧，则不得其正；有所好乐，则不得其正；有所忧患，则不得其正。心不在焉，视而不见，听而不闻，食而不知其味。此谓修身在正其心。

所谓齐其家在修其身者，人之其所亲爱而辟焉[⑥]，之其所贱恶而辟焉，之其所畏敬而辟焉，之其所哀矜而辟焉[⑦]，之其所敖惰而辟焉[⑧]。故好而知其恶，恶而知其美者，天下鲜矣。故谚有之曰："人莫知其子之恶，莫知其苗之硕[⑨]。"此谓身不修，不可以齐其家。

知识链接

六艺：有两种说法，其一即礼、乐、射、御、书、数六种周代贵族官学的教育科目，分别是礼仪、音乐、射箭、驾车、书法、计算，是修身立德的基础课程。其二，汉代以后指《礼》《乐》《书》《诗》《易》《春秋》六种儒家传世经籍文献，又称"六经"，是儒家思想的系统表述，成为古代中国的思想资源库。

安阳中国文字博物馆内所陈六艺图

---

① 曾子：曾参，字子与，春秋末年鲁国人，孔子弟子。
② 十目所视，十手所指：一言一行都被众人看在眼里，不善之处无法通过欺瞒来掩盖。严：严峻而令人心生敬畏。
③ 润：使其有光泽。
④ 胖（pán）：安泰舒适。
⑤ 身：内心。忿懥：亦作"忿疐"，发怒。
⑥ 辟：偏袒。
⑦ 哀矜：哀怜、怜悯。
⑧ 敖惰：傲慢、怠惰。
⑨ 硕：大。

六乐：指《周礼·地官·保氏》中所载六篇乐章，包括《云门》《咸池》《大韶》《大夏》《大濩》《大武》六套礼仪性乐舞，是官学中乐教的重要内容，属于修身基础课程中的音乐一门，相传分别为周时所存黄帝、尧、舜、禹、汤、武王六代之乐。

孔门四科：有两种说法，第一种指的是文、行、忠、信四门（《论语·述而》）。"文"指古代文献知识，"行"指品德举止，"忠"指待人真诚的态度品质，"信"指与人相交时诚信的理念守则；第二种说法包括德行、言语、政事、文学四科（《论语·先进》），"德行"指人的思想境界和立身行事的举止，"言语"指出使外交方面的言谈辞令，"政事"指从事治理国家的政务大事，"文学"指古代一切知识、文献。

孔门十哲：《论语·先进》记载，德行一科的杰出者有颜渊、闵子骞、冉伯牛、仲弓；言语一门的优秀者有宰我、子贡；政事一科的卓越者有冉有、季路；文学一门的特长者有子游、子夏。此十人被合称为"孔门十哲"。

思考题

1. 谈谈《大学》中"修身"的内涵。
2. 如何理解《大学》所云"修身而后家齐，家齐而后国治，国治而后天下平"？
3. 讲述你所听过与修身正己相关的古代人或事。

拓展课文

敬慎①

刘 向

提示

"敬慎"，即待人恭敬有礼，处事小心谨慎。"敬慎"在人生成败、治国兴衰中扮演着重要角色。孔子读到损益卦象，看到欹器覆水，感慨天地盈虚之间相互转化的规律，觉悟到恭敬谦虚者方能保全进益，傲慢怠惰者必然一败涂地，于是

---

① 本文选自《说苑校证》（中华书局 1987 年版）。刘向，西汉皇室宗亲，经学家、目录学家、文学家。其著《说苑》全书十余万字，分为二十卷，备帝王阅览。

告戒弟子不得自满自足，无论何时何地，均须秉持谦敬的行为方式和谨慎的心态。文章通过圣人之口论说损益盈亏的道理，表达了"满招损，谦受益"的哲思，发人深省。

孔子读《易》至于损、益①，则喟然而叹。子夏避席而问曰②："夫子何为叹？"孔子曰："夫自损者益，自益者缺，吾是以叹也。"子夏曰："然则学者不可以益乎？"孔子曰："否，天之道，成者未尝得久也。夫学者以虚受之，故曰得。苟不知持满，则天下之善言不得入其耳矣。昔尧履天子之位，犹允恭以持之③，虚静以待下，故百载以逾盛，迄今而益章。昆吾自臧而满意④，穷高而不衰，故当时而亏败，迄今而逾恶。是非损益之征与？吾故曰：'谦也者，致恭以存其位者也。'夫丰明而动，故能大⑤；苟大，则亏矣。吾戒之，故曰：'天下之善言不得入其耳矣。'日中则昃，月盈则食，天地盈虚，与时消息⑥。是以圣人不敢当盛，升舆而遇三人则下，二人则轼⑦，调其盈虚，故能长久也。"子夏曰："善，请终身诵之。"

孔子观于周庙，而有欹器焉⑧。孔子问守庙者曰："此为何器？"对曰："盖为右坐之器。"⑨孔子曰："吾闻右坐之器，满则覆，虚则欹，中则正⑩。有之乎？"对曰："然。"孔子使子路取水而试之，满则覆，中则正，虚则欹。孔子喟然叹曰："呜呼！恶有满而不覆者哉⑪！"子路曰："敢问持满有道乎？"孔子曰："持满之道，挹而损之⑫。"子路曰："损之有道乎？"孔子曰："高而能下，满而能虚，富而能俭，贵而能卑，智而能愚，勇而能怯，辩而能讷，博而能浅，明而能闇⑬，是谓损而不极，能行此道，唯至德者及之。"《易》曰："不损而益之，故损，自损而终故益。"

---

① 损、益：《易》中的"损"卦和"益"卦。
② 子夏：姓卜名商，字子夏，春秋末年晋国人，孔子弟子，"孔门十哲"之一。避席：起身离席。
③ 允：诚实。
④ 昆吾：夏商之间的部落名，己姓。自臧：自满。
⑤ 丰明而动：出自《周易·丰卦》。"丰"卦辞有"勿忧，宜日中"，即与光明同行，方能兴盛光大。
⑥ 日中则昃，月盈则食，天地盈虚，与时消息：出自《周易·丰卦·彖传》。昃（zè）：太阳偏西。食：同"蚀"，缺。消息：消长。
⑦ 升：坐于其上。舆：车。下：下车。轼：车前当做扶手的横木，这里用作动词，扶轼示敬。
⑧ 周庙：周天子祖庙。欹（qī）器：古代一种倾斜容易覆水的盛器。
⑨ 右：放置在右边。坐：同"座"，座位。
⑩ 满则覆，虚则欹，中则正：注满水时就会倾倒，闲置无水时会倾斜，而注入水量适中时便会端正稳立。
⑪ 恶（wū）：语气词，意为"哪里"，表示反问。
⑫ 挹：通"抑"，抑制。损：减少。
⑬ 闇（àn）：同"暗"，愚昧。

（唐）阎立本《孔子弟子像》（现藏首都博物馆）

知识链接

三不朽：《左传·襄公二十四年》载鲁大夫叔孙豹云："太上有立德，其次有立功，其次有立言。虽久不废，此之谓不朽。"立德就是磨砺品质，成为道德榜样；立功就是对社会做出贡献；立言就是让有益于社会的思想、文章流传后世。古人认为能做到立德、立功或立言，就可以使生命不朽，故以立德、立功、立言为终生追求的目标。"三不朽"是中国儒家的最高的人格理想。

横渠四句：北宋理学家张载所云"为天地立心，为生民立命，为往圣继绝学，为万世开太平"，被现代哲学家冯友兰先生概括为"横渠四句"，指君子应当致力于追求领悟历史、自然规律，为国家百姓谋福，学习、传承圣贤学术，为子孙后世开创太平盛世。"横渠四句"是历代士人最为高远伟大的精神追求，是思想建构的最终极目标。

心学四句：明代心学家王守仁于嘉靖六年赴广西平叛前召集弟子至天泉桥，传授自己长期思索总结的心学体悟，即"无善无恶心之体，有善有恶意之动；知善知恶是良知，为善去恶是格物"。指人心原本并无善恶之分，善恶是被人的意欲驱使而成；能够判断善恶的能力称为良知，一个人若能只行善，去除恶，就是能够体悟到万事万物之理的人。这次对话有"天泉论道"之称，而此四句彰显王守仁一生境界追求的智慧言语被称为"心学四句"。

思考题

1. 结合全文，谈谈你是如何理解"不损而益之，故损；自损而终，故益"的。
2. 在我们的日常生活中，怎样才能做到敬慎？

至乐斋记①

朱 熹

提示

"乐"是儒家士人通过修身正己、道德涵养所达到的一种精神境界。"乐"意味着平心和气、洞明豁达、宠辱不惊。本文中傅公为书斋取名"至乐"，其意即在于此。我们看到墨香盈逸的书斋内，陈列着诸子百家、诗文图谱、佛典道藏，又有占卜、相面和博胜棋弈之具，而傅公日日徜徉其中，或阅书诵诗，或卜相敲棋，不倦不厌，无悲无愠，享受着由这一方书斋拓展出来的无限精神愉悦。朱熹就傅公之乐，进一步推及君子之学，以为君子修身进学，当注重涵养内心，"粗厉而不平"者易怒易乱，与乐无缘，而只有心性平和者方能在乐境中与圣贤之道相契相通。

盘谷傅公客于泉州城东之佛寺②，间即其寓舍之西偏治一室达其南北，以为轩窗③，极爽垲④。左右图史⑤，自六经而下，百家诸子、史氏之记籍⑥与夫骚人墨客之文章⑦，外至浮屠、老子之书⑧，荒虚谲诡，诙谐小说，种植方药，卜相博弈之数⑨，皆以列置，无

---

① 本文选自《朱子全书》第 25 册，（上海古籍出版社 2001 年版）。朱熹（1130—1200），字元晦，号晦庵，别称紫阳，徽州婺源（今属江西）人，南宋著名思想家、教育家，理学集大成者。

② 傅公：秘书校书郎中傅璩。泉州城：又称鲤城、刺桐城、温陵，在今福建省东南部。

③ 轩：门、窗。

④ 爽垲（kǎi）：也作"爽塏"，高爽干燥。

⑤ 左右图史：亦称"左图右史"，形容四周都是书籍，比喻人好学嗜书或藏书丰富。

⑥ 百家：各种学术派别。诸子：先秦至汉初的各派学者或者其著作。史氏：史官。记籍：典籍。

⑦ 骚人：诗人、文人。

⑧ 浮屠：梵语 Buddha 的音译，亦作"浮图"，指佛教。

⑨ 卜相：通过占卜、相面来判断吉凶。博弈：局戏、围棋。

外求者。公于是日俯仰盘礴于其间①，翻群书而诵之，早夜不厌。人盖莫窥其所用心，而公自以为天下之乐无易此者。故尝取欧阳子之诗以名其室曰"至乐之斋"②，而顾谓某曰："为我记之。"某辞谢不敏③，不娴于文字④，且不敢为庸人诵说，而况敢为是耶？既公命之不置⑤，某不得终辞，乃承命而退，推公意所以然者而书之曰：

人之所以神明其德，应物而不穷者，心而已。古之君子自其始学，则尽力于洒扫应对进退之间⑥，而内事其心，既久且熟矣，则心平而气和，冲融畅适，与物无际。其观于一世事物之变，盖无往而非吾乐也。而况载籍所传，上超羲农⑦，下至于兹，其间圣贤之

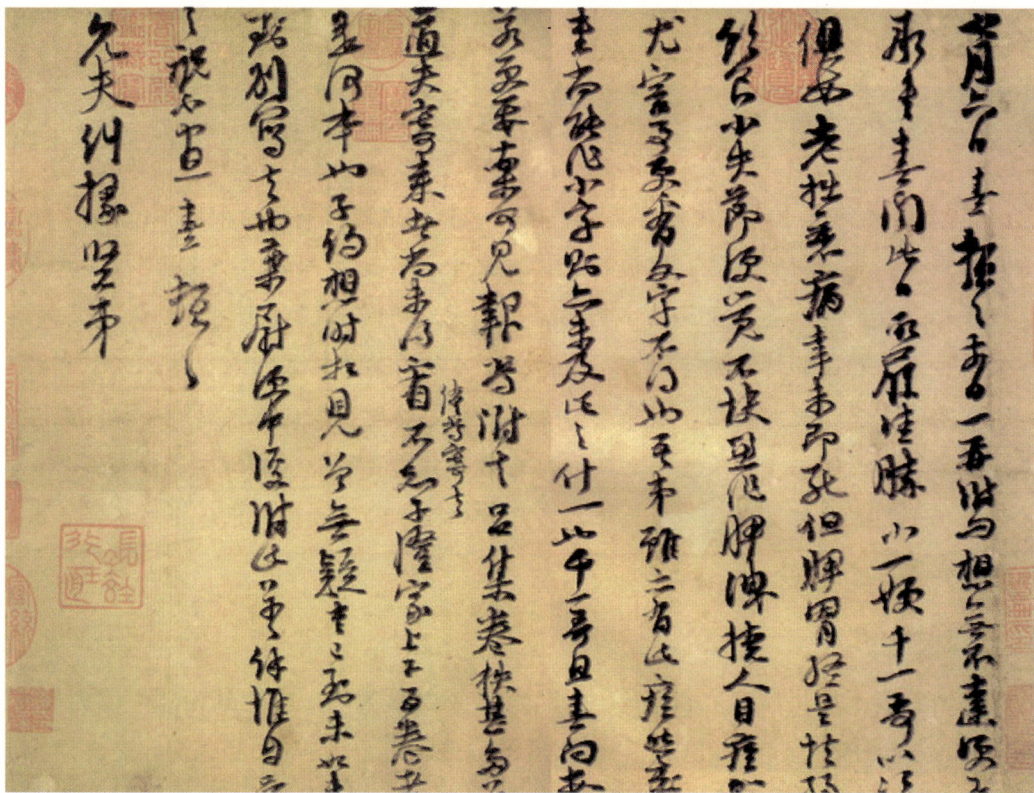

（宋）朱熹《致教授学士尺牍》（现藏台北故宫博物院）

---

① 盘礴：逗留、徘徊。
② 欧阳子：指欧阳修。其《赠隐者》诗云："物外自应多至乐，人间何事忽相逢。"
③ 敏：敏慧且通达事理。
④ 娴：熟练，熟习。
⑤ 不置：不止之意。
⑥ 洒扫应对：古代儒家教育、学习的基本礼仪内容之一，即洒水扫地，酬答宾客。
⑦ 羲农：伏羲氏和神农氏。

行事，问学之源奥，是非得失、理乱存亡废兴之故，包括笼络，靡不毕具。苟涉其辞义而心必契焉①，则其可乐而玩也，岂不亦至矣哉！惟世之学者或不足以知此，而劳于记诵占毕之间以为事②，是以语之至者既扞格而不入于心③，惟其粗厉而不平者感而入焉，则其间勃然而斗而怒矣④，亦何乐之云哉？某惟欧阳子之诗与公之所以取焉者，盖其指略如此，因序次以为公斋记云。绍兴二十六年闰月癸卯新安朱某记⑤。

知识链接

淡泊明志：诸葛亮《戒子书》云："非淡泊无以明志，非宁静无以致远。"是说只有看淡名利，过着简朴、宁静的生活，才能体现出自己的志向，才能达到高远的人生境界。

卧薪尝胆：春秋时，越国被吴国打败，越王勾践欲报此仇，恢复越国，于是苦身焦思，置苦胆于坐，饮食尝之，表示时刻不忘灭国的耻辱。后用此事比喻人刻苦自励，发愤图强。苏轼《拟孙权答曹操书》："仆受遗以来，卧薪尝胆，悼日月之逾迈，而叹功名之不立。"

格物致知：《礼记·大学》八目有"格物""致知"。宋代理学家程颐说："凡眼前无非是物，物皆有理。如火之所以热，水之所以寒，至于君臣父子间，皆是理"，"格犹穷也，物犹理也，犹曰穷其理而已也。穷其理然后足以致之，不穷则不能致也。"天理存在于万事万物之中，天地自然人类都依此而存，只有通过"格物"才能体察"天理"，求得此理，方能称"致知"。认为通过穷究事物的道理，可使自己的内心通达真理。

思考题

1. 傅公的"至乐"之事有哪些？"至乐"的境界是怎样的？
2. 朱熹认为怎样才能够做到"无往而非吾乐"？
3. 在朱熹看来，"劳于记诵占毕"会在学者的气质修为上造成哪些不良影响？

---

① 契：（心意）相合，（志趣）相投。
② 占毕：亦作"占哔"。谓经师不解经义，但视简上文字诵读以教人。后亦泛称诵读。
③ 扞（hàn）格：抵触。
④ 勃然：因心情烦乱、发怒等负面情绪表现出激动的样子。
⑤ 新安朱某：指朱熹。

皇甫谧传①

《晋书》

提示

　　皇甫谧是一位青史留名的名士，集文学、医学、史学成就于一身，但他也曾年近二十而不学无术，成为终日游荡的"痴"人。本文讲述了皇甫谧从游手好闲到修身进学的转变，表现了他安于著述，无意功名，不为利动的志节。本文揭示了两层意思：一是通过皇甫谧的转变，说明了自身努力可以改变人的血性气质；二是要有求道而甘于贫贱的操守，"朝闻道，夕死可矣"的信念，才能达到修身正己的崇高境界。

　　皇甫谧字士安，幼名静，安定朝那人②，汉太尉嵩之曾孙也③。出后叔父④，徙居新安⑤。年二十，不好学，游荡无度，或以为痴。尝得瓜果，辄进所后叔母任氏。任氏曰："《孝经》云：'三牲之养⑥，犹为不孝。'汝今年余二十，目不存教，心不入道，无以慰我。"因叹曰："昔孟母三徙以成仁⑦，曾父烹豕以存教⑧，岂我居不卜邻⑨，教有所阙⑩，何尔鲁钝之甚也！修身笃学，自汝得之，于我何有！"因对之流涕。谧乃感激，就乡人席坦受书，勤力不怠。居贫，躬自稼穑⑪，带经而农⑫，遂博综典籍百家之言。沈静寡欲，始有高尚之志，以著述为务，自号玄晏先生。著《礼乐》《圣真》之论⑬。后得风痹疾⑭，犹手不辍卷。

---

　　① 本文选自《晋书》（中华书局 1974 年版）。《晋书》是中国古代二十四史之一，唐代名臣房玄龄等二十一人合著，记载上起三国，下至东晋恭帝元熙二年刘裕废晋帝自立时期的历史。
　　② 安定：郡名，汉置，治所在今宁夏固原县。朝（zhū）那（nuó）：县名，治所在今宁夏固原东南，北魏末废。
　　③ 汉太尉嵩：皇甫嵩，安定朝那人，东汉末名将，领冀州牧，病逝后追赠骠骑将军。
　　④ 出后：过继。
　　⑤ 新安：郡名，在今河南省渑池附近。
　　⑥ 三牲：古时祭祀供品，有大三牲（猪、牛、羊）和小三牲（鸡、鸭、鱼）之分。
　　⑦ 孟母三徙：孟轲的母亲为了孩子能有良好的成长环境三次迁居。
　　⑧ 曾父烹豕（shǐ）：曾子之妻为了让孩子停止哭闹，随口答应儿子要杀猪给他吃。事后，曾子为了实现这个承诺，不失信于孩子，而真的杀了猪。
　　⑨ 卜：选择。
　　⑩ 阙：缺少，过错。
　　⑪ 躬：亲自。稼穑：春耕为稼，秋收为穑，泛指农事劳作。
　　⑫ 带经而农：既学习经书又从事农业劳动。
　　⑬ 《礼乐》《圣真》：皇甫谧早年著作，现已亡佚。
　　⑭ 风痹：中医指风湿性关节炎一类的病。

　　或劝谧修名广交①，谧以为"非圣人孰能兼存出处，居田里之中亦可以乐尧舜之道，何必崇接世利，事官鞅掌②，然后为名乎"。作《玄守论》以答之，曰：

　　　　或谓谧曰："富贵人之所欲，贫贱人之所恶，何故委形待于穷而不变乎③？且道之所贵者，理世也④；人之所美者，及时也⑤。先生年迈齿变⑥，饥寒不赡⑦，转死沟壑⑧，其谁知乎？"谧曰："人之所至惜者，命也；道之所必全者，形也⑨；性形所不可犯者，疾病也。若扰全道以损性命⑩，安得去贫贱存所欲哉？吾闻食人之禄者怀人之忧，形强犹不堪⑪，况吾之弱疾乎！且贫者士之常，贱者道之实⑫，处常得实，没齿不忧，孰与富贵扰神耗精者乎！又生为人所不知，死为人所不惜，至矣！暗聋之徒⑬，天下之有道者也。夫一人死而天下号者，以为损也；一人生而四海笑者，以为益也。然则号笑非益死损生也。是以至道不损，至德不益。何哉？体足也⑭。如回天下之念以追损生之祸⑮，运四海之心以广非益之病⑯，岂道德之至乎！夫唯无损，则至坚矣；夫唯无益，则至厚矣。坚故终不损，厚故终不薄。苟能体坚厚之实，居不薄之真，立乎损益之外，游乎形骸之表⑰，则我道全矣。"

遂不仕⑱。耽玩典籍⑲，忘寝与食，时人谓之"书淫"⑳。或有箴其过笃㉑，将损耗精神。谧曰："朝闻道，夕死可矣，况命之修短分定悬天乎"㉒！

────────────

① 修名：匡正名分，这里指出仕为官。
② 事官鞅掌：因为职事而纷扰烦忙。
③ 委形：置身。
④ 理世：治理天下。
⑤ 及时：把握时机。
⑥ 齿变：牙齿脱落。
⑦ 赡（shàn）：富足，足够。
⑧ 沟壑（hè）：溪谷、山涧，借指野死之处或困厄之境。
⑨ 形：身体。
⑩ 全道：保全自身的方法。
⑪ 形强：指身体强壮之人。
⑫ 实：真实情况。
⑬ 暗（yīn）聋：不闻不问，闭目塞听。这里指代道家所崇尚的超凡脱俗、避世远害的生活态度。
⑭ 体足：道德完满。
⑮ 回天下之念以追损生之祸：使天下人回转思念来追加有损生命的灾祸。
⑯ 运四海之心以广非益之病：鼓动四海民心来增广没有好处的弊病。
⑰ 形骸：人的躯体。
⑱ 仕：做官。
⑲ 耽玩：专心研习、赏玩。
⑳ 书淫：指过度沉迷书籍的人。
㉑ 笃：一心一意，专心致志。
㉒ 朝闻道，夕死可矣：出自《论语·里仁》，早上明白了道理，即便晚上死去也值得，形容对真理或某种信仰追求的迫切。修短：长短，指人的寿命。分定：本分所定，命中注定。悬：无着落。

叔父有子既冠①，谧年四十丧所生后母，遂还本宗②。

城阳太守梁柳，谧从姑子也③，当之官，人劝谧饯之④。谧曰："柳为布衣时过吾⑤，吾送迎不出门，食不过盐菜。贫者不以酒肉为礼。今作郡而送之，是贵城阳太守而贱梁柳，岂中古人之道⑥，是非吾心所安也。"

知识链接

周处自新：《世说新语·自新》载，晋代义兴（今江苏宜兴）人周处，少年时膂力过人，武艺出众，却性情凶悍，恃强好斗，被乡里百姓视为祸患。当时义兴的水中有巨蛟盘踞，山中又有猛虎出没，义兴人将巨蛟、猛虎及周处称为"三横"，周处又排在"三横"之首。有人设法劝说周处去杀虎斩蛟。周处只身前往，经过三日三夜，将猛虎和巨蛟斩杀。周处三日未归，乡里人都以为周处已经丧命，十分高兴，庆祝"三横"已经除掉。周处杀蛟后回来，却听到乡里人庆祝的原委，方才醒悟，明白自己被乡人憎恶的程度，并且有悔改的意思。周处前往吴地拜访当地学者陆云，讲述自己的错误，以及即便有心改过也为时已晚的忧虑。陆云告诉他，古人有"朝闻道，夕死可矣"的教诲，只要有心改过且意志坚定，任何时候都不晚。周处从此努力改变，为官后刚正不阿，为国尽忠，战死沙场。

戴渊投剑：《世说新语·自新》载，东晋晋陵（今江苏常州）人戴渊，年少时游手好闲，不学无术，混迹在江淮一代，专门劫掠过往的商人旅客。陆机休假完返回洛阳时带了不少财物，戴渊指使一帮少年们去抢劫，自己坐在岸边指挥，安排得很得当，而戴渊本人神态也不同凡人，陆机看到后，在船上遥问："你的才能如此不凡，为什么还要当强盗？"戴渊被点醒，扔掉手中剑，归附陆机。陆机欣赏他的才能和迷途知返的决心，结为好友。经过陆机的启发，戴渊从此走入正途，为国效力，官至征西将军。

---

① 既冠（guàn）：已经成人，古代男子在二十岁时会举行冠礼，作为成人的标志。
② 本宗：本宗族。
③ 从姑：父亲的堂姐妹。
④ 饯：设酒食送行。
⑤ 过：拜访。
⑥ 中：适于，符合。

思考题

1. "富贵人之所欲，贫贱人之所恶"，却依然有人"委形待于穷而不变"，皇甫谧是如何解释这种现象的？

2. 皇甫谧的修身方式是什么？你是如何理解他的修身方法的？

一点浩然气①

林语堂

孟子曰："我善养吾浩然之气。"两千余年以来，对"浩然之气"的追求熔铸在中华民族的精神之中。历代仁人志士为光明奋斗，为正义献身，也给后世留下宝贵的道德遗产。在这篇纪念孙中山先生的讲稿里，林语堂从"一点浩然气"切入，不以成败下定论，肯定孔子、诸葛亮等古人的人格气魄，进而追忆孙中山的革命事业，认为其学问思想仍在引领国人前进。

我最喜欢东坡咏黄州快哉亭"一点浩然气，快哉千里风"之句②。不知何故，我想这两句话，很能曲尽中山先生的气魄及其一生之所为。我们论人不能以成败为断。七擒孟获，是诸葛孔明的成功；六出祁山，是他的失败。虽然失败，其气魄仍然照耀千古，流传人间，为后人所瞻仰。若说政治上的生活，孔子是失败者，做大司寇，就因为齐侯馈女乐，鲁君三日不朝，知道事不足为，一气离开鲁国十四年，这与孔子之伟大无关，在陈绝粮，弦歌不衰，这才见出孔子的气魄。颜习斋说"温温无所试"③，是孔子最可爱的时期。

孙中山是成功者。在立德、立功、立言三方面，都可以传不朽，我们这一代人及后代人，无一人不身受其赐。辛亥革命，我只十六岁，够不上与先贤追随先生左右，但是

---

① 本文选自林语堂《人生当如是》（北京联合出版公司2013年版）。林语堂，原名玉堂、和乐，福建龙溪人，现代散文家、小说家、翻译家，以倡导幽默文学著称，长期旅居海外，1976年病逝于香港。

② 一点浩然气，快哉千里风：出自苏轼词作《水调歌头·黄州快哉亭赠张偓佺》，原句是"一点浩然气，千里快哉风"。快哉亭，得名于战国楚人宋玉《风赋》，其中有"快哉此风"之句。

③ 颜习斋：清代思想家颜元，号习斋。温温无所试：形容孔子不被起用的落寞状态。出自《史记·孔子世家》："孔子循道弥久，温温无所试，莫能己用。"

老袁称帝、张勋复辟、段氏执政、军阀复起、陈炯明叛变等混乱局面，都是年轻的我所亲历的事。北伐之愿未成，而中山先生弃我长逝。在表面上，似乎与诸葛亮略同。但是他的学问思想，规模仍在，足为后人楷模。在这一点上，中山先生可以称为中国一百年来第一人。一点浩然气，快哉千里风，吹到我们的面前。所谓去其世，若此其未远也；近其居，若此之甚也。"然而无有乎尔，则亦无有乎尔①。"这是不可能的事。有的是为身在庐山中，才不见庐山的真面目。

我认为中山先生的气魄就在这一点浩然之气。他是善养其浩然之气，所以百折不挠，鞠躬尽瘁，死而后已。却又能在局面周章之时，发出一种灵气，好像一阵风，千里吹来，至大至刚，直养而无害，塞于天地之间②。中山先生一生，就好像利用这一点气，所以有这样的建树。孟子言志壹则动气，气壹则动志③，"志、气之帅也，气、体之充也④"。由这志与气之交相作用，所以能有那大无畏的精神。富贵不能淫，贫贱不能移，威武不能屈，都是因为中山先生有这养气功夫。就这一点，已足称为一百年来中国第一人了。

知识链接

此心安处是吾乡：宋神宗元丰二年（1079年），苏轼因乌台诗案获罪入狱，其好友王巩（字定国）也受到牵连，远谪宾州（今广西宾阳）。宾州地处岭南荒僻之地，居住环境极其恶劣，王巩亲友离散，唯侍女柔奴（别名寓娘）毅然随行，患难与共。三年后，王巩遇赦北归，重逢苏轼，席间柔奴献歌劝酒，被问及广南风土时对曰："此心安处，便是吾乡。"这种身处逆境而安之若素的旷达襟怀引起苏轼的共鸣，于是写下了著名的《定风波》词："谁羡人间琢玉郎，天应乞与点酥娘。尽道清歌传皓齿。风起，雪飞炎海变清凉。万里归来颜愈少。微笑，笑时犹带岭梅香。试问岭南应不好？却道，此心安处是吾乡。

修身岂为名传世，作事惟思利及人：孙中山作为民主革命的先驱，公共道德和国民修身是他一直关注的问题。"修身岂为名传世，作事惟思利及人"是孙中山对于公民修养

---

① "然而无有乎尔"句：出自《孟子·尽心下》，原文是："由孔子而来至于今，百有余岁，去圣人之世若此其未远也；近圣人之居若此其甚也。然而无有乎尔，则亦无有乎尔。"原意是孟子感慨孔子之学后继无人。

② "至大至刚"：出自《孟子·公孙丑上》，原文是："其为气也，至大至刚，以直养而无害，则塞于天地之间。"是孟子论述"浩然之气"的语句。

③ "志壹则动气"句：出自《孟子·公孙丑上》，意思是思想意志和意气感情会相互影响。

④ "志气之帅也"句：出自《孟子·公孙丑上》，意思是思想意志是意气感情的主帅，意气感情是充满体内的力量。

的集中概括和热切呼吁。这与其"天下为公"的政治主张密切相关，在他看来，个人修养应该放弃谋求名利的观念，做人做事更多地考虑他人，可见，修身正己的价值和意义不仅局限于一人，良好的伦理社会是建立在良好的公民素质上的。

（宋）苏轼《枯木怪石图》（局部）（现藏日本）

思考题

1. 林语堂在《一点浩然气》中评论诸葛亮"虽然失败，其气魄仍然照耀千古，流传人间，为后人所瞻仰"，你是如何理解的？

2. 说说志气与修身正己的关系。

3. 结合自己的学习经历，谈谈修身正己在学习、生活中的价值和意义。

 **参考书目**

季羡林：《中流自在心：季羡林谈修身养性》，重庆：重庆出版社 2013 年版。

林语堂：《孔子的智慧》，沈阳：万卷出版公司 2013 年版。

谢冕：《励志修身》，济南：山东人民出版社 2014 年版。

杨耀文：《文化名家修身录》，北京：京华出版社 2010 年版。

第 六 单 元

协和万邦

导语

《诗经》云："溥天之下，莫非王土。"中国人很早就形成了自己的"世界"图景，认为华夏民族居世界之中，故为"中国"，"中国"之外称为四夷，这就是《礼记》所谓"五方之民"。五方，既是地理概念，也是政治概念、文化概念。中国古代天下观最基本的理念是"华夏居中"基础上的"天下一家"，反映在政治上则为"协和万邦"。所谓万邦，最初概指所有诸侯的封国，后指天下。《尚书·尧典》云："克明俊德，以亲九族。九族既睦，平章百姓，百姓昭明，协和万邦，黎民于变时雍。"强调一种由自身修养到亲睦家族，再到邦国和谐，乃至天下一家的政治理念，这也就是儒家"修身、齐家、治国、平天下"的要义所在。随着历史的演进，协和万邦的天下观作为中华文化的一个伟大传统，成为中国古代民族关系和外交的文化的准则之一，被赋予丰富的内涵。

中华民族是在不断的民族融合过程中形成的，这一基本事实深刻地影响了中国传统的民族观念和外交观念。先秦时期，四夷对中原民族的战争时有发生，华夷之辨首先就表现为防范和抗拒。春秋时期尊王攘夷，战国时期修建长城，都体现了这一观念。但中原民族更愿意从文化差异的角度来认识华夷的冲突，华夷之辨就成为华夏民族对自身礼乐文明的捍卫。《春秋左传正义·定公十年》云："中国有礼仪之大，故称夏；有服章之美，谓之华。"说的就是中原礼乐制度完备，而夷狄则远远落后于华夏。《孟子》云："吾闻用夏变夷者，未闻变于夷者也。"强调华夏文化对四夷的改造和同化。如此，民族冲突也就被理解为文化冲突，随着民族交流的深入，夷狄服膺于华夏文化，就不再被视为防范的对象了。唐代韩愈《原道》云："孔子之作《春秋》也，诸侯用夷礼则夷之，进于中国则中国之。"也就是说，民族冲突可以通过文化的融合来化解，从而达到"化成天下"的大同景观。这就是协和万邦思想的根源。

"严华夷之防"与"协和万邦"，这两个观念在中国历史上长期存在，并行不悖，并以"协和万邦"为最高的政治理想。长期以来，中原政权与游牧民族政权的冲突连续不断；另一方面，民族融合与文化交流的步伐也从未停止。在协和万邦思想的影响下，民族融合和文化交流成为中国古代民族关系的主流。对于边疆少数民族，中原统治者的最高理想，并不是要建立完全的政治上的统一，而是期望通过文化融合和影响，在中央与少数民族政权之间、与远方异域之间建立一种有秩序的和谐共处的关系。从张骞凿空西域到昭君和亲，从佛教的传入到郑和七下西洋，中国古代对外交往的实践无不体现了协和万邦的原则，呈现出和谐、平等的特征。正是基于这一理念，唐太宗才会发出"视四海如一家"的宣言，而唐代在政治经济文化等各方面的杰出成就，在很大程度上也是得力于协和万邦政策的贯彻执行。历代统治者在协和万邦思想下，积极实践，开展了多种形式的对外政策，如设蕃、边市、和亲、遣使等，在实际上造成了中华文化大一统框架下多民族、多形态的特征。

及至明清，华夏文明在与西方文明交流中渐呈弱势，"严华夷之防"大行其道，导致了闭关锁国政策的实施。当西方的坚船利炮无情地打开中国大门时，中国传统"天下观"被迫转为国家观。在"亡国阴影"的笼罩下，林则徐、魏源等近代知识分子开始"师夷长技"，接受西方的外交规则，积贫积弱的旧中国在外交上屡屡受辱。在新的历史时期，"协和万邦"思想仍然具有重要的理论和实践价值。我们要继续加强各民族的交往、交流和交融，尊重差异，包容多样，让各民族在中华民族大家庭中手足相亲，守望相助；在外交上，致力于增进全人类的共同利益，重视国际规制，特别是联合国宪章在维护全球安全和确立国际政治经济新秩序中的重要作用，以对话协商、合作共赢、求同存异、包容开放为主要策略。这种"协和万邦的国际观"（习近平语），既体现了国际社会普遍的理想价值，反映了人类在全球化时代的共同愿望，也是对中国优秀传统文化的继承和发展。

主题课文

张骞传①

班　固

提示

　　张骞凿空西域，是中国古代最为著名的外交事件之一，也为后世中外交流奠定了一个很好的基础，对后来的"丝绸之路"更是具有开创之功。这次主动外交发展了我国和中亚、西亚许多国家的友好关系，促进了东西方经济文化的交流。《史记》与《汉书》均有记载，对于张骞凿空西域的价值予以高度肯定。学习此文，不仅可以获取必要的历史知识，同时也能较为直接地认识汉武帝时期"以义属之"和"威德遍四海"的协和万邦理念。

　　张骞，汉中人也②，建元中为郎③。时匈奴降者言匈奴破月氏王④，以其头为饮器，月氏遁而怨匈奴，无与共击之。汉方欲事灭胡，闻此言，欲通使，道必更匈奴中⑤，乃募能使者。骞以郎应募，使月氏，与堂邑氏奴甘父俱出陇西⑥。径匈奴⑦，匈奴得之，传诣单于⑧。单于曰："月氏在吾北，汉何以得往使？吾欲使越⑨，汉肯听我乎？"留骞十余岁，予妻，有子，然骞持汉节不失。

---

　　① 本文节选自《汉书·张骞李广利传》（中华书局 1962 年版）。班固（32—92），字孟坚，扶风安陵（今陕西咸阳）人，东汉著名史学家、文学家。其所著《汉书》是中国第一部纪传体断代史。张骞（前164—前114），字子文，汉中城固（今陕西城固）人，汉武帝建元二年（前139），奉命出使西域，打通了汉朝通往西域的南北道路，此路最初的作用是运输丝绸，后人称之为"丝绸之路"。张骞因军功获封博望侯。

　　② 汉中：汉代郡名，今属陕西。

　　③ 建元：前140年至前135年，汉武帝年号。郎：即郎官，古代官职名，此指皇帝的扈从。

　　④ 匈奴：古代北方游牧民族，长期都是中原政权的外患。月氏（ròu zhī）：又作"月支"，西北部族名。

　　⑤ 更：经过。

　　⑥ 堂邑：姓，汉人，他的奴隶名叫甘父，是胡人，即下文的堂邑父。陇西：汉代郡名，今属甘肃。

　　⑦ 径匈奴：从匈奴经过。

　　⑧ 传诣：用传车送到。传车是古代驿站负责传递公文的马车。

　　⑨ 越：指南方民族。

居匈奴西，骞因与其属亡乡月氏①，西走数十日至大宛②。大宛闻汉之饶财③，欲通不得，见骞，喜，问欲何之。骞曰："为汉使月氏而为匈奴所闭道，今亡，唯王使人道送我④。诚得至，反汉，汉之赂遗王财物不可胜言⑤。"大宛以为然，遣骞，为发译道⑥，抵康居⑦。康居传致大月氏⑧。大月氏王已为胡所杀，立其夫人为王。既臣大夏而君之⑨，地肥饶，少寇，志安乐，又自以远远汉⑩，殊无报胡之心。骞从月氏至大夏，竟不能得月氏要领⑪。

留岁余，还，并南山⑫，欲从羌中归⑬，复为匈奴所得。留岁余，单于死，国内乱，骞与胡妻及堂邑父俱亡归汉。拜骞太中大夫⑭，堂邑父为奉使君⑮。

骞为人强力，宽大信人，蛮夷爱之。堂邑父胡人，善射，穷急射禽兽给食。初，骞行时百余人，去十三岁，唯二人得还。

骞身所至者，大宛、大月氏、大夏、康居，而传闻其旁大国五六，具为天子言其地形，所有。语皆在《西域传》⑯。

骞曰："臣在大夏时，见邛竹杖、蜀布⑰，问安得此，大夏国人曰：'吾贾人往市之身毒国⑱。身毒国在大夏东南可数千里。其俗土著⑲，与大夏同，而卑湿暑热。其民乘象以战。其国临大水焉。'以骞度之，大夏去汉万二千里，居西南。今身毒又居大夏东南数千里，有蜀物，此其去蜀不远矣。今使大夏，从羌中，险，羌人恶之；少北，则为匈奴所得；从蜀，宜径，又无寇。"天子既闻大宛及大夏、安息之属皆大国⑳，多奇物，土著，

---

① 乡：同"向"。
② 大宛：古西域国名，今中亚费尔干纳盆地，盛产汗血宝马。
③ 饶：富足。
④ 道：同"导"，作动词用，意为"做向导"。
⑤ 赂遗：馈赠。
⑥ 译道：翻译和向导。
⑦ 康居（qú）：古西域国名，今哈萨克斯坦一带。
⑧ 传致：谓用传车将其送至。大月氏：古代部族名，月氏的一支。
⑨ 大夏：中亚古国名。臣：以之为臣。
⑩ 远远汉：《史记》作"远汉"。
⑪ 要领：本义为衣服的腰领，比喻事情的关键。
⑫ 并（bàng）：沿着。
⑬ 羌：即羌族，古代西部的一个民族。
⑭ 太中大夫：官名，掌管议论朝政之事。
⑮ 奉使君：使者护卫。
⑯ 《西域传》：即《汉书·西域传》。
⑰ 邛（qióng）：山名，在四川。蜀布：四川出产的细布。
⑱ 身（yuān）毒：今印度河流域一带。
⑲ 土著（zhù）：指有固定住所，非游牧民族。
⑳ 安息：中东古国。

颇与中国同俗，而兵弱，贵汉财物；其北则大月氏、康居之属，兵强，可以赂遗设利朝也①。诚得而以义属之②，则广地万里，重九译③，致殊俗④，威德遍于四海。天子欣欣以骞言为然。乃令因蜀犍为发间使⑤，四道并出：出駹⑥，出莋⑦，出徙、邛⑧，出僰⑨，皆各行一二千里。其北方闭氏⑩、莋，南方闭巂、昆明⑪。昆明之属无君长，善寇盗，辄杀略汉使，终莫得通。然闻其西可千余里，有乘象国，名滇越⑫，而蜀贾间出物者或至焉，于是汉以求大夏道始通滇国。初，汉欲通西南夷，费多，罢之。及骞言可以通大夏，乃复事西南夷⑬。

张骞雕塑

① 设利：通过利益。朝：使之来朝贺。
② 以义属之：用道义使它归属。
③ 重九译：经过多次翻译。九：形容次数之多。
④ 殊俗：不同的风俗。
⑤ 犍为：汉代郡名，治所在今四川宜宾。间使：秘密使者。
⑥ 駹（máng）：古代部族名称，在今四川松潘等地。
⑦ 莋（zuò）：古代部族名，在今四川峨眉山以南。
⑧ 徙、邛：均为古代部族名。徙在今四川天全以东一带，邛在今四川峨眉山西北一带。
⑨ 僰（bó）：古代部族名，在今四川宜宾西南一带。
⑩ 闭：封锁道路。氏（dī）：古代部族名，在今四川松潘等地。
⑪ 巂（xī）：古代部族名，在今云南保山一带。昆明：古代部族名，在今云南下关一带。
⑫ 滇越：古部族名，在今云南腾冲一带。
⑬ 事：通使。

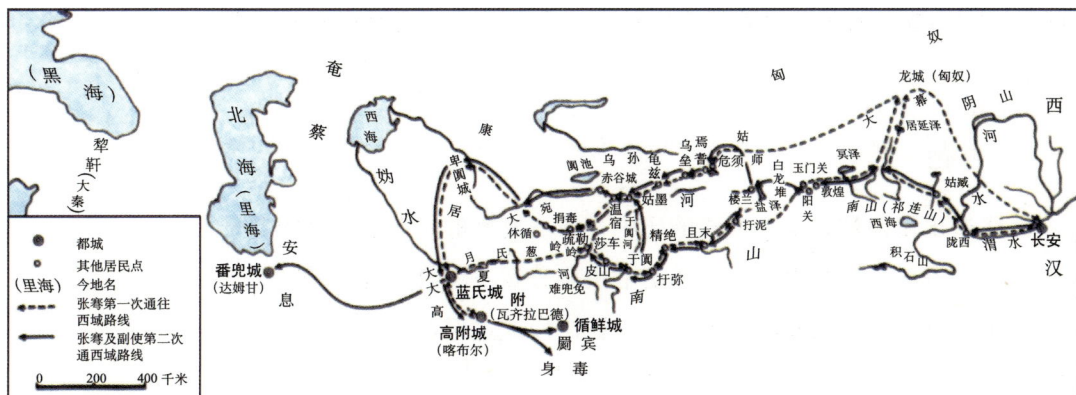

张骞通西域行程图
（前 139—前 126、前 115—前 114）

知识链接

和亲：和亲一般指中原王朝与少数民族政权缔结婚姻关系，从而达到和平相处目的的政治行为。和亲政策始于汉高祖刘邦，汉唐时期最多。历史上著名的和亲有昭君出塞和文成公主入藏等。和亲的公主往往都是临时册封的宗室女或宫女，只有少数几位是皇帝的女儿。

丝绸之路：丝绸之路的说法，最早由德国地理学家费迪南·冯·李希霍芬于 1877 年提出。其线路以西汉时期长安为起点（东汉时为洛阳），终点是大秦，以敦煌为交汇点，分南北两路。南路经河西走廊到敦煌，经楼兰、于阗、莎车，穿越葱岭（今帕米尔）到大月氏、安息，往西到达条支（西亚古国名，今伊拉克境内）、大秦（东罗马帝国）；北路经河西走廊到敦煌，到交河、龟兹、疏勒，穿越葱岭到大宛，往西经安息到达大秦。顾名思义，"丝绸之路"最初的作用是运输中国古代出产的丝绸，欧亚各国的土特产、宗教艺术等也沿丝路东来。

海上丝绸之路：唐代中后期，中原地区连年战乱，陆路交通受阻，再加上经济中心开始南移，海路运量大、成本低、安全度高，便取代陆路成为中外贸易的主通道。特别是宋朝商业高度发展，航海技术较为成熟，加上阿拉伯世界对海洋贸易的热忱，使海上丝绸之路空前繁盛。中国境内的港口主要有泉州、广州、宁波三个，其中泉州为联合国教科文组织认定的海上丝绸之路起点。

边市：指边地少数民族或境内外边民的贸易场所。汉代即在边境设立关市，唐、宋、元等皆设有相似场所，与少数民族进行贸易。因贸易以换马为主，故明代称马市。边市不仅是边贸问题，也是对边地民族采取的一项重要的安抚策略表现形式。

思考题

1. 张骞出使西域是在什么样的历史背景下发生的？出使的目的是什么？
2. 查阅资料，了解西域地区历史上民族分布及融合发展的状况。
3. 除张骞外，中国古代还有哪些人曾出使或途经西域？

拓展课文

四夷馆①

杨衒之

提示

本文节选自杨衒之的《洛阳伽蓝记》卷三"龙华寺"条。当时南北朝划江而治，北朝据有中原，自认是华夏文明的继承者；而南朝认为北朝乃夷狄，自己才真正居于文化正统地位，双方各执一词。四夷馆的设立，体现的是"莅中国而抚四夷"的传统观念，是北魏统治者用以处理四邻各国事务的机构。四夷馆促进了各国文化交流和民族融合，文中还描述了北魏都城洛阳对外贸易的繁华景象。

永桥以南②，圜丘以北③，伊洛之间④，夹御道，东有四夷馆，一曰金陵，二曰燕然，三曰扶桑，四曰崦嵫⑤。道西有四夷里⑥，一曰归正，二曰归德，三曰慕化，四曰慕义。

---

① 本文选自《洛阳伽蓝记》（中华书局 2011 年版）。杨衒之，生卒年不详。其生平史料极少，仅知他为北平（今天津蓟县一带）人，北魏末任秘书监，东魏任抚军府司马，著有《洛阳伽蓝记》。四夷馆，北魏时期开始设立，用以安置四周邻国归附之人的处所，到明朝又演变为专门翻译边疆少数民族和邻国语言文字的机构。

② 永桥：洛水上的浮桥名。

③ 圜丘：皇帝举行冬至祭天大典的场所，又称祭天坛。

④ 伊洛：即伊水和洛水。

⑤ 崦嵫（yān zī）：古代指太阳落山的地方。

⑥ 里：中国古代把全城分成若干封闭的居住区，叫"里"。

吴人投国者，处金陵馆，三年已后①，赐宅归正里。景明初②，伪齐建安王萧宝寅来降③，封会稽公，为筑宅于归正里，后进爵为齐王，尚南阳长公主④。宝寅耻与夷人同列，令公主启世宗⑤，求入城内，世宗从之，赐宅于永安里。正光四年中⑥，萧衍子西丰侯萧正德来降⑦，处金陵馆，为筑宅归正里，后正德舍宅为归正寺。

北夷来附者，处燕然馆，三年已后，赐宅归德里。正光元年，蠕蠕主都久闾阿那肱来朝⑧，执事者莫知所处，中书舍人常景议云⑨："咸宁中单于来朝⑩，晋世处之王公特进之下。可班阿那肱蕃王、仪同之间⑪。"朝廷从其议。又处之燕然馆，赐宅归德里。北夷酋长遣子入侍者，常秋来春去，避中国之热，时人谓之雁臣。

东夷来附者，处扶桑馆，赐宅慕化里。西夷来附者，处崦嵫馆，赐宅慕义里。自葱岭已西，至于大秦，百国千城，莫不欢附。商胡贩客，日奔塞下，所谓尽天地之区已。乐中国土风因而宅者，不可胜数。是以附化之民，万有余家。门巷修整，阊阖填列⑫。青槐荫陌，绿树垂庭。天下难得之货，咸悉在焉。

知识链接

四夷：即东夷、南蛮、北狄和西戎。《礼记·王制》说："中国戎夷，五方之民，皆有性也，不可推移。东方曰夷，被发文身，有不火食者矣。南方曰蛮，雕题交趾⑬，有不火食者矣。西方曰戎，被发衣皮，有不粒食者矣。北方曰狄，衣羽毛穴居，有不粒食者矣。"五方之民，风俗不一，古代中国统治者不是要改易其俗，而是包容和尊重各民族的风俗习惯，在承认其"不可推移"之性的同时，施行教化王道，以达到"修其教不易其俗，齐其政不易其宜"。

---

① 已后：同"以后"。
② 景明（500—504）：北魏宣武帝元恪年号。
③ 伪齐：指南朝的齐。
④ 尚：娶帝王之女为妻曰"尚"。
⑤ 世宗：即北魏宣武帝。
⑥ 正光（520—525）：北魏孝明帝元诩的第三个年号。
⑦ 萧衍（464—549）：南朝梁的开国皇帝，是虔诚的佛教徒。
⑧ 蠕蠕：即柔然，魏晋南北朝时期活动于中国大漠南北和西北广大地区的古代民族之一。
⑨ 中书舍人：官名，负责起草诏令。
⑩ 咸宁：西晋武帝司马炎第二个年号。单（chán）于：原为匈奴人对其部落联盟首领的专称，魏晋时期，乌丸鲜卑等部落首领，也称单于。此指匈奴都督。
⑪ "可班"句：意为可参照两晋对待归附的匈奴单于的礼仪，把都久闾阿那肱视作我们的一个藩王。
⑫ 阊阖：指宫门或京都城门。
⑬ 雕题：纹脸。交趾：盘腿。

五服：五服是一个地理概念。《国语·周语》记载："夫先王之制，邦内甸服，邦外侯服，侯卫宾服，蛮夷要服，戎狄荒服。"古代王畿外围，以五百里为一区划，由近及远分为甸服、侯服、绥服（一曰宾服）、要服、荒服，合称五服。这里的"服"，是服事天子的意思。

魏孝文帝汉化：北魏由鲜卑族的拓跋氏建立，在民族征服的过程中，北魏统治者曾实行了民族歧视和压迫政策，民族矛盾不断激化。皇兴五年（471 年），拓跋宏即位为孝文帝，为了缓和社会矛盾和民族矛盾，孝文帝先后进行了一系列的改革。改革围绕迁都城、禁胡语、改汉姓、尊孔子等展开，在政治、经济、文化制度等方面开始汉化进程。

古代外交机构：中国历代皆设有负责与少数民族及各国交往的部门，名称、职能各有不同。周代设掌客，接待四方宾客；秦汉设典属国，负责周边少数民族各国交往；隋唐时设典客署、四方馆，以接待东西南北四方少数民族及外国使臣；宋代设引进使、四方馆，掌外国与少数民族进奉礼物、款侍诸事；元明清设会同馆、四夷馆、四译馆、会同四译馆，专司接待来华朝贡使者。

思考题

1. "四夷馆"在哪些方面体现了"协和万邦"的天下观？

2. 魏晋南北朝时期，中国北方主要有哪些少数民族政权？

（南朝）梁元帝萧绎《职贡图》（局部），又名《番客入朝图》或《王会图》，描绘十二位使者朝贡时的形象

四千胡客归化①

司马光

提示

唐代实施较为开明的外交政策，唐太宗多次表达了"华夷一家"的观念。作为当时的国际化大都市，长安吸纳了众多外国人士，他们有的是遣唐使，有的是胡商，有的是留学生或学问僧。安史之乱后国家经济滑坡，人数众多的胡人一度成为朝廷的重要负担，如何妥善处理胡人的滞留问题，考验的是政治家的智慧，同时也是对一个国家外交能力的一次深层次的检阅。

初，河、陇既没于吐蕃②，自天宝以来③，安西、北庭奏事及西域使人在长安者④，归路既绝，人马皆仰给于鸿胪⑤。礼宾委府、县供之⑥，于度支受直⑦。度支不时付直，长安市肆不胜其弊。

李泌知胡客留长安久者⑧，或四十余年，皆有妻子，买田宅，举质取利，安居不欲归，命检括胡客有田宅者停其给。凡得四千人，将停其给。胡客皆诣政府诉之，泌曰："此皆从来宰相之过⑨，岂有外国朝贡使者留京师数十年不听归乎！今当假道于回纥⑩，或自海道各遣归国，有不愿归者，当于鸿胪自陈，授以职位，给俸禄为唐臣。人生当乘时展用，岂可终身客死邪！"于是胡客无一人愿归者，泌皆分隶神策两军，王子、使者为散兵马使或押牙⑪，余皆为卒，禁旅益壮。鸿胪所给胡客才十余人，岁省度支钱五十万缗⑫，市人皆喜。

---

① 本文选自《资治通鉴》（中华书局 2011 年版）。司马光（1019—1086），字君实，号迂叟，陕州夏县（今山西夏县）涑水乡人，世称涑水先生。他主持编纂了中国历史上第一部编年体通史《资治通鉴》。

② 河、陇：指河西与陇右，相当于今天的甘肃西部地区。吐蕃（bō）（618—842）：由古代藏族在青藏高原建立的政权。

③ 天宝（742—756）：唐玄宗李隆基的第二个年号。

④ 安西：即安西都护府，管辖天山以南的西域地区。北庭：即北庭都护府，管辖天山以北的西域地区。

⑤ 鸿胪：即鸿胪寺，管理外宾事务的机构。

⑥ 礼宾：即礼宾司，鸿胪寺下属机构。

⑦ 度支：负责全国财赋统计与支调的官员。受直：得到报酬。

⑧ 李泌（bì）：字长源，京兆（今陕西西安）人。唐朝中期著名政治家，历仕玄宗、肃宗、代宗、德宗四朝。

⑨ 从来：从前，原来。

⑩ 回纥（hé）：即回鹘，中国的少数民族部落，分布于新疆、内蒙古、甘肃、蒙古以及中亚的一些地区。

⑪ 散兵马使：武职荣衔，不统兵。押牙：负责侍卫的武职，也常作为使者，出使四方。

⑫ 缗（mín）：本义为穿铜钱用的绳子，后用作计量单位，一缗约一千文铜钱。

（唐）阎立本《步辇图》，描绘贞观十四年（640 年）吐蕃使者禄东赞朝见唐太宗时的场景

知识链接

遣唐使：7 世纪初至 9 世纪末，为学习中国典章制度、文化、技艺，日本、新罗多次向唐朝派出使团，称为遣唐使团。日本遣唐使团每次都会带有若干名留学生和学问僧，其中最著名的有日本留学生阿倍仲麻吕和学问僧空海。阿倍仲麻吕，汉名晁衡（也作朝衡），曾短暂在唐朝廷为官，并与李白、王维等过从甚密。空海回国除带有大量佛经外，还根据在中国所学，著有《文镜秘府论》《篆隶万象名义》等书，保存了不少中国文学和语言学资料。新罗诗人崔致远跟随商船来大唐求学，曾在唐代担任官职，被朝鲜和韩国学术界尊奉为朝鲜汉文学的开山鼻祖，有"东国儒宗""东国文学之祖"的美誉。

鉴真东渡：鉴真，唐时扬州大明寺僧人，以学问著名，江淮间尊称为授戒大师。时日本僧人随遣唐使来唐，寻求高僧往日本传授戒律，看中了鉴真。唐天宝元年（742 年），鉴真和尚始应邀赴日，先后 6 次东渡，历经千难万险，双目失明，并终于在 754 年到达日本。鉴真和尚及其同行者在日本留居 10 年，为日本带去了大量的书籍，以及医学、艺术等。鉴真和尚还仿照中国寺院建筑的样式，在日本奈良市兴建了唐招提寺。该寺是日本佛教律宗的总寺院，至今犹存，盛唐风格鲜明。寺中御影堂内供奉着鉴真坐像，东面有鉴真墓。唐招提寺被确定为日本国宝。

思考题

1. 根据本文，列举"胡客无一人愿归者"的原因。

2. 搜集资料，谈谈唐代帝王"华夷一家"的思想体现在哪些制度上。

3. 唐代除鉴真和尚东渡外，玄奘取经也有着非常重要的文化交流的意义，说一说玄奘取经的路线。

日本唐招提寺中鉴真和尚坐像

祖国大航海家郑和传（节选）[①]

梁启超

提示

　　郑和下西洋，使团规模之大，行程之远，访问国家之多，都达到了前无古人的程度。目前，学术界对郑和下西洋的目的、航程的远近，尚有不同的判断。不可否认的是，郑和的远洋航行是一次次和平的行动，开阔了人们的眼界，促进了中外文化的交往，有着重要的意义。郑和下西洋，发生在海禁的前夜，是古代中国对外交往最后的辉煌。郑和之后，闭关锁国的"天朝上国"逐渐失去了竞争优势，最终沦为西方列强的半殖民地。至使数百年后，梁启超发出了"郑和之后，竟无第二之郑和"的浩叹。

[①] 本文原载《新民丛报》1904 年第 3 卷第 21 号，署名"中国之新民"。梁启超（1873—1929），字卓如、任甫，人称任公，号饮冰室主人，广东新会人。中国近代维新派代表人物，较早以新学眼光研究古代文化，开启了近代学术研究新风。郑和（1371—1433），原姓马，名和，小名三宝，又作三保，人称三宝太监，云南昆明人。1405—1433 年，郑和七下西洋，促进了中国同亚非各国的经济和文化交流。

郑和，云南人，世所称三保太监者也。初事明成祖于燕邸①，从起兵，有功，累擢太监②。成祖之在位，当西纪千四百三年至千四百二十四年，正葡萄牙王子亨利奖励航海时代，而西史所称新纪元之过渡也。成祖以雄才大略，承高帝之后③，天下初定，国力大充，乃思扬威德于域外，此其与汉孝武、唐太宗之时代正相类。成祖既北定鞑靼④，耀兵于乌梁海以西⑤，西辟乌斯藏⑥，以法号羁縻其酋⑦，南戡越南⑧，夷为郡县。陆运之盛，几追汉唐，乃更进而树威于新国。郑和之业，其主动者，实绝世英主明成祖其人也。

……郑和为海上生活者垂三十年，殆无岁不在惊涛骇浪之中，其间稍得息肩者，则成祖崩殂后六年间耳⑨。迨宣宗中叶⑩，复举壮图，辟地最远，而和亦既老矣。其经略海外之事实，史文阙如，不能具详，但纪其俘三佛齐王、锡兰王、定苏门答剌之乱⑪，其武功之伟，可见一斑。又史言自和死后，凡将命海表者，莫不盛称和以夸外番，此则张博望之在西域⑫，何以加诸。

其足迹未及马来西亚群岛之半，而爪哇海以东⑬，未尝至焉。然考《明史》"外国传·鸡笼条"下，言郑和恶其人，家赍一铜铃⑭，是台湾岛和所曾履也。又"文莱条"下，言郑和往使，有闽人从焉。因留居，后人因据其国而王之，是婆罗州和所曾履也⑮。《西洋朝贡典录》称吕宋于永乐八年，随中官郑和来朝⑯，是菲律宾岛亦和所曾履也。《瀛涯》、《星槎》皆不能记载者⑰，殆马、费二氏，皆以能操阿剌伯语，从事通译，其在马来半岛以西，为阿剌伯语通行地，故二氏能纪之。其以东，则无取于二子之载笔欤。准此以谈，则亚细亚之海岸线，和所经行者，十而八九矣，嘻，盛哉！

① 燕邸：明成祖朱棣曾为燕王，燕邸即其王府。
② 擢：提拔。
③ 高帝：明太祖朱元璋。
④ 鞑靼：指东部蒙古政权。
⑤ 乌梁海：地名，今中国新疆与外蒙古西北一带。
⑥ 乌斯藏：明代称谓，即西藏。
⑦ 羁縻：笼络怀柔。
⑧ 戡（kān）：用武力平定叛乱。
⑨ 崩殂：指帝王的死。
⑩ 迨：等到。
⑪ "但纪"句：据《明史·郑和传》载，郑和船曾遭三佛齐国酋长陈祖义和锡兰山国王烈苦奈儿的抢劫，郑和击败了他们，生擒其首领。航行至苏门答腊时，遇到当地叛乱，郑和率兵平定了叛乱。
⑫ 张博望：即张骞，骞曾受封博望侯。
⑬ 爪哇海：南太平洋属海，位于印尼爪哇岛、苏拉威西岛、加里曼丹岛、苏门答腊岛之间。
⑭ 赍：遗留。
⑮ 婆罗州：即加里曼丹岛。
⑯ 中官：宦官。
⑰ 《瀛涯》、《星槎》：郑和副手马欢、费信所著辑录下西洋历程的著作《瀛涯胜览》《星槎胜览》。

新史氏曰①，班定远既定西域②，使甘英航海求大秦，而安息人（波斯）遮之不得达③，谬言海上之奇新殊险，英遂气沮，于是东西文明相接触之一机会坐失。读史者有无穷之憾焉。谓大陆人民，不习海事，性或然也。及观郑君，则全世界历史上所号称航海伟人，能与并肩者，何其寡也。郑君之初航海，当哥伦布发见亚美利加以前六十余年④，当维哥达嘉马发见印度新航路以前七十余年⑤。顾何以哥氏、维氏之绩，能使全世界划然开一新纪元。而郑君之烈，随郑君之没以俱逝。我国民虽稍食其赐，亦几希焉⑥。则哥伦布以后，有无量数之哥伦布，维哥达嘉马以后，有无量数之维哥达嘉马。而我则郑和以后，竟无第二之郑和，噫嘻，是岂郑君之罪也。

知识链接

郑和宝船：据史料记载，郑和航海宝船共 62 艘，最大的长 148 米，宽 60 米，是当时世界上最大的木帆船。船有四层，船上九桅可挂 12 张帆，锚重几千斤，要动用二三百人

郑和宝船复原图

---

① 新史氏：即梁启超，因其倡言"史界革命"，意在创立"新史学"。

② 班定远：班超（32—102），字仲升，封定远侯。东汉史学家、文学家班固之弟，著名军事家、外交家。他博览群书，但不甘为抄书吏，投笔从戎，曾北击匈奴，后奉命出使西域，前后达十一年，平定西域五十多国，为西域回归做出了巨大贡献。

③ 遮：挡住。

④ 亚美利加：美洲（America）的音译。

⑤ 维哥达嘉马：达伽马，葡萄牙航海家。

⑥ 几希：不多。

才能启航。船只吨位之大、航海人员之多、组织配备之严密，都显示了当时中国的航海技术处于世界领先水平。宝船主要供郑和船队的指挥人员、使团人员及外国使节乘坐；也被用来装运宝物，包括明朝皇帝赏赐给西洋各国的礼品、物品，西洋各国进贡明朝皇帝的贡品、珍品，以及郑和船队在海外通过贸易交换得来的物品等。

明代海禁政策：明朝从洪武四年（1371 年）到隆庆年间近两百年的时间一直实行海禁政策，禁止民间海外贸易。之所以实行海禁，是有多方面原因的，如希望保证官方的朝贡贸易，为了解决东南沿海倭患问题，防止国内外力量联合反抗朝廷，防止铜钱与白银外流，等等。明代的海禁政策时紧时松，在 15、16 世纪之交曾有所改善，允许海外来华船只进行互市、贸易往来。但随着倭寇之患愈演愈烈，再加上嘉靖二年（1523 年）在宁波发生的日本争贡事件，朝廷又开始严厉禁海。直到隆庆年间，二百年的海禁政策才有条件地开放。明代的海禁政策在一定程度上给国内带来政治上的稳定，但是，海禁政策不但造成沿海居民生活贫困与国家财政收入锐减，还丧失了在这些地区的贸易主导权，使中国错过了走向世界的良机。

《海国图志》：魏源编著，首刊于道光二十二年（1842 年），达五十卷，后又多次修订，最终定为一百卷。全书征引古今中外资料近百种，系统地介绍了西方各国的地理、历史、政治状况和许多先进科学技术。该书的划时代意义在于，它不仅主张"师夷之长技以制夷"，还彻底打破了夷夏之辨的文化价值观，摒弃了"天朝中心"的史地观念，提出了"五大洲、四大洋"的新的世界史地观。

中国现代外交之始：第一个近代意义上的外交机构为总理各国事务衙门，1861 年由咸丰帝批准成立，是专为办洋务及外交事务而特设的中央机构。第一所外交学校为京师同文馆，成立于同治元年（1862 年），是我国近代史上第一所专门培养外交人才的学校。第一个外交使团，出现于 1867 年 11 月 27 日，总理衙门事务大臣奕䜣奏请任命美国人蒲安臣为办理中外交涉事务大臣，中国官员志刚、孙家谷随行出访欧美。第一位驻外使节是郭嵩焘（1818—1891），光绪二年（1876 年）冬，郭嵩焘率副使刘锡鸿等随员三十余人启程赴英，在伦敦设立了使馆。第一部国籍法为《大清国籍条例》，1909 年颁布，其目的是除保护侨民利益外，还限制侨民加入外国国籍。

思考题

1. 郑和七下西洋有哪些积极意义？

2. 明朝为什么会有海禁？对后世有什么样的影响？

英使谒见乾隆①

[英] 斯当东

提示

　　1792 年，英王乔治三世以向清乾隆皇帝祝寿为名，派遣由乔治·马戛尔尼所率领的使团访华，旨在打破清朝海禁限制，获取通商权利。随行成员包括军事、测量、绘图、航海等方面的专家，出访期间搜集了大量信息，马戛尔尼的副手乔治·伦纳德·斯当东详细记录了此次出访经过。文中关于谒见礼的争论，从一个很具体的角度体现了中国古代朝贡体系与现代外交理念的碰撞。

　　和中堂接见公使的时候坐在正中一个铺着绸的高椅上②，两旁有四位大臣，两位鞑靼人两位汉人③，陪同接见。公使也有一个座位。那位钦差和其他几个官员连同翻译自始至终在一旁站着。和中堂首先照例询问使节团访华的意图，公使当即把英王陛下致中国皇帝信件的译件交他过目。他看过之后似乎相当满意。随后，公使又把特使写给他的关于觐见礼节的说帖交出④，和中堂做出毫不知情的样子。在说帖里面，特使把理由说得非常清楚简单，但看样子和中堂还要提出反对，最后他说容他考虑之后回答特使，于是讨论就结束。

　　在会见的时候，室外挤满了人，似乎同外国人办交涉没有什么秘密可言，任何中国人都可以随意听。由于旁听的人这样多，中堂大人自不得不在他们面前维持他应有的尊严。他在谈话和态度中极力表示出，他对英国公使的任何礼貌都出自他的恩赐优待。为了表示国家的尊严，他们似乎决心避免以平等的精神回答特使的敬意。

　　次日，钦差携两个官员来访特使，劝特使放弃关于谒见礼节的成见。他们自行（相）矛盾地认为，外国使臣谒见中国皇帝行叩头礼只是一种表面的不发生任何意义的礼节，但假如要求中国官员在英王御像前行同样的礼则是一件了不起的大事。他们甚至作出假

---

　　① 本文节选自《英使谒见乾隆纪实》（上海书店出版社 2005 年版）。乔治·伦纳德·斯当东（1737—1801），从男爵，牛津大学名誉法学博士，伦敦皇家学会会员，时任英国使节团秘书兼代理缺席时的全权特使。

　　② 和中堂：即和珅。中堂，明清时期对内阁大学士的尊称。

　　③ 鞑靼人：指满族人或蒙古人。著者把满族、蒙古族人民统称为鞑靼族。

　　④ 说贴：条陈、建议类的文书。关于觐见礼节，清政府要求英国特使必须无条件行属国使臣的叩头礼。英国特使提出，假如他行叩头礼，一位同等身份地位的中国官员必须着朝衣朝冠在特使携带的英王御像前也行磕头礼。

如再要拒绝，可能有所不便的威胁。这对特使来说，是否能不顾一切危险而不辱及英王陛下，确是一个严重的考验。特使在钦差的威胁之下，仍然坚持或者双方行对等礼，或者必须使独立国使节和属国代表的谒见礼节有所区别。特使还说过去中国把英王礼品写成"贡品"字样，已经发生混淆了。中国官员听到特使说到这点，他们被迫承认说帖内容的正当理由，他们问特使在不损害身份、有别于属国的条件下，他除了叩头而外，准备以什么礼节谒见。特使回答，他对英王陛下的关系是无限忠诚和无限服从的，他谒见英王陛下是行单腿下跪的礼节，他也准备以同样礼节见中国皇帝。中国官员听到之后似乎表示非常高兴。他们说马上回去以后，很快可以带回中国朝廷的决定，或者双方对等的行叩头礼，或者即采纳英国礼节。

……

太阳刚刚出来，从远处传来音乐声和人的吆喊声，说明皇帝快要驾到了。不久之后，皇帝从一个周围有树耸立的高山背后，好似一个神圣森严的丛林中出来。御驾之前有侍卫多人一路高声宣扬皇帝的圣德和功业。皇帝坐在一个无盖的肩舆中①，由十六个人抬着走，舆后有警卫执事多人手执旗伞和乐器。皇帝衣服系暗色不绣花的丝绸长褂，头戴天鹅绒帽，形状同苏格兰军帽有些相似，帽前缀一巨珠，这是他衣饰上所带的唯一珠宝。

皇帝进大幄以后，立即走至只许他一个人用的御座前面的阶梯，拾级而上，升至宝座，和中堂和另外两位皇族紧在皇帝旁边跪着答话。各王公大臣和外藩使节都有一定的位置，各就各位。这时，特使在全权公使、中国翻译和见习童子陪同下，由礼部尚书引领走至御座左首。同欧洲以右首为尊重习惯相反，在中国，主客的位置在左首。使节团其余人员和大批较低级中国官员都站在大幄口外，从那里可以看到帐篷以内一切礼仪。

……

特使的宽大的巴茨爵士外衣罩在衣服外面一定合乎中国人的口味②。同样，全权公使以牛津大学法学名誉博士的资格，特于官服之上加罩一袭深红的博士绸袍。中国非常注重学识资格，作官必须由科举考试出身。特使通过礼部尚书的指导，双手恭捧装在镶着珠宝的金盒子里面的英王书信于头顶，至宝座之旁拾级而上，单腿下跪，简单致词，呈书信于皇帝手中。皇帝亲手接过，并不启封，随手放在旁边。皇帝很仁慈地对特使说："贵国君主派遣使臣携带书信和宝贵礼物前来作致敬和友好访问，我非常高兴。我愿意向贵国君主表示同样的心意，愿两国臣民永远和好。"

---

① 肩舆：即轿子。
② "特使"句：中国古代服饰带有明显的阶级色彩。作者意为，特使表明身份的穿衣与中国的穿衣规矩暗合。

（清）《万国来朝图》（局部）

思考题

1. 从谒见礼节的交涉能看出中国与西方关注点有何不同？

2. 查阅资料，谈谈近代中国外交转型的事例，并简单评论。

参考书目

王钟翰：《中国民族史》（上下册），武汉：武汉大学出版社 2012 年版。

玄奘：《〈大唐西域记〉今译》，季羡林等译，西安：陕西人民出版社 2008 年版。

利玛窦，［比］金尼阁：《利玛窦中国札记》，何高济等译，何兆武校，北京：中华书局 2010 年版。

薛福成：《出使四国日记》，北京：社会科学文献出版社 2007 年版。

方豪：《中西交通史》，南宁：广西师范大学出版社 2008 年版。

第七单元

舆地揽胜

导语

《周易·说卦》说"乾为天""坤为地"，又进一步把坤比为大舆，指其像大车一样可以承载万物。后人便把大地称为"坤舆"，亦称"舆地"。同时，古人认为天圆地方，所以也称为"方舆"。总之，"舆地"是指人类生存的地理环境。

地理环境决定着许多物种的形态，也决定着生活在其中的人群的生存状态——也就是说，决定着族群的文化面貌。中华文化便与天下九州的舆地环境息息相关。

北边是广漠无垠的草原与沙漠，这本来并非封闭的地貌，但对于古代的人类来说，仍是一道难以逾越的地理极限；西北有帕米尔高原，不但以广袤的荒漠来阻隔，而且加上了难以逾越的天堑；西南更是耸立着全球海拔最高的喜马拉雅山脉，世界上最险峻的高峰阻隔了中华民族与南亚诸国间的交流；而从南方到东北则是两万公里的海岸线：这一切造成了中国即"天下"的观念，也使得中华民族表现为一种四海范围多民族的内向凝聚。

总体来看，中华大地是一个西高东低的漫长斜坡，即古人所云"天倾西北，地陷东南"。青藏高原平均海拔在四千米以上，然后渐次过渡到蒙古高原、黄土高原、云贵高原，再到太行山、巫山、秦岭一线，最后滑向东北平原、华北平原、江淮平原。这种地理结构使得大陆季风气候显著，东南沿海空气湿润，越往西北内陆则越干旱。

从经济的角度来看，中华民族赖以生存的地理环境的多样与宏阔是地大物博的基础，从严寒的东北丛林到幽深的西南山谷，从海错百陈的东南沿海到广袤无垠的西北边疆，不同的气候、地貌，总会孕育出各具特色的物产，从而支持中华民族数千年的绵延，直至今天，金银铜铁、麋鹿鱼虾、梗楠豫章、稻黍稷菽依然是我们生命存续的根本、经济发展的动力。

从军事地理的角度来看，中华大地西高东低的格局深刻地影响了历来军事力量的消长，地势是冷兵器时代军事行动的核心概念，因此，千百年来，占据战略高地的西北就意味着占据了军事的优势，历代王朝的更迭也多收功于西北。而且，西北多为游牧民族栖息之处，从而在军事上也向来给中原乃至东南以极大的压力。在战争中，高山、大河以及城池、关隘，都是可以左右战局的地理因素，于是，中华大地复杂的地理地貌也为军事的大剧提供了舞台。

从文化地理的角度来看，中华大地"八方各异气，千里殊风雨"的舆地交响曲包括了高亢的群峰、雄浑的高原、苍茫的草原、悲壮的戈壁、凌冽的雪山、喧嚣的江河，也有层染的山色、清泠的飞瀑、低沉的松涛、缠绵的云海、婉媚的湖光、宁静的水乡。这些多姿多彩的美，让人们去欣赏，去吟咏，去创造。于是，舆地的自然风景经过千百年的沉积，与中华文化密合无间，形成了独特的华夏山水名胜的韵律，无论是气势磅礴的东岳泰山、惊心动魄的西岳华山、奇峭幽深的北岳恒山、秀美苍郁的南岳衡山，还是黄山的奇松怪石、庐山的雄奇险秀、峨眉山的金顶云海、武夷山的九曲环流，都投射了中华文化对美的敏感与重塑。

在这秀美的江山之中，中华文化还开辟出了可与自然景观并辔齐驱的人文景观。坚忍、顽强如同交响乐主旋律一样的万里长城，是我们这个民族毅力的象征，也是内敛型文化态度的佐证，这算是对生命的守卫；鬼斧神工的四大石窟，秦始皇隐藏在地下的千年大军，则又算是寄托对死后世界的热望；西湖本来是自然的，但有了白居易、苏轼，有了岳飞、于谦之后，便被人文化了；苏州园林则干脆把文人化的设计在自然界中制造出来，使之成为东方美的典型。总而言之，中华大地的自然风景都打上了传统文化的深深烙印，人文景观也与中华大地的风物相得益彰。所以，欣赏中华大地的风景，其实也是对中华文化的巡礼，只有在这一点上有所感悟，才会理解魏晋时人在中华历史上第一次遇到山水之美时骄傲的宣言："山水有灵，亦当惊知己于千古！"

主题课文

读史方舆纪要·凡例（节选）①

顾祖禹

提示

　　本文是清代著名舆地学家顾祖禹所著《读史方舆纪要》的"凡例"部分。原书"凡例"共二十六则，此处节选其中的六则。本文指出山川和都邑是地理中最为重要的因素，山川形势与国家兴亡、政治盛衰有着重大的关系。文章评论了前代史书中的有关载录和部分重要的方舆典籍，说明了自己著述《读史方舆纪要》的目的。这篇文章既是对舆地内容的概括，也是对全书的提要。

　　天下之形势，视乎山川；山川之绝络②，关乎都邑。然不考古今，无以见因革之变；不综源委，无以识形势之全。是书首以列代州域形势，先考镜也③；次之以北直、南直④，尊王畿也⑤；次以山东、山西，为京室之夹辅也；次以河南、陕西，重形胜也；次之以四川、湖广，急上游也⑥；次以江西、浙江，东南财赋所聚也；次以福建、广东、广西、云南、贵州，自北而南，声教所为远暨也⑦；又次以川渎异同⑧，昭九州之脉络也；终之以分野⑨，庶几俯察仰观之义与⑩！

---

　　① 本文选自《读史方舆纪要》（中华书局2005年版）。顾祖禹（1631—1692），明末清初历史地理学家。字复初，江苏无锡人。承其父志以三十年时间编撰《读史方舆纪要》一百三十卷，被当时著名文人魏禧（1624—1680）称为"千百年绝无仅有之书"。

　　② 绝络：隔绝与联络。

　　③ 考镜：考证借鉴。

　　④ 北直、南直：即北直隶、南直隶的简称。明朝将直接隶属京师的地区称为直隶，建国之初，便以应天府等地为直隶，永乐十八年（1420年）移都北京后，则以北京为北直隶，简称北直；并改南京为南直隶，简称南直。

　　⑤ 尊王畿：以帝京为尊。

　　⑥ 急上游：以上游（明清时四川、湖广二省位于长江上游）之布防为急务。

　　⑦ 声教：教化。暨：到达。《尚书·禹贡》云："东渐于海，西被于流沙，朔南暨，声教讫于四海。"

　　⑧ 川渎：川指河流，渎指沟渠，此二字连用泛指河流。

　　⑨ 分野：古人以天人合一的观念来观察星象并安排地域区划，令其对应，从天文角度看，称作分星；从舆地角度看，称作分野。

　　⑩ 俯察仰观：《周易·系辞上》："仰以观于天文，俯以察于地理，是故知幽明之故。"

地道静而有恒，故曰方；博而职载①，故曰舆。然其高下险夷、刚柔燥湿之繁变②，不胜书也；人事之废兴损益、圮筑穿塞之不齐③，不胜书也。名号屡更，新旧错出，事会滋多，昨无今有，故详不胜详者，莫过于方舆。是书以古今之方舆，衷之于史④，即以古今之名，质之于方舆。史其方舆之乡导乎⑤？方舆其史之图籍乎？苟无当于史，史之所载不尽合于方舆者，不敢滥登也。故曰《读史方舆纪要》。

天地位而山川奠⑥，山川奠而州域分，形势出于其间矣。是书以一代之方舆，发四千余年之形势，治乱兴亡，于此判焉。其间大经大猷⑦，创守之规，再造之绩，孰合孰分，谁强谁弱，帝王卿相之谟谋，奸雄权术之拟议，以迄师儒韦布之所论列⑧，无不备载。或决于几先⑨，或断于当局，或成于事后，皆可以拓心胸、益神智。《书》曰⑩："与治同道，罔不兴；与乱同事，罔不亡。"俯仰古今，亦可以深长思矣。

禹平水土，主名山川。《职方》辨州⑪，惟表山薮川浸。司马迁作《史记》，昔人谓其能言山川条列，得《禹贡》之意⑫，班、范诸家所不逮⑬。唐太宗因山川形便，分天下为十道。《六典》所载⑭，犁然可观⑮。是书亦师其意。两京十三司之首，皆列疆域、名山、大川、重险，俾一方之形势，灿列在前；而后分端别绪，各归条理，亦以详前人之所略也。

王者体国经野⑯，于是乎有城邑。城邑定而方位列焉，缓急分焉，于是乎有山薮川浸。山川布而相其阴阳，察其险易，于是乎有关梁阻阨，为城邑之卫。自古及今，经理方舆者，不能异也。

水道迁流，最难辨晰。《河渠》《沟洫》⑰，班、马仅纪大端⑱，而余史或缺焉。其详为

---

① 博而职载：博大并且以载物为职能。
② 夷：平坦。
③ 圮（pǐ）筑穿塞：毁坏、建设、通过、阻隔。
④ 衷：折衷、裁断。
⑤ 乡导：即向导。"乡"通"向"。
⑥ 奠：定。
⑦ 大经大猷：皆指治国之常道或大道。
⑧ 师儒韦布：儒士与平民。韦，即韦绔，用皮革制成的衣服，卑者所穿；布，即布衣。
⑨ 决于几先：指在事情刚出现预兆时便作出决断。
⑩ 书：指《尚书》，所引出于《古文尚书·太甲下》。
⑪ 职方：指《周礼·夏官》的"职方氏"，其职责是"掌天下之地，辨其邦国"。
⑫ 禹贡：《尚书》之一篇，为中国古代舆地学之祖。
⑬ 班、范：指班固与范晔，本句意为班固所著《汉书》与范晔《后汉书》皆不及《史记》能得《禹贡》之意。
⑭ 六典：指《唐六典》，为唐玄宗时期官修的职官会典。
⑮ 犁然：像犁耕地一样界限分明、清晰。
⑯ 体国经野：出自《周礼》，治理国家。体：划分；国：都城；经：丈量；野：田野。
⑰ 《河渠》《沟洫》：指史书中记载水流的篇章。《史记》称为《河渠书》，《汉书》称为《沟洫志》。
⑱ 班、马：分别指《汉书》的作者班固和《史记》的作者司马迁。

之辞者，惟郦氏《水经注》^①，而杜佑甚病其荒缪^②。盖河源纡远，尚依《史》、《汉》旧文，而江、汉以南，又皆意为揣测^③，宜其未尽审也。若其掇拾遗闻，参稽往迹，良为考古之助。余尝谓郦氏之病，在立意修辞，因端起类，牵连附合，百曲千回，文采有余，本

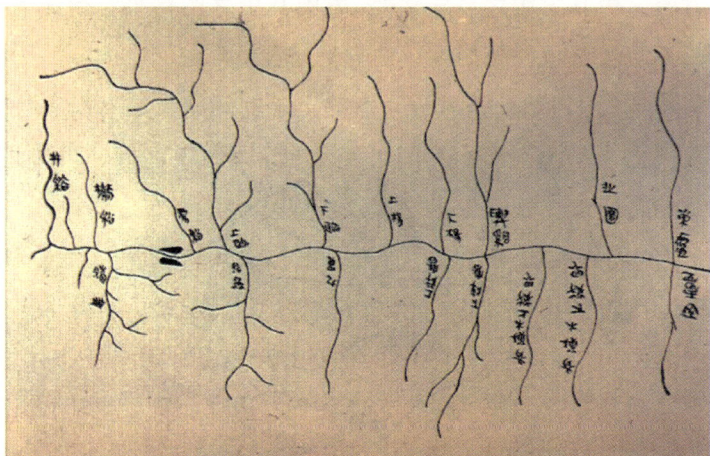

世界最古地图：甘肃天水放马滩一号秦墓出土战国秦惠文王时木地图

世界最古纸地图：甘肃天水放马滩五号汉墓出土麻纸地图

---

① 郦氏：指郦道元（约470—527），北魏著名地理学家，著有《水经注》一书。

② 杜佑（735—812）：字君卿，京兆万年（今陕西西安）人，唐代政治家、史学家，著有史学巨著《通典》。

③ "又皆"句：由于郦道元生活在北方，所以南方的许多水系他无法实地考察，因此，南方一些河流只能通过文献来记录，亦有失实不切之处。

旨转晦。使其据事直书，从原竟委①，恐未可多求也。后世河防水利之书，作者相继。至于晚近，记载尤多，浮杂相仍，鲜裨实用②。《川渎》一书，略仿《水经》之文，仰追《禹贡》之义，务期明确，无取辞费③。

知识链接

舆地典籍

中国古代舆地类典籍产生较早，数量亦多，且分散于经、史、子三部：如《尚书》之《禹贡》，《周礼》之《职方》，《尔雅》之《释地》《释水》，《管子》之《度地》《地员》《地图》等，还有形成时间不详的《山海经》之类。

《禹贡》：《尚书》中的一篇，同时也是中国古代舆地之祖。其名来自"禹制九州贡法"。此书托名大禹治水、制定贡赋之法、分天下为九州、导山导水、五服几个部分，分别记述了政治区划、山川、土壤、植被、特产、贡赋、民族等内容。它对中国舆地观念和文献都有深远的影响。

《史记·河渠书》：《史记》首创"河渠书"，因为河流的迁改会深刻地影响地理环境，因此对河流的记录便与舆地有密切的关系。司马迁在《河渠书》中记录了战国至武帝时全国水利的概况。

《元和郡县志》：唐代李吉甫所撰地理总志。因撰于宪宗元和年间并以元和政区为纲，故名。其书现存三十四卷，是中国正史地理志外现存最早的地理总志，体例完备，对舆地学有很大影响。

《太平寰宇记》：北宋乐史所著，共二百卷。其以"太平"为名，既表示成书于太平兴国年间，亦有祈望太平之意。该书以宋初十三道为纲，既承《元和郡县志》的分类，又新增了风俗、姓氏门类，还增加了艺文的内容，成为古代舆地之书体例最全面者。

《舆地纪胜》：南宋王象之所著，共二百卷。南宋偏居一隅，基于与北方金国的对抗关系，官方无法编撰全国性的地理总志，所以，此时的地理志开始有所变化，此书从为统治者资治参考转向为文人墨客服务，重名胜，重艺文，便体现了这一转变的趋势，此书也是胜览型总志的代表。

---

① 从原竟委：探求事物的起源与变化。
② 鲜裨实用：很少能有实际的使用价值。裨：增加，弥补。
③ 无取辞费：不再说废话。

思考题

1. 古代"舆地"概念与现代地理学有何差异？

2. 水道为什么最难辨析？舆地之学为何要研究水道？

3. 顾祖禹还认为"郡邑、河渠、食货、屯田、马政、盐铁、职贡、分野"同属方舆之学，你如何看待这种分法？

拓展课文

说居庸关①

龚自珍

提示

居庸关位于北京市西北的昌平境内，南北两个关口，南名"南口"，北称"居庸关"，形势险要，是北京西北的门户，自古为兵家必争之地。同时，这里也是著名的旅游胜地，清流萦绕，翠峰重重，有"居庸叠翠"之称，被列为"燕京八景"之一。本文首先指出居庸关"可守"，从山势的辐辏、关卡的设置、关口的险峻来层层论述，并将清代与前代对比，表达出恰如其分的自豪之情。但作者并没有盲目乐观，文章开始便有"疑若"这样的词，对其"可守"的判断表达了怀疑，又通过与蒙古使者的交流，对间道的存在、城墙的荒废等表露了丝丝隐忧。

居庸关者，古之谭守者之言也②。龚子曰："疑若可守然。""何以疑若可守然？"曰：

---

① 本文选自《龚自珍全集》（上海古籍出版社2007年版）。龚自珍（1792—1841），字璱人，号定庵，仁和（今浙江杭州）人，道光九年（1829年）进士，曾任内阁中书、礼部主事，清代著名思想家、文学家。

② 谭：通"谈"。

"出昌平州，山东西远相望，俄然而相辏相赴^①，以至相蹙^②。居庸置其间，如因两山以为之门，故曰'疑若可守然'。"

关凡四重。南口者，下关也，为之城，城南门至北门一里。出北门十五里，曰中关，又为之城，城南门至北门一里。出北门又十五里，曰上关，又为之城，城南门至北门一里。出北门又十五里，曰八达岭，又为之城，城南门至北门一里。盖自南口之南门，至于八达岭之北门，凡四十八里，关之首尾具制如是^③，故曰"疑若可守然"。

下关最下，中关高倍之，八达岭之俯南口也，如窥井形然，故曰"疑若可守然"。

自入南口，城甃有天竺字、蒙古字^④。上关之北门，大书曰："居庸关，景泰二年修。"八达岭之北门，大书曰："北门锁钥，景泰三年建。"

自入南口，流水啮吾马蹄，涉之玱然鸣^⑤，弄之则忽涌忽狭而尽态，迹之则至乎八达岭而穷。八达岭者，古隰余水之源也^⑥。

自入南口，木多文杏、柿、苹婆^⑦、棠梨，皆怒华^⑧。

自入南口，或容十骑，或容两骑，或容一骑。蒙古自北来，鞭橐驼^⑨，与余摩肩行。时时橐驼冲余骑颠^⑩，余亦挝蒙古帽，堕于橐驼前。蒙古大笑。余乃私叹曰："若蒙古，古者建置居庸关之所以然，非以若耶？余，江左士也，使余生赵宋世，目尚不得睹燕赵，安得与反毳者相挝戏乎万山间^⑪？生我圣清中外一家之世，岂不傲古人哉！"蒙古来者，是岁克西克腾^⑫、苏尼特^⑬，皆入京诣理藩院交马云^⑭。

自入南口，多雾，若小雨。过中关，见税亭焉。问其吏曰："今法网宽大，税有漏乎？"曰："大筐小筐，大偷橐驼小偷羊^⑮。"余叹曰："信若是，是有间道矣！"

自入南口，四山之陂陀之隙有护边墙数十处^⑯，问其民，皆言是明时修。微税吏言，

---

① 辏（còu）：车轮的辐集中于毂上，引申为聚集。
② 相蹙：互相重叠。
③ 具制：具体的格局。
④ 城甃（zhòu）：城墙的砖石。
⑤ 玱（cōng）然：佩玉的响声。
⑥ 隰（xí）余水：古水名，即今榆河，又名湿余河，自居庸关南流，经过昌平县。
⑦ 苹婆：梵语 bimba 的音译，即苹果。
⑧ 怒华：花朵盛开。"华"同"花"。
⑨ 橐（tuó）驼：即骆驼。
⑩ 颠：头。
⑪ 反毳（cuì）：反穿毛皮衣，即兽毛向外。此指蒙古等少数民族。毳，兽的细毛。
⑫ 克西克腾：内蒙古旗名。在昭乌达盟西部，清代设旗。
⑬ 苏尼特：内蒙古旗名。属锡林郭勒盟。
⑭ 理藩院：清代掌管蒙古、西藏、新疆等少数民族事务的中央机构。交马：上交贡马。
⑮ 大筐小筐，大偷橐驼小偷羊：这两句是当时俗语，意谓偷税漏税亦多有发生。
⑯ 陂陀（pō tuó）：倾斜不平貌。

居庸关

吾固知有间道出没于此护边墙之间？承平之世，漏税而已。设生昔之世，与凡守关以为险之世，有不大骇北兵自天而降者哉！

降自八达岭，地遂平。又五里，曰堃道①。

知识链接

中国古代军事要塞

地理形势是战争的关键因素之一，易守难攻的关隘便成为兵家必争之地。在漫长的中国战争史上，那些著名的军事要塞时常充当战争胜负的关键角色。

关中四塞：函谷关（今潼关）、武关（今丹凤县东武关河北岸）、散关（今宝鸡市南郊秦岭北麓）和萧关（今宁夏固原东南）

内三关：居庸关（今北京市昌平县西北之居庸山）、紫荆关（今河北省易县城西）、倒马关（今河北唐县西北）

外三关：雁门关（今山西省忻州市代县城北）、宁武关（今宁武县南）、偏头关（今偏关县黄河边）

---

① 堃（bèn）道：居庸关附近道路名。

河北三镇：真定（今河北正定）、河间（今河北省沧州）、中山（今河北定州）

九边：辽东镇（今辽宁北镇市）、蓟州镇（今河北迁西县境内）、宣府镇（今河北张家口市宣化县）、大同镇（今山西大同市）、太原镇（今山西偏关县）、延绥镇（今陕西绥德县）、宁夏镇（今宁夏银川市）、固原镇（今宁夏固原市）、甘肃镇（今甘肃张掖市）

天府四关：剑门关（今四川省广元市剑阁县城南面）、瞿塘关（今三峡奉节县瞿塘峡夔门山麓）、南津关（今湖北省宜昌市夷陵区西陵峡东口）、阳平关（今陕西省宁强县阳平关镇）

太行八陉：轵关陉（今河南省济源市东的轵城镇）、太行陉（即天井关，今河南省沁阳市西北）、白陉（今山西省陵川县）、滏陉（今河北省武安县之南）、井陉（今河北省井陉县的井陉山上）、飞狐陉（今河北省涞源县北）、蒲阴陉（即紫荆关，河北省易县西紫荆岭上）、军都陉（即居庸关，北京市昌平县西北之居庸山）

思考题

1. 为什么说居庸关是北京西北的门户？

2. 龚自珍多次重复"疑若可守然"和"自入南口"，各有何深意？

3. 龚自珍感慨"是有间道矣"，表达了什么样的担忧？

江水①

郦道元

提示

本文节选自《水经注》卷三十四《江水二》，是描写三峡的名篇。文章先从新崩滩说起，引出大巫山，然后引述《山海经》所载巫山神女的美丽传说。紧接着便全力摹写了七百里的三峡景色，最后又以刘备为陆逊所破的石门滩作结。全篇既有对水道、山势的舆地记录，又有对自然风物的生动描述，还加入了惝恍迷离的神话传说与铁血交织的历史故事，文笔优美，广为传诵。

---

① 本文节选自《水经注校证》（中华书局 2013 年版）。郦道元（约 470—527），字善长，范阳涿州（今河北涿州）人，北魏地理学家，著有《水经注》四十卷。

江水历峡东迳新崩滩。此山，汉和帝永元十二年崩①，晋太元二年又崩②。当崩之日，水逆流百余里，涌起数十丈。今滩上有石，或圆如箪③，或方似屋，若此者甚众，皆崩崖所陨，致怒湍流，故谓之"新崩滩"。其颓崖所余，比之诸岭，尚为竦桀④。其下十余里，有大巫山，非惟三峡所无，乃当抗峰岷、峨⑤，偕岭衡、疑⑥。其翼附群山，并概青云⑦，更就霄汉辨其优劣耳。

神孟涂所处。《山海经》曰：夏后启之臣孟涂⑧，是司神于巴，巴人讼于孟涂之所，其衣有血者执之，是请生居山上，在丹山西。郭景纯云⑨：丹山在丹阳，属巴。丹山西即巫山者也。又帝女居焉。宋玉所谓天帝之季女⑩，名曰瑶姬，未行而亡⑪，封于巫山之阳，精魂为草，实为灵芝。所谓"巫山之女，高唐之阻，旦为行云，暮为行雨，朝朝暮暮，阳台之下"。旦早视之，果如其言。故为立庙，号朝云焉。其间首尾百六十里，谓之巫峡，盖因山为名也。

自三峡七百里中，两岸连山，略无阙处；重岩叠嶂，隐天蔽日，自非亭午夜分⑫，不见曦月⑬。至于夏水襄陵⑭，沿溯阻绝⑮，或王命急宣，有时朝发白帝⑯，暮到江陵⑰，其间千二百里，虽乘奔御风⑱，不以疾也。春冬之时，则素湍绿潭，回清倒影。绝巘多生怪柏⑲，悬泉瀑布，飞漱其间。清荣峻茂⑳，良多趣味。每至晴初霜旦，林寒涧肃，常有高猿长啸，属引凄异㉑，空谷传响，哀转久绝。故渔者歌曰："巴东三峡巫峡长，猿鸣三声

---

①　汉和帝永元十二年：100 年。
②　晋太元二年：377 年。
③　箪（dān）：古代用来盛饭食的盛器。以竹或苇编成，圆形，有盖。
④　竦桀：高耸特出。
⑤　岷、峨：岷山与峨眉山。
⑥　衡、疑：衡山与九疑山。
⑦　并概：并比之意。
⑧　夏后启：也称夏启、帝启，是夏禹的儿子，夏朝的第二任君王。
⑨　郭景纯：即郭璞（276—324），字景纯，河东郡闻喜县（今山西省闻喜县）人，两晋时期著名文学家和方士。曾注《山海经》。
⑩　宋玉：又名子渊，战国时楚国文人。生于屈原之后，一说为屈原弟子。好辞赋。
⑪　未行：指未嫁。
⑫　亭午：正午。夜分：半夜。
⑬　曦月：太阳和月亮。
⑭　襄：漫上。
⑮　沿溯：顺流而下和逆流而上。
⑯　白帝：城名，在今重庆市奉节县东。
⑰　江陵：今湖北省江陵县。
⑱　乘奔御风：骑上飞驰的马，驾驶迅疾的风。
⑲　绝巘（yǎn）：极高的山峰。
⑳　清荣峻茂：指水之清澈、树之葱茏、山之高峻、草之茂盛。
㉑　属（zhǔ）引：连续不断。

泪沾裳！"

江水又东，迳石门滩①。滩北岸有山，山上合下开，洞达东西，缘江步路所由。刘备为陆逊所破②，走迳此门，追者甚急，备乃烧铠断道③，孙桓为逊前驱④，奋不顾命，斩上夔道，截其要径，备逾山越险，仅及得免⑤，忿恚而叹曰⑥：吾昔至京，桓尚小儿，而今迫孤，乃至于此。遂发愤而薨矣⑦。

巫峡

巫山

知识链接

长江三峡

长江三峡是瞿塘峡、巫峡、西陵峡的总称，西起白帝城，东迄南津关，长 193 公里，

---

① 迳：经过。

② 刘备：字玄德，东汉末年幽州涿郡涿县（今河北省涿州市）人，西汉中山靖王刘胜的后代，三国时期蜀汉开国皇帝。陆逊：字伯言，吴郡吴县（今江苏苏州）人，三国时期吴国大将军，章武二年（222年），在夷陵一战中击败了刘备所率领的蜀汉大军。

③ 铠：铠甲。

④ 孙桓：字叔武，三国时期吴国的建武将军，颇受孙权常识，曾与陆逊共拒刘备伐吴。

⑤ 得免：得以幸免于难。

⑥ 忿恚（huì）：愤怒、怨恨。

⑦ 薨（hōng）：古代称诸侯死去。

两岸崇山峻岭，风光奇绝，是世界著名的风景区。

瞿塘峡： 西起白帝城，东到大溪镇，是三峡的入口，两面隔江对峙的绝壁，组成了一道天造地设的大门，这就是夔门。夔门自古以来就有"天下雄"的美称。瞿塘峡全长8公里，景色最为雄伟险峻。

巫峡： 西起重庆市巫山县城东面的大宁河口，东迄湖北省巴东县官渡口，绵延40多公里，包括金蓝银甲峡和铁棺峡，峡谷幽深曲折，是长江横切巫山主脉背斜而形成的。

西陵峡： 西起香溪口，东至南津关，全长76公里，是三峡中最长的峡，历史上以其航道曲折、怪石林立、滩多水急、行舟惊险而闻名。

五岳

五岳是中国五大名山的总称，分别是东岳泰山，西岳华山，中岳嵩山，北岳恒山，南岳衡山。

东岳泰山： 位于山东省泰安市中部，主峰玉皇顶海拔1545米，气势雄伟磅礴，有"五岳之首""五岳独尊"之称。

西岳华山： 位于陕西省渭南华阴市，南接秦岭，北瞰黄、渭。为道教全真派的圣地，风景奇秀。

中岳嵩山： 位于河南省西部，属伏牛山系，地处登封市西北面，由太室山与少室山组成，最高峰连天峰1512米，东西绵延60多公里，东依郑州，西临洛阳，南依颍水，北邻黄河。

北岳恒山： 位于山西省大同市浑源县，号称有108峰，横跨山西、河北两省。主峰天峰岭，海拔2017米，被誉为"塞外第一山"。

南岳衡山： 位于湖南省衡阳市南岳区，海拔1300.2米，是著名的道、佛教圣地，环山有寺、庙、庵、观200多处。

四渎

四渎是中国古代对四条独流入海的江河的总称，即江、河、淮、济。

长江： 发源于青藏高原的唐古拉山脉各拉丹冬峰西南侧，干流流经青海、西藏、四川、云南、重庆、湖北、湖南、江西、安徽、江苏、上海11省市，于上海市崇明岛注入东海，流域面积180万平方公里，干流长6397公里，仅次于尼罗河和亚马逊河，居世界第三位。

黄河： 发源于青海省青藏高原的巴颜喀拉山脉北麓约古宗列盆地的玛曲，呈"几"

字形。自西向东分别流经青海、四川、甘肃、宁夏、内蒙古、陕西、山西、河南及山东9个省，最后流入渤海。全长约5464公里，世界第五大长河，中国第二长河。

淮河：位于中国东部，介于长江与黄河之间，是中国七大河之一。古称淮水，发源于河南省南阳市桐柏县西部的桐柏山主峰太白顶西北侧河谷，干流流经河南、安徽、江苏三省。

济水：发源于今河南省济源市，流经河南、山东入渤海。现代黄河下游的河道就是原来济水的河道。

思考题

1. 请将本篇对三峡的描写与李白《早发白帝城》进行对比，并找出更多的描写三峡的诗文与同学们分享。

2. 在当代三峡水库建成之后，三峡的地理意义和自然风貌有了一定的变化，查找资料并进行比较，说出其中的变化。

3. 查阅文献，了解千年以来黄河改道的历史，并用图表示出来。

南京（节选）[1]

朱自清

南京是值得留连的地方，虽然我只是来来去去，而且又都在夏天。也想夸说夸说，可惜知道的太少；现在所写的，只是一个旅行人的印象罢了。

逛南京象逛古董铺子，到处都有些时代侵蚀的遗痕。你可以摩挲，可以凭吊，可以悠然遐想；想到六朝的兴废，王谢的风流，秦淮的艳迹。这些也许只是老调子，不过经过自家一番体贴，便不同了。所以我劝你上鸡鸣寺去，最好选一个微雨天或月夜。在朦胧里，才酝酿着那一缕幽幽的古味。你坐在一排明窗的豁蒙楼上，吃一碗茶，看面前苍然蜿蜒着的台城。台城外明净荒寒的玄武湖就象大涤子的画[2]。豁蒙楼一排窗子安排得最

---

[1] 本文选自《桨声灯影里的秦淮河》（山东画报出版社2002年版）。朱自清（1898—1948），原名自华，号秋实，后改名自清，字佩弦。原籍浙江绍兴，现代杰出的散文家、诗人、学者、民主战士。

[2] 大涤子：即石涛（1642—约1707），清代画家，法名原济，一作元济，本姓朱，名若极，字石涛，又号苦瓜和尚、大涤子、清湘陈人等。其人原为明靖江王后裔，南明元宗朱亨嘉之子。幼年遭变后出家为僧，半世云游，以卖画为业。早年山水师法宋元诸家，画风疏秀明洁，晚年用笔纵肆，墨法淋漓，格法多变。

有心思，让你看的一点不多，一点不少。寺后有一口灌园的井，可不是那陈后主和张丽华躲在一堆儿的"胭脂井"①。那口胭脂井不在路边，得破费点工夫寻觅。井栏也不在井上；要看，得老远地上明故宫遗址的古物保存所去。

从寺后的园地，拣着路上台城；没有垛子，真象平台一样。踏在茸茸的草上，说不出的静。夏天白昼有成群的黑蝴蝶，在微风里飞；这些黑蝴蝶上下旋转地飞，远看象一根粗的圆柱子。城上可以望南京的每一角。这时候若有个熟悉历代形势的人，给你指点，隋兵是从这角进来的，湘军是从那角进来的②，你可以想象异样装束的队伍，打着异样的旗帜，拿着异样的武器，汹汹涌涌地进来，远远仿佛还有哭喊之声。假如你记得一些金陵怀古的诗词，趁这时候暗诵几回，也可印证印证，许更能领略作者当日的情思。

从前可以从台城爬出去，到玄武湖边；若是月夜，两三个人，两三个零落的影子，歪歪斜斜地挪移下去，够多好。现在可不成了，得出寺，下山，绕着大弯儿出城。七八年前，湖里几乎长满了苇子，一味地荒寒，虽有好月光，也不大能照到水上；船又窄，又小，又漏，教人逛着愁着。这几年大不同了，一出城，看见湖，就有烟水苍茫之意；船也大多了，有藤椅子可以躺着。水中岸上都光光的；亏得湖里有五个洲子点缀着，不然便一览无余了。这里的水是白的，又有波澜，俨然长江大河的气势，与西湖的静绿不同。最宜于看月，一片空蒙，无边无界。若在微醺之后，迎着小风，似睡非睡地躺在藤椅上，听着船底汩汩的波响与不知何方来的箫声，真会教你忘却身在哪里。五个洲子似乎都局促无可看，但长堤宛转相通，却值得走走。湖上的樱桃最出名。据说樱桃熟时，游人在树下现买，现摘，现吃，谈着笑着，多热闹的。

清凉山在一个角落里，似乎人迹不多。扫叶楼的安排与豁蒙楼相仿佛③，但窗外的景象不同。这里是滴绿的山环抱着，山下一片滴绿的树；那绿色真是扑到人眉宇上来。若许我再用画来比，这怕象王石谷的手笔了④。在豁蒙楼上不容易坐得久，你至少要上台城去看看。在扫叶楼上却不想走；窗外的光景好象满为这座楼而设，一上楼便什么都有了。夏天去确有一股"清凉"味。这里与豁蒙楼全有素面吃，又可口，又贱。

---

① 胭脂井：陈后主在隋军攻占台城之时，与妃张丽华、孔贵嫔投此井。至夜，为隋兵所执，后人因称此井为辱井，又名胭脂井。故址在今南京市玄武湖侧。

② 湘军：1863 年，曾国荃率湘军攻陷雨花台，水师进泊护城河，次年，太平天国的天京被攻破，然后湘军便在南京开始了数日的烧杀抢掠。

③ 扫叶楼：位于南京市鼓楼区清凉山公园，是明末清初画家、金陵八家之首的龚贤的故居，始建于 1664 年，以其自画扫叶僧状小像而得名。

④ 王石谷：即王翚（huī，1632—1717），字石谷，号耕烟散人、剑门樵客、乌目山人、清晖老人等，江苏常熟人，清代著名画家，被称为"清初画圣"。与王鉴、王时敏、王原祁合称山水画家"四王"。

雨花台的石子，人人皆知；但现在怕也捡不着什么了。那地方毫无可看。记得刘后村的诗云①："昔日讲师何处在，高台犹以'雨花'名。有时宝向泥寻得，一片山无草敢生。"我所感的至多也只如此。还有，前些年南京枪决囚人都在雨花台下，所以洋车夫遇见别的车夫和他争先时，常说："忙什么！赶雨花台去！"这和从前北京车说"赶菜市口儿"一样②。现在时移势异，这种话渐渐听不见了。

燕子矶在长江里看，一片绝壁，危亭翼然，的确惊心动魄。但到了上边，逼窄污秽，毫无可以盘桓之处。燕山十二洞，去过三个。只三台洞层层折折，由幽入明，别有匠心，可是也年久失修了。

南京的新名胜，不用说，首推中山陵。中山陵全用青白两色，以象征青天白日，与帝王陵寝用红墙黄瓦的不同。假如红墙黄瓦有富贵气，那青琉璃瓦的享堂，青琉璃瓦的碑亭却有名贵气。从陵门上享堂，白石台阶不知多少级，但爬得够累的；然而你远看，决想不到会有这么多的台阶儿。这是设计的妙处。德国被慈达姆无愁宫前的石阶，也同此妙。享堂进去也不小；可是远处看，简直小得可以，和那白石的飞阶不相称，一点儿压不住，仿佛高个儿戴着小尖帽。近处山角里一座阵亡将士纪念塔，粗粗的，矮矮的，正当着一个青青的小山峰，让两边儿的山紧紧抱着，静极，稳极。——潭墓没去过，听说颇有点丘壑。中央运动场也在中山陵近处，全仿外洋的样子。全国运动会时，也不知有多少照相与描写登在报上；现在是时髦的游泳的地方。

豁蒙楼

---

① 刘后村：即刘克庄（1187—1269），初名灼，字潜夫，号后村，莆田县人，南宋著名诗人。
② 菜市口：北京地名，清代处决犯人的刑场。

中山陵

知识链接

四大古都及其名胜

在中国古代历史上，有一些城市因各种因素，如经济繁荣、交通便利、易守难攻等，而多次被选为都城。其中，西安、洛阳、南京、北京四大古都是历史最为悠久的，同时，这些古都也保存了丰富、厚重的历史遗迹。

西安：西周、秦、西汉、新莽、东汉（献帝初）、西晋（愍帝）、前赵、前秦、后秦、西魏、北周、隋、唐等王朝以西安为都。

名胜：大慈恩寺、大雁塔、曲江、碑林、明城墙、钟楼、鼓楼、大明宫、半坡博物馆、秦始皇兵马俑、华清池、秦始皇陵、兵谏亭、骊山、兴庆宫。

洛阳：夏、商、东周、东汉、三国时期魏、西晋、北魏、隋、郑、大燕、后梁、后晋（高祖初）、后唐均以洛阳为都。

名胜：白云山、龙门石窟、白园、香山寺、关林、白马寺、"天子驾六"车马坑、小浪底。

南京：东吴、东晋、南朝（宋、齐、梁、陈四朝）、南唐、明、太平天国、中华民国以此为都。

名胜：鸡鸣寺、豁蒙楼、玄武湖、清凉山、莫愁湖、秦淮河、夫子庙、雨花台、燕子矶、中山陵。

北京：辽、金、元、明、清五朝以此为都。

名胜：元大都遗址、故宫、天安门广场、天坛、恭王府、雍和宫、白塔寺、法源寺、潭柘寺、八大处、颐和园、圆明园、香山、八达岭长城、青龙峡。

思考题

1. 请从地理、交通等角度概述南京的重要地位。

2. 查阅资料，从政治、经济、文化、地理等方面说说古人选择长安、洛阳、北京、南京作为首都的理由。

参考书目

赵荣：《中国古代地理学》，北京：商务印书馆1997年版。

周振鹤：《中国历史政治地理十六讲》，北京：中华书局2013年版。

周迅：《中国的地方志》，北京：商务印书馆1998年版。

谢凝高：《中国的名山大川》，北京：商务印书馆1997年版。

葛晓音：《中国的名胜古迹》，北京：商务印书馆1995年版。

吴松弟：《中国古代都城》，北京：商务印书馆1998年版。

宅兹中国

导语

古代中国在城市、宫殿、寺庙、园林等建筑方面有着巨大的成就，并形成了特有的哲学理念和审美思想，对人类文明作出了重要的贡献。

中国古代的都邑、房屋都以方形为主，这与天圆地方的观念有关。而在这个简单的几何图形中，居中的坐标原点占据着最重要的位置。"中"的观念由来已久，商代甲骨文中，就透露出当时中国人已经具备关于东西南北中的认识。在所有的方位中，"中"无疑至关重要。它是空间的起点，是所有方向的交汇处，因而是最尊贵的方位。"王者必居天下之中"，"择天下之中而立国，择国之中而立宫"（《吕氏春秋·慎势篇》）。空间的居中和帝王的至尊联系起来，都城、皇宫的地理位置、营造格局，其实都是帝王中心论在空间上的反映。

成书于春秋末年的《考工记》这样追述东周都城洛邑的营造制度："匠人营国，方九里，旁三门。国中九经九纬，经涂九轨；左祖右社，面朝后市；市朝一夫。"方正的城市外廓，以贯串全城南北的中轴线为对称轴的东西对称格局，皇宫位于全城中轴线上的显赫地位，严格的纵横正交的街道网格，以及以左祖右社作为宫殿的陪衬，这些都渗透了皇权至上、等级严格的宗法伦理政治观念。

中国建筑的类别，根据功用的不同大体可分为宫殿、寺观和民居三类。宫殿建筑以北京紫禁城为代表。全宫有一条从南到北的纵轴线，也是建筑群的中轴线。从南头宫殿区起点大明门算起，穿过皇城、宫城，至景山，又可分为三节。每一节和各节中的每一小段，艺术手法和艺术效果各有不同，但都围绕着皇权这一主题，相互连贯，前后呼应，一气呵成。民居主要有院落民居和天井民居。北方院落格局对外封闭、对内开敞，所显现的向心凝聚的气氛，是中国大多数民居特点的表现。南方盛行天井民居，"天井"其实也是院落，只是较小。这是根据南方的地形和气候而形成的建筑特征，天井四面或左右后三面围以楼房，外围耸起马头山墙，以利于通风和防火。至于寺观，在古代中国，由于总的政治思想结构是以儒家为正统，儒、道、佛互补互渗，寺观的建筑形制也就大体趋同于宫廷、邸宅，宗教建筑与世俗建筑并没有根本差异。宗教建筑中最具特殊性的是塔。塔是佛教传入后，两种文化交流融合的产物，中国佛塔造型多变，建筑材料多样，以楼阁式和密檐式为主，明清时期又出现了大量的文峰塔，用以震慑妖孽或补全风水。中国各地的古塔遗迹也都成为文化名胜。

除了以"中"为尊，不管是哪类建筑，还具有这样两个特征：一是以木结构为主，二是采用了院落式的组合方法。西方基于对永恒的神性的向往，总是追求一种现实可视的不朽，凡重要建筑都用石头建造；而深受儒家思想影响、神学观念淡漠的中国人，更重视的是一种内在精神的不朽，对于"身外之物"，包括建筑，总是持一种相当现实的态度。由于受到木制梁柱结构的限制，中国建筑的外部形体不够多样，内部空间也不够发达，但由于中国人特别突出的群体观念，很早就发展了群体构图的概念，即通过多样化的院落方式，把各个构图因素有机组织起来，从而形成总体上量的壮丽和形的丰富。

园林是建筑艺术的重要关注对象。它是运用山、水、植物等自然物，加上建筑，组成一个风景优美、供人居住和休憩的环境。中国古典园林按其属性，可分为皇家园林、私家园林、寺观园林和公共园林等不同类别。而从其美学特征来看，大体有以下几点：自然美、建筑美、诗画美和意境美。本于自然而又高于自然，是中国古典园林创作的主旨，目的在于求得一个凝练、典型而又不失其自然生态的山水环境，使其合乎自然之理，富有天成之趣。与宫殿、民居等受儒家礼制影响而对称均齐的布局不同，园林建筑的自然谐和之美体现了"道法自然"的哲理，是儒、道两种思想在建筑空间的不同反映。中国古典园林又具有诗画美、意境美，往往融铸时间艺术的诗和空间艺术的画于园林艺术，使得园林从总体到局部都包含着浓郁的诗画情趣，进而形成情景交融的意境。这些特点是中国古代哲理和思维方式在园林艺术领域内的具体表现。

主题课文

两都赋（节选）①

班　固

> **提示**
>
> 　　本文铺陈了长安形势的险要、都城的壮丽宏大、宫殿的奇伟华美，以及物产的丰饶富庶，令人可以想见泱泱大汉的皇城胜景。汉室宫殿以未央宫最为有名。汉高祖称帝后，由刘邦的重臣萧何监造，为皇帝朝会之处。未央宫平面呈方形，四面各有一门，周筑围墙，东、西两墙各长 2150 米，南、北两墙各 2250 米，面积约 5 平方公里，相当于 7 个北京故宫大小，占汉长安城总面积 1/7 左右，建筑壮丽宏伟。宫内主要建筑有前殿、宣室等殿和天禄、石渠等阁，共 40 余座。自未央宫建成后，汉代皇帝都居住于此。在后世诗词中，未央宫已成为汉宫的代名词。

　　汉之西都，在于雍州，实曰长安②。左据函谷、二崤之阻③，表以太华、终南之山④。右界褒斜、陇首之险，带以洪河、泾渭之川⑤。众流之隈，汧涌其西⑥。华实之毛⑦，则九州之上腴焉⑧。防御之阻，则天下之陾区焉⑨。是故横被六合，三成帝畿⑩，周以龙兴，

---

① 《两都赋》是班固创作的大赋，分《西都赋》《东都赋》两篇。本文节选自《西都赋》。班固（32—92），字孟坚，东汉扶风安陵（今陕西咸阳东北）人，汉代文学家、史学家，创作了我国第一部纪传体断代史《汉书》。两都：指西都长安和东都洛阳。

② "汉之"三句：秦地于禹贡时，跨雍、梁二州。汉兴，立都长安。

③ 函谷：关名，在今河南灵宝县南，乃秦之东关。东至崤山，西至宝津，深险如函，故名函谷。二崤：崤，即崤山。在河南洛宁县北，西北接陕县，东接渑池，山分东西二崤。

④ 表：标。太华：《山海经》曰："华首之山西六十里曰太华山。"终南：秦岭西自武功县境、东至蓝田县境的总称，简称南山。

⑤ 褒斜：谷名。陇首：山名。洪河：大河。泾、渭：二水名。

⑥ 众流之隈（wēi），汧（qiān）涌其西：水流弯曲流淌，聚集在长安的西面。

⑦ 华实：果木之食。

⑧ 腴：肥沃。田之肥沃居九州之上，言第一。

⑨ 陾（yù）：河岸弯曲的地方。

⑩ 六合：四方上下为六合。三成帝畿：谓周、秦、汉三次成为帝王的京畿。

秦以虎视。及至大汉受命而都之也，仰睎东井之精^①，俯协河图之灵^②。奉春建策，留侯演成^③。天人合应，以发皇明，乃眷西顾，实惟作京。于是睎秦岭，峨北阜^④，挟酆灞，据龙首。图皇基于亿载^⑤，度宏规而大起。肇自高而终平^⑥，世增饰以崇丽。历十二之延祚^⑦，故穷奢而极侈。建金城而万雉^⑧，呀周池而成渊^⑨。披三条之广路，立十二之通门。内则街衢洞达，闾阎且千^⑩，九市开场，货别隧分^⑪。人不得顾，车不得旋，阗城溢郭，旁流百廛^⑫。红尘四合，烟云相连。于是既庶且富^⑬，娱乐无疆。都人士女，殊异乎五方^⑭。游士拟于公侯，列肆侈于姬姜^⑮。乡曲豪举，游侠之雄，节慕原、尝，名亚春、陵^⑯。连交合众，骋骛乎其中^⑰。

其宫室也，体象乎天地^⑱，经纬乎阴阳。据坤灵之正位，仿太紫之圆方^⑲。树中天之华阙^⑳，丰冠山之朱堂^㉑。因瑰材而究奇，抗应龙之虹梁^㉒。列棼橑以布翼，荷栋桴而高骧^㉓。雕玉瑱以居楹，裁金璧以饰珰^㉔。发五色之渥彩，光焰朗以景彰。于是左城右平^㉕，

① 东井：即井宿，二十八宿之一。因在玉井之东，故称。
② 河图：传为《周易》一书的来源。
③ 奉春：娄敬，被刘邦称为奉春君；留侯：张良。二人皆为刘邦的重要谋士。
④ 睎（xī）：望。峨（é）：视、望。
⑤ 亿载：久远。
⑥ "肇自"句：始于高祖，终于平帝，为十二世。
⑦ 延祚：长久的福禄。
⑧ 金城：形容坚固的城墙。《盐铁论》曰："秦四塞以为固，金城千里。"雉：长三丈，高一丈。
⑨ 呀：大空貌。
⑩ 闾：里门。阎：里中门。
⑪ 隧：列肆道也。
⑫ 阗（tián）：同"填"，满也。廛（chán）：市物邸舍，又五亩曰廛。
⑬ 既庶且富：《论语》曰："子适卫，冉有仆。子曰：'既庶矣哉。'冉有曰：'既庶矣，又何加哉？'曰：'富之。'"是说人口众多，生活富足。
⑭ 五方：东、南、西、北、中，此泛指各方。
⑮ "游士"两句：指平民的车马服饰比列侯贵妇还要奢侈。
⑯ 原：平原君。尝：孟尝君。春：春申君。陵：信陵君。
⑰ 骋：直驰也。骛：乱驰也。
⑱ 体象：仿照，象征。
⑲ 坤灵：地神。太紫：太微、紫微星宫。
⑳ 中天：周穆王筑台，号曰中天之台。华：华美。阙：《汉书》曰："萧何立东阙、北阙。"
㉑ 丰：《周易》曰："丰其屋。"广也。冠山：言未央殿在龙首山上，如戴太冠。
㉒ 抗：举。应龙虹梁：梁形似龙而曲如虹。
㉓ "列棼"两句：指栋上布椽如翼，虹梁荷负而举。棼、桴皆指栋，屋的正梁。橑，椽，放在檩上架着屋顶的木条。
㉔ "雕玉瑱（tián）"句：言雕刻玉础，以立楹柱。"裁金璧"句：指屋椽头的装饰，以璧饰之。
㉕ 城（cè）：台阶。

重轩三阶①。闺房周通，门闼洞开。列钟虡于中庭②，立金人于端闱。仍增崖而衡阈③。临峻路而启扉④。徇以离殿别寝，承以崇台闲馆，焕若列星，紫宫是环⑤。

周庐千列⑥，徼道绮错⑦。辇路经营⑧，修除飞阁。自未央而连桂宫，北弥明光而亘长乐⑨。凌隥道而超西墉，掍建章而连外属⑩。设璧门之凤阙，上觚棱而栖金爵⑪。内则别风之嶕峣⑫，眇丽巧而耸擢。张千门而立万户，顺阴阳以开阖。尔乃正殿崔嵬，层构厥高，临乎未央。经骀荡而出馺娑，洞枍诣以与天梁⑬。上反宇以盖戴⑭，激日景而纳光⑮。神明郁其特起⑯，遂偃蹇而上跻⑰。轶云雨于太半⑱，虹霓回带于棼楣⑲。虽轻迅与僄狡⑳，犹愕眙而不能阶㉑。攀井干而未半㉒，目眴转而意迷㉓，舍棂槛而却倚，若颠坠而复稽㉔。魂怳怳以失度㉕，巡回涂而下低，既惩惧于登望㉖，降周流以彷徨㉗。步甬道以萦纡㉘，又杳窱而不见阳㉙。排飞闼而上出，若游目于天表，似无依而洋洋㉚。前唐中而后太液㉛，

---

① 轩：楼板。
② 钟虡（jù）：放钟的架子。端闱：皇宫的正门。
③ 仍：顺着。阈：门槛。
④ 峻路：大路。
⑤ 紫宫：神话中天帝的居室，此喻帝王宫禁。
⑥ 周庐：皇宫周围所设警卫庐舍。
⑦ 徼道：巡逻警戒的道路。
⑧ 辇路：天子车驾所经的道路。
⑨ 亘：通"亘"，竟也。弥：终。
⑩ "凌隥道"两句：登上阁道可以超过墉城，通过建章宫可与外面相连。
⑪ 觚（gū）棱：阙角。金爵：指建章宫阙上的铜凤凰。
⑫ 别风：建章宫东有折风阙。折风，又名别风。嶕峣（jiāo yáo）：高耸貌。
⑬ 骀荡、馺娑（sà suō）、枍（yì）诣、天梁：皆为宫殿名。
⑭ 反宇：屋檐上仰起的瓦头。盖戴：覆罩。
⑮ 激日景而纳光：言宫殿光辉，外激于日，日影下照，而反纳其光也。
⑯ 神明：台名。
⑰ 偃蹇：高耸。跻：升。
⑱ 轶：过。
⑲ 棼楣：楼阁的栋梁。
⑳ 僄狡：敏捷勇猛。
㉑ 愕眙：惊讶貌。阶：达到。
㉒ 井干：楼名。
㉓ 眴：视而不明。
㉔ 稽：留止。
㉕ 怳怳：不能自持貌。
㉖ 惩：恐惧。
㉗ 周流：周行。
㉘ 萦纡：回曲。
㉙ 杳窱（tiǎo）：幽深貌。
㉚ 洋洋：无所归貌。
㉛ 唐中、太液：为建章宫中池名。太液池中有蓬莱、方丈、瀛洲三岛，象征海上仙山。

揽沧海之汤汤。扬波涛于碣石，激神岳之罃罃①。滥瀛洲与方壶②，蓬莱起乎中央。于是灵草冬荣，神木丛生。岩峻嶀崒③，金石峥嵘。抗仙掌以承露，擢双立之金茎。轶埃壒之混浊，鲜颢气之清英④。骋文成之丕诞，驰五利之所刑⑤。庶松乔之群类⑥，时游从乎斯庭。实列仙之攸馆，非吾人之所宁。

汉未央宫复原图

唐大明宫遗址

① 罃（qiāng）罃：水激石的声音。
② 滥：泛滥。方壶：传说中的海上五座仙山之一。
③ 嶀（qiú）崒（zú）：峥嵘、高峻的样子。
④ "抗仙掌"四句：言承露之高。《汉书》曰："孝武又作柏梁、铜柱、承露仙人掌之属也。"金茎：铜柱。埃壒（ài）：尘土。颢气：洁白清鲜之气。
⑤ "骋文成"两句：驰骋文成、五利的大术法。文成、五利，皆为武帝时方士。
⑥ 松乔：指赤松子、王子乔，传说中的仙人。

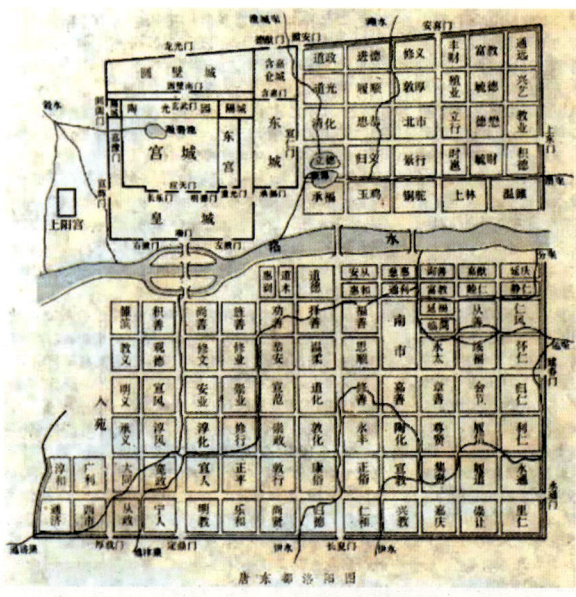

唐东都洛阳图

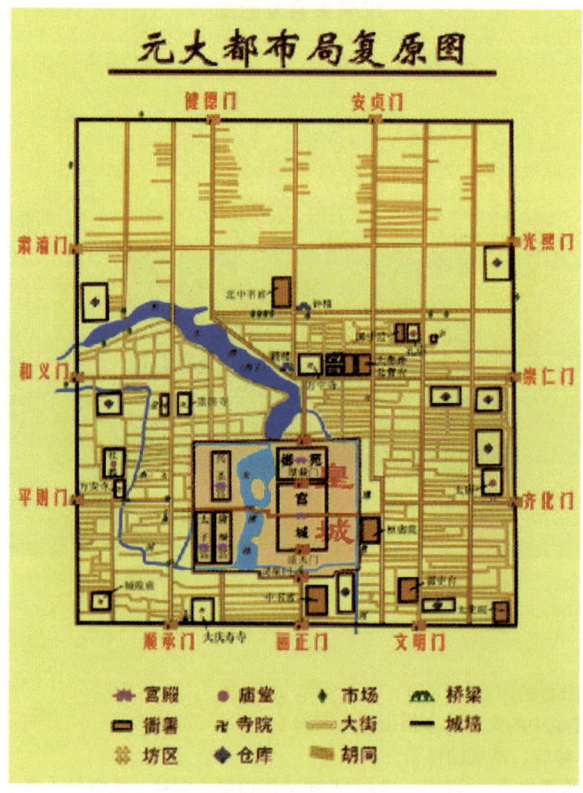

元大都布局复原图

知识链接

大明宫：位于唐京师长安（今陕西西安）北侧的龙首原，大唐帝国的宫殿，是当时的政治中心和国家象征。始建于 634 年，原名永安宫，是唐长安城的三座主要宫殿（大明宫、太极宫、兴庆宫）中规模最大的，称为"东内"。自唐高宗起，先后有 17 位唐朝皇帝在此处理朝政，历时达二百余年。大明宫是当时全世界最辉煌壮丽的宫殿群，其建筑形制影响了当时东亚地区多个国家的宫殿的建设。大明宫占地 350 公顷，是明清北京紫禁城的 4.5 倍，被誉为千宫之宫、丝绸之路的东方圣殿。896 年，大明宫毁于唐末的战乱。

东都洛阳：隋唐东都城遗址位于今河南省洛阳市。隋炀帝大业元年（605 年）营建。南对伊阙，北据邙山，唐朝君主居洛前后共 40 余年，称为东都。宫城和皇城都建于地势最高的西北隅，并形成夹城。外郭城共设 8 个城门。城内有 103 坊，街道纵横相交成棋盘式布局。唐东都城的宫室创自隋朝。隋代基本奠定了东都的形制，唐高宗时又对东都略作整修，其中较重要的改革是修建了上阳宫，成为东都的主要宫殿。这和长安的大明宫一样，避开了洛阳原有宫城的布局。隋唐时期中原城市形态布局对周边地区和国家产生很大影响。如日本京都的城市建设即仿自洛阳，故又被称为洛阳，市内各地区至今仍留有洛中、洛西、洛南、洛北等称呼。在布局上，城北中央为皇室所在的宫城，宫城之外是作衙署之用的皇城，皇城之外是一般官吏、平民居住的都城。全城街道纵横，对称相交，形如棋盘。

思考题

1. 从这篇赋中能看出长安宫室的建筑有何特色？
2. 西汉长安的都城形制和宫殿建筑对后世有哪些影响？

拓展课文

园冶（节选）①

计　成

提示

《园冶》论述了宅园、别墅营建的原理和具体手法，总结了造园经验，是一部研究古代园林的重要著作。全书共3卷，分为《园说》和《兴造论》两部分。其中《园说》又分为相地、立基、屋宇、装折、门窗、墙垣、铺地、掇山、选石、借景10篇。作者阐述了造园的观点，详细记述了如何相地、立基、铺地、掇山、选石，并绘制了两百余幅造墙、铺地、造门窗等的图案。书中既有作者对于实践的总结，也有他对园林艺术的独创见解和精辟论述。此处所选为《园说》的总论部分。

凡结林园②，无分村郭，地偏为胜，开林择剪蓬蒿③；景到随机④，在涧共修兰芷。径缘三益⑤，业拟千秋，围墙隐约于萝间，架屋蜿蜒于木末⑥。山楼凭远，纵目皆然；竹坞寻幽，醉心既是。轩楹高爽⑦，窗户虚邻；纳千顷之汪洋，收四时之烂漫。梧阴匝地⑧，槐荫当庭；插柳沿提，栽梅绕屋；结茅竹里⑨，浚一派之长源⑩；障锦山屏，列千寻之耸

---

① 本文选自《园冶》（中国建筑工业出版社1988年版）。《园冶》是中国古代造园专著，也是中国第一本园林艺术理论的专著。计成（1579—?），明末著名造园家，字无否，吴江（今属江苏）人。

② 结：缔结，建造。

③ 择剪：挑选和修剪。

④ 景到随机：景物可因借随机。

⑤ 三益：指梅竹石。罗大经《鹤林玉露》："东坡赞文与可梅竹石云：'梅寒而秀，竹瘦而寿，石丑而文。'是谓三益之友。"

⑥ 木末：树梢。

⑦ 轩楹：堂前的廊柱，这里借指廊间。

⑧ 匝（zā）地：遍地。

⑨ 结茅：结盖茅屋，或编茅为屋。

⑩ 浚（jùn）：疏通，挖深。

翠①，虽由人作，宛自天开。刹宇隐环窗，仿佛片图小李②；岩峦堆劈石，参差半壁大痴③。萧寺可以卜邻④，梵音到耳⑤；远峰偏宜借景，秀色堪餐。紫气青霞，鹤声送来枕上；白苹红蓼，鸥盟同结矶边⑥。看山上个篮舆⑦，问水拖条枞杖⑧；斜飞堞雉⑨，横跨长虹；不羡摩诘辋川⑩，何数季伦金谷⑪。一湾仅于消夏，百亩岂为藏春；养鹿堪游，种鱼可捕。凉亭浮白⑫，冰调竹树风生；暖阁偎红，雪煮炉铛涛沸⑬。渴吻消尽，烦顿开除。夜雨芭蕉，似杂鲛人之泣泪⑭；晓风杨柳，若翻蛮女之纤腰。移竹当窗，分梨为院；溶溶月色，瑟瑟风声；静扰一榻琴书，动涵半轮秋水⑮，清气觉来几席，凡尘顿远襟怀；窗牖无拘，随宜合用⑯；栏杆信画，因境而成。制式新番，裁除旧套；大观不足，小筑允宜⑰。

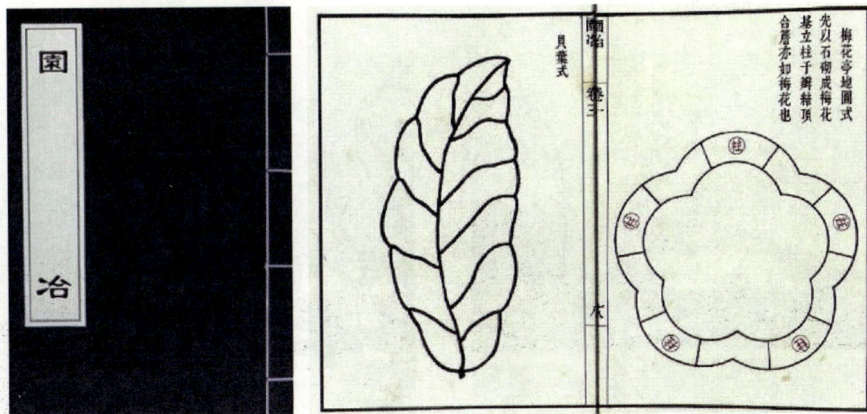

《园冶》书影

① 千寻：古以八尺为一寻，"千寻"形容极高或极长。
② 仿佛片图小李：犹如李昭道的金碧山水小景。李昭道为唐宗室，著名画家，世称小李将军。
③ 参差半壁大痴：好像黄公望笔下雄伟的山水长卷。黄公望为元代著名画家，号大痴道人。
④ 萧寺：佛寺。唐李肇《唐国史补》卷中："梁武帝造寺，令萧子云飞白大书'萧'字，至今一'萧'字存焉。"后因称佛寺为萧寺。
⑤ 梵音：颂经之声。
⑥ 鸥盟：与鸥鸟结盟。
⑦ 篮舆：古代供人乘坐的交通工具，形制不一，一般以人力抬着行走。
⑧ 枞杖：手杖。
⑨ 斜飞堞（dié）雉：城墙斜飞于半空。堞，城上如齿状的矮墙。
⑩ 摩诘辋川：唐代诗人兼画家王维有辋川别业。摩诘是王维的字。
⑪ 季伦金谷：西晋石崇有豪奢的金谷别墅。季伦是石崇的字。
⑫ 浮白：饮酒。
⑬ "雪煮"句：煮雪烹茶，沸如涛声。
⑭ 鲛人泣泪：晋干宝《搜神记》卷十二："南海之外，有鲛人，水居如鱼，不废织绩，其眼泣，则能出珠。"
⑮ "动涵"句：（秋风）吹皱了倒映着半轮明月的湖水。
⑯ "窗牖"两句：窗隔和户牖并无定式，总要随机应变、因地制宜。
⑰ "大观"两句：称大观虽不足，建小筑正合宜。

拙政园

留园

颐和园

承德避暑山庄

知识链接

苏州园林：是江苏苏州山水园林建筑的统称，以私家园林为主，起始于春秋吴国建都姑苏时（吴王阖闾时期，前514—前496年），形成于五代，成熟于宋代，兴旺鼎盛于明清。到清末，苏州已有各色园林一百七十多处，现保存完整的有六十多处，对外开放的园林有十九处。1997年，苏州古典园林作为中国园林的代表被列入《世界遗产名录》。其中沧浪亭、狮子林、拙政园和留园分别代表了宋、元、明、清四个朝代的艺术风格，被称为苏州四大名园。拙政园、留园又与北京颐和园、承德避暑山庄并称为中国四大古典名园。苏州园林一般占地面积不大，但以意境见长，以独具匠心的艺术手法在有限的空间内点缀安排，移步换景，形成充满诗情画意的写意山水园林，有"咫尺之内，再造乾坤"之誉，是中华园林文化的翘楚和骄傲。

颐和园：位于北京西北郊，原是清朝帝王的行宫和花园，前身为清漪园。咸丰十年（1860年），清漪园被英法联军焚毁。光绪十四年（1888年），慈禧太后以筹措海军经费的名义动用3000万两白银重建，改称颐和园。1998年11月被列入《世界遗产名录》。颐和园主要由万寿山和昆明湖两部分组成，借景周围的山水环境，既充分体现了中国皇家园林的恢弘富丽气势，又充满了自然之趣，高度体现了"虽由人作，宛自天开"的造园准则。人工景观与自然山水和谐地融为一体，构思巧妙，集中国古典园林建筑艺术之大成。

思考题

1. 简述《园冶》"虽由人作，宛自天开"体现的造园思想。
2. 选择一处附近中国古典园林，实地考察，谈谈它的特色。

景明寺[①]

杨衒之

提示

佛寺是中国园林建筑的重要组成部分。魏晋南北朝时期佛教盛行，佛寺园林也遍及各地，而京城尤多。北魏杨衒之的《洛阳伽蓝记》便记载了都城洛阳的著名佛寺。其中的皇家佛寺往往集富丽与庄严于一身，成为佛寺园林的代表。景明寺就是这样一所皇家佛寺。它既占地利之便，有形胜之概，建筑精美，装饰华丽，寺中遍植竹松兰芷，芳香馥郁，能将人工之巧与自然之妙完美融汇。至于文中"梵乐法音"与"百戏腾骧"的描写，正体现了古代佛寺园林所兼具的宗教信仰与世俗享乐之功能。

---

① 本文选自《洛阳伽蓝记》（中华书局2011年版）。《洛阳伽蓝记》记述了北魏都城洛阳的城内、城东、城南、城西、城北等佛寺七十余处，包括其建筑形貌、兴衰过程、人物故实等，内容十分丰富，是一部具有历史、文学、宗教等多方面价值的著作。

　　景明寺①，宣武皇帝所立也②。在宣阳门外一里御道东③。其寺东西南北，方五百步。前望嵩山、少室，却负帝城④。青林垂影，绿水为文⑤。形胜之地，爽垲独美⑥。山悬堂观⑦，光盛一千余间⑧。复殿重房，交疏对霤⑨。青台紫阁，浮道相通⑩。虽外有四时，而内无寒暑。房檐之外，皆是山池。竹松兰芷，垂列阶墀⑪。含风团露，流香吐馥。至正光年中⑫，太后始造七层浮图一所⑬，去地百仞。是以邢子才《碑文》云⑭："俯闻激电，旁属奔星"是也⑮。妆饰华丽，侔于永宁⑯。金盘宝铎，焕烂霞表⑰。寺有三池，萑蒲菱藕⑱，水物生焉。或黄甲紫鳞，出没于蘩藻，或青凫白雁，浮沉于绿水。碾硙春簸⑲，皆用水功。伽蓝之妙⑳，最为称首。时世好崇福㉑，四月七日㉒，京师诸像，皆来此寺。尚书祠部曹录像凡有一千余躯。至八日，以次入宣阳门，向阊阖宫前受皇帝散花㉓。于时金花映日，宝盖浮云，旛幢若林㉔，香烟似雾。梵乐法音㉕，聒动天地。百戏腾骧㉖，所在

---

　① 景明：宣武帝的年号（500—503）。
　② 宣武皇帝：魏世宗元恪，500—515 年在位。
　③ 宣阳门：洛阳正南门。
　④ 却负：背负。帝城：指京城洛阳。
　⑤ 文：同"纹"。
　⑥ 爽：明朗。垲（kǎi）：高而干燥。
　⑦ 山悬堂观：那些佛寺好似悬挂在山上。堂、观，此处指佛寺建筑。
　⑧ "光盛"句：指建筑物灿烂众多。
　⑨ 交疏：交错的窗户。疏，刻雕的窗户。对霤（liù）：檐霤相对，形容屋宇稠密相接。
　⑩ 浮道：指楼台之间凌空相接的通道。
　⑪ 阶墀（chí）：台阶，亦指阶面。
　⑫ 正光：魏孝明帝（元诩）的年号（520—525）。
　⑬ 太后：魏孝明帝的母亲胡氏。浮图：梵语 Buddha 的音译，指佛塔。
　⑭ 邢子才：名邵，字子才，北魏著名文人。
　⑮ "俯闻"二句：俯身能听到雷声在下，旁边能看到流星滑过。形容寺塔极高。激电：指雷声。属（zhǔ）：一本作瞩，看。奔星：流星。
　⑯ 侔：比、配。永宁：寺名。
　⑰ 霞表：云霞之外，指高空。
　⑱ 萑（huán）：植物名，似苇而小，实心。
　⑲ 硙（wèi）：摩擦。春：捣米。簸：簸扬。
　⑳ 伽蓝：指佛寺。
　㉑ 崇福：拜佛求福。
　㉒ 四月七日：释迦牟尼的诞日为农历四月八日，例有盛会，所以在四月七日要先做种种准备。
　㉓ 散花：皇帝向佛像散花，表示敬意。
　㉔ 旛幢（fān chuáng）：指寺庙的旗帜。旛，通"幡"，长幅下垂的旗。幢，经幢。
　㉕ 梵乐法音：指佛教音乐。梵，指印度。法，佛法。
　㉖ 腾骧：飞跃，奔腾。骧（xiāng），马昂首。

骈比①。名僧德众②，负锡为群③。信徒法侣④，持花成薮⑤。车骑填咽⑥，繁衍相倾⑦。时有西域胡沙门见此，唱言佛国⑧。至永熙⑨年中，始诏国子祭酒邢子才为寺碑文。

洛阳白马寺

承德避暑山庄外八庙

西安大雁塔

扶风法门寺

① 所在：各处。骈比：排列，指人群聚集。
② 德众：指有德的僧众。
③ 锡：指锡杖，僧人的一种手杖。
④ 法侣：指信佛之人。
⑤ 薮（sǒu）：草木丛生的地方。
⑥ 填咽：堵塞，拥挤。
⑦ 繁衍：众多。相倾：相倾侧。
⑧ 唱言：称赞。
⑨ 永熙：魏孝武帝（元修）的年号（532—534）。

独乐园记①

司马光

独乐园是文人园林的代表。所谓文人园林，是指包含着文人的审美品味和精神旨趣的园林建筑。熙宁四年（1071），司马光因反对王安石变法而退居洛阳，两年后建独乐园。独乐园占地二十亩，规模并不算大，建筑更谈不上精美，但在当时名流聚集的东都洛阳声名显赫（见李格非《洛阳名园记》），原因正在于它的文化气质。从这篇"记"可以看出，不论是"独乐园"，还是"读书堂""钓鱼庵""种竹斋""采药圃"等，这些命名莫不富含意蕴。此后的文人园林不仅以布局和建筑体现文人意趣，也往往重视园林景致和亭台楼阁的命名，一方面赋予园林以文化品味，另一方面也借此昭示自己的人生追求。

孟子曰："独乐乐②，不如与人乐乐；与少乐乐，不若与众乐乐。"此王公大人之乐，非贫贱所及也。孔子曰："饭蔬食饮水③，曲肱而枕之④，乐在其中矣。"颜子"一箪食，一瓢饮""不改其乐"⑤。此圣贤之乐，非愚者所及也。若夫"鹪鹩巢林，不过一枝；偃鼠饮河，不过满腹"⑥，各尽其分而安之，此乃迂叟之所乐也⑦。

熙宁四年，迂叟始家洛；六年，买田二十亩于尊贤坊北关，以为园。其中为堂，聚书出五千卷，命之曰"读书堂"。堂南有屋一区，引水北流，贯宇下⑧。中央为沼⑨，方深各三尺⑩。疏水为五派，注沼中，若虎爪。自沼北伏流出北阶⑪，悬注庭中⑫，若象鼻。

---

① 本文选自《全宋文》卷1224《司马光》（上海世纪出版股份有限公司2006年版）。编者对全文进行了分段。
② 独乐（yuè）乐（lè）：独自欣赏音乐的快乐。
③ 饭蔬食：吃粗粮。
④ 曲肱：弯着胳膊。
⑤ 颜子：指孔子的弟子颜回，陋巷简居而能安贫乐道。
⑥ 鹪鹩（jiāo liáo）：一种鸟，小型、短胖而活跃。语出《庄子·逍遥游》。
⑦ 迂叟：作者自称。迂，言行见解不合时宜。
⑧ "引水"两句：引水往北流，贯连屋下。
⑨ 沼：水池。
⑩ 方：方圆。
⑪ 伏：隐蔽地。
⑫ 悬注：悬空注入。

自是分而为二渠，绕庭四隅①，会于西北而出，命之曰"秀水轩"。堂北为沼，中央有岛，岛上植竹。圆若玉玦②，围三丈，揽结其杪③，如渔人之庐，命之曰"钓鱼庵"。沼北横屋六楹④，厚其墉茨⑤，以御烈日。开户东出，南北列轩牖，以延凉飔⑥。前后多植美竹，为消暑之所，命之曰"种竹斋"。沼东治地为百有二十畦，杂莳草药⑦，辨其名物而揭之⑧。畦北植竹，方若棋局。径一丈，曲其杪，交相掩以为屋。植竹于其前，夹道如步廊，皆以蔓药覆之。四周植木药为藩援⑨，命之曰"采药圃"。圃南为六栏，芍药、牡丹、杂花各居其二。每种止植两本，识其名状而已，不求多也。栏北为亭，命之曰"浇花亭"。洛城距山不远，而林薄茂密，常若不得见。乃于园中筑台，构屋其上，以望万安、轩辕，至于太室⑩，命之曰"见山台"。

迂叟平日多处堂中读书，上师圣人，下友群贤，窥仁义之原，探礼乐之绪⑪。自未始有形之前，暨四达无穷之外⑫，事物之理，举集目前。所病者⑬，学之未至，夫又何求于人，何待于外哉⑭！志倦体疲，则投竿取鱼，执衽采药⑮，决渠灌花，操斧剖竹，濯热盥手⑯，临高纵目，逍遥相羊⑰，唯意所适。明月时至，清风自来，行无所牵，止无所柅⑱，耳目肺肠，悉为己有，踽踽焉，洋洋焉⑲，不知天壤之间复有何乐可以代此也。因合而命之曰"独乐园"。

或咎迂叟曰⑳："吾闻君子之乐必与人共之，今吾子独取于己，不以及人，其可乎？"

---

① 四隅：四个角。

② 玉玦（jué）：古玉器名，形如环而有缺口。

③ 揽结其杪（miǎo）：将竹梢收拢打成结。杪，树梢。

④ 楹：古代的房屋计量单位。

⑤ 厚其墉茨：加厚了它的墙壁和屋顶。

⑥ 以延凉飔：用来延纳凉风。

⑦ 莳（shì）：种植。

⑧ 揭：（挂上字牌）作为标志。

⑨ 藩援：藩篱，篱笆。

⑩ 万安、轩辕、太室：皆为山名，在洛阳附近。太室即嵩山。

⑪ 礼乐之绪：礼乐的开端。

⑫ "自未始"两句：期望在未曾获得成就之前就达到进入无穷之外（的境界）。

⑬ 病：担忧。

⑭ 待：期待。

⑮ 执衽：纺织。

⑯ 濯热盥手：灌注热水洗涤双手。

⑰ 逍遥相羊：逍遥自在，徜徉漫游。

⑱ 止无所柅（nǐ）：止息无所羁绊。

⑲ 踽（jǔ）踽：孤独貌。洋洋：自得貌。

⑳ 咎：责备。

迂叟谢曰①："叟愚，何得比君子？自乐恐不足，安能及人？况叟所乐者，薄陋鄙野②，皆世之所弃也，虽推以与人③，人且不取，岂得强之乎④？必也有人肯同此乐，则再拜而献之矣，安敢专之哉⑤!"

苏州沧浪亭

成都杜甫草堂

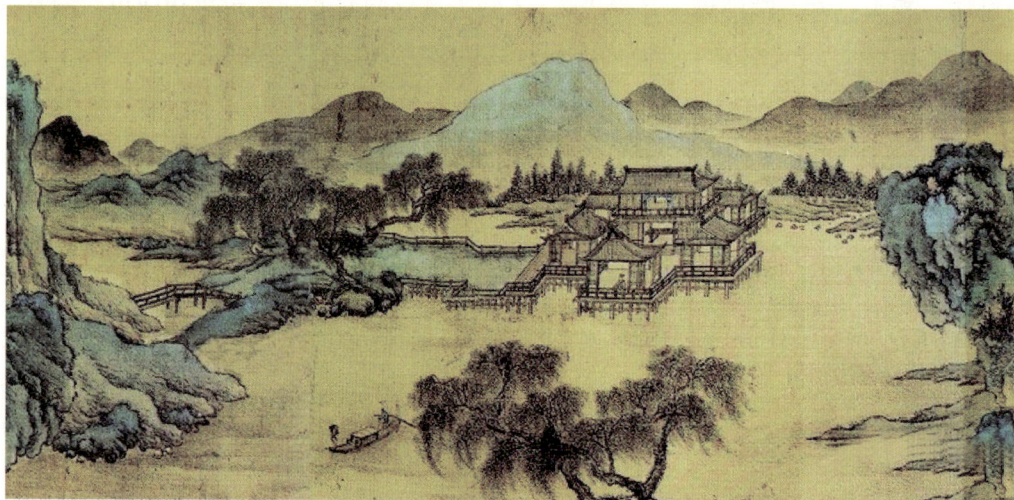

（明）仇英《辋川十景图》

① 谢：致歉。
② 薄陋鄙野：粗俗低下。
③ 推：推荐。
④ 强：强迫。
⑤ 专：专享。

匠人故事二则

提示

　　本节讲述了两位工匠的故事。他们代表了两种类型的工匠：一种是技艺精绝的能工巧匠，一种是技艺不精却善于指挥调度的工匠。怀丙和尚属于前一种类型。他能"不役众工"而换下高耸的大柱，复位欹倒的大桥，在于他能深研巧思，对建筑工艺有精深的把握。梓人则属于后一种类型。虽然连床脚坏了都不会修，但他也有自己的"绝技"：善用心智，善于把握全局，具有领袖才能。柳宗元称赞他是"其术之工大矣"的"智者"。这两类工匠分别体现了长于"技"和长于"道"的特色，而社会的进步，国家的发展，既离不开专门的技术人才，也需要卓越的管理人才。

僧怀丙传（节选）[①]

脱脱等

　　僧怀丙，真定人[②]。巧思出天性，非学所能至也。真定构木为浮图十三级，势尤孤绝[③]。既久而中级大柱坏，欲西北倾，他匠莫能为。怀丙度短长，别作柱，命众工维而上[④]。已而却众工[⑤]，以一介自从[⑥]，闭户良久，易柱下，不闻斧凿声。赵州交河凿石为桥，熔铁贯其中。自唐以来相传数百年，大水不能坏。岁久，乡民多盗凿铁，桥遂欹倒[⑦]，计千夫不能正。怀丙不役众工，以术正之，使复故。

---

① 本文选自《宋史·方技下》（中华书局1985年版）。怀丙：北宋僧人，精于建筑工程技术。
② 真定：今河北正定。
③ 孤绝：孤高险绝。
④ 维：栓系。
⑤ 却：使……离开。
⑥ 一介自从：只让一个人跟着自己。
⑦ 欹（qī）倒：歪倒。

梓人传（节选）①

柳宗元

裴封叔之第，在光德里②。有梓人款其门③，愿佣隙宇而处焉④。所职寻引、规矩、绳墨⑤，家不居斫之器⑥。问其能，曰："吾善度材，视栋宇之制⑦，高深圆方短长之宜，吾指使而群工役焉⑧。舍我⑨，众莫能就一宇。故食于官府⑩，吾受禄三倍；作于私家，吾收其直太半焉⑪。"他日，入其室，其床阙足而不能理⑫，曰："将求他工。"余甚笑之，谓其无能而贪禄嗜货者。

其后京兆尹将饰官署⑬，余往过焉。委群材⑭，会群工，或执斧斤，或执刀锯，皆环立。向之梓人左持引，右执杖，而中处焉。量栋宇之任⑮，视木之能举⑯，挥其杖，曰"斧！"彼执斧者奔而右；顾而指曰："锯！"彼执锯者趋而左⑰。俄而，斤者斫⑱，刀者削，皆视其色⑲，俟其言⑳，莫敢自断者。其不胜任者，怒而退之，亦莫敢愠焉。画宫于堵㉑，盈尺而曲尽其制㉒，计其毫厘而构大厦，无进退焉㉓。既成，书于上栋曰㉔："某年、某月、某日、某建。"则其姓字也。凡执用之工不在列。余圜视大骇㉕，然后知其术之工大

---

① 本文选自《柳宗元集》（中华书局1979年版）。柳宗元（773—819），字子厚，河东（今山西运城一带）人，唐代著名文学家。梓人：木工，建筑工匠。
② 光德里：唐长安巷名。
③ 款：叩。
④ 佣：租。隙宇：空房。
⑤ 职：掌管。寻引：度量工具。规：圆规。矩：曲尺。绳墨：墨斗。
⑥ 居：储备。斫（lóng zhuó）：磨和砍削。
⑦ 视栋宇之制：看房屋的建筑规模。
⑧ 役：具体劳作。
⑨ 舍：（如果）没有。
⑩ 食：谋生。
⑪ "吾收"句：我得到的工钱是总收入的大半。
⑫ 阙足：缺了一个脚。理：修理。
⑬ 饰：修缮。
⑭ 委：摆放着。
⑮ 任：规格。
⑯ 举：用。
⑰ 趋：快步走。
⑱ 斤者：拿斧头的。斤，斧头一类的工具。
⑲ 色：脸色。
⑳ 俟：等待着。
㉑ 堵：墙上。
㉒ "盈尺"句：只有一尺见方的面积，却可以把房屋结构丝毫不差地全部勾画出来。
㉓ 进退：出入。
㉔ 书于上栋：在正梁上题字。
㉕ 圜视大骇：环视四周，大吃一惊。

矣。继而叹曰：彼将舍其手艺，专其心智，而能知体要者欤！吾闻劳心者役人，劳力者役于人。彼其劳心者欤！能者用而智者谋，彼其智者欤！是足为佐天子，相天下法矣①。物莫近乎此也②。

思考题

1. 以景明寺为例，谈谈佛寺建筑的特征。
2. 司马光独乐园的布局和命名有何特色？
3. 柳宗元借"梓人"表达了什么样的道理？

北京的城市格式——中轴线的特征③
梁思成

北京城的凸字形平面是逐步发展而来的。它在十六世纪中叶完成了现在的特殊形状。城内的全部布局则是由中国历代都市的传统制度，通过特殊的地理条件，和元明清三代政治经济实际情况而发展的具体形式。这个格式的形成，一方面是遵循或承袭过去的一般的制度，一方面又由于所尊崇的制度同自己的特殊条件相结合所产生出来的变化运用。北京的体形大部是由于实际用途而来，又曾经过艺术的处理而达到高度成功的。所以北京的总平面是经得起分析的。过去虽然曾很好的为封建时代服务，今天它仍然能很好的为新民主主义时代的生活服务。并还可以再作社会主义时代的都城，毫不阻碍一切有力的发展。它的累积的创造成绩是永远可以使我们骄傲的。

大略说来，凸字形的北京，北半是内城，南半是外城，故宫为内城核心，也是全城的布局重心。全城就是围绕这中心而部署的。但贯通这全部部署的是一根直线。一根长达八公里，全世界最长，也最伟大的南北中轴线穿过了全城。北京独有的壮美秩序就由这条中轴的建立而产生。前后起伏左右对称的体形或空间的分配都是以这中轴为依据的。气魄之雄伟就在这个南北引申，一贯到底的规模。我们可以从外城最南的永定门说起，从这南端正门北行，在中轴线左右是天坛和先农坛两个约略对称的建筑群；经过长长一

---

① 相：治理。
② "物莫"句：事情没有什么比这更近似的了。
③ 本文选自《北京——都市计划的无比杰作》，全文刊于1951年4月出版的《新观察》第二卷第78期。梁思成（1901—1972），广东新会人，著名建筑学家。

条市楼对列的大街，到达珠市口的十字街口之后，才面向着内城第一个重点——雄伟的正阳门楼。在门前百余米的地方，拦路一座大牌楼，一座大石桥，为这第一个重点做了前卫。但这还只是一个序幕。过了此点，从正阳门楼到中华门，由中华门到天安门，一起一伏、一伏而又起，这中间千步廊（民国初年已拆除）御路的长度，和天安门面前的宽度，是最大胆的空间的处理，衬托着建筑重点的安排。由天安门起，是一系列轻重不一的宫门和广庭，金色照耀的琉璃瓦顶，一层又一层的起伏峋峙，一直引导到太和殿顶，便到达中线前半的极点，然后向北，重点逐渐退削，以神武门为尾声。再往北，又"奇峰突起"地立着景山做了宫城背后的衬托。景山中峰上的亭子正在南北的中心点上。由此向北是一波又一波的远距离重点的呼应。由地安门，到鼓楼、钟楼，高大的建筑物都继续在中轴线上。但到了钟楼，中轴线便有计划地，也恰到好处地结束了。中线不再向北到达墙根，而将重点平稳地分配给左右分立的两个北面城楼——安定门和德胜门。有这样气魄的建筑总布局，以这样规模来处理空间，世界上就没有第二个！

紫禁城全景

在中线的东西两侧为北京主要街道的骨干；东西单牌楼和东西四牌楼是四个热闹商市的中心。在城的四周，在宫城的四角上，在内外城的四角和各城门上，立着十几个环卫的突出点。这些城门上的门楼，箭楼及角楼又增强了全城三度空间的抑扬顿挫和起伏高下。因北海和中海、什刹海的湖沼岛屿所产生的不规则布局，和因琼华岛塔和妙应寺白塔所产生的突出点，以及许坛庙园林的错落，也都增强了规则的布局和不规则的变化的对比。在有了飞机的时代，由空中俯瞰，或仅由各个城楼上或景山顶上遥望，都可以看到北京杰出成就的优异。这是一份伟大的遗产，它是我们人民最宝贵的财产，还有人感觉不到吗？

思考题

1. 北京的"中轴线"体现出哪些文化内涵？

2. 查阅资料，谈谈北京城的建筑还有哪些特征。

参考书目

梁思成：《中国建筑史》，天津：百花文艺出版社 2005 年版。

侯幼彬，李婉贞：《中国古代建筑历史图说》，北京：中国建筑工业出版社 2002 年版。

罗哲文：《中国古代建筑》，上海：上海古籍出版社 2001 年版。

王南等：《中国古代建筑知识普及与传承系列丛书·中国古都五书》，北京：清华大学出版社 2012 年版。

陈从周：《说园》，上海：同济大学出版社 2007 年版。

周维权：《中国古典园林史》，北京：清华大学出版社 2011 年版。

第九单元

方外世界

导语

　　方外世界就是宗教世界。中国宗教主要包括佛、道二教。此外，伊斯兰教（旧称回教）和基督教（旧称景教），在中国也有悠久的传播历史。

　　佛教源自印度，其基本教义是：现实世界皆为虚幻，人生充满痛苦，受苦原因在于每个人的"业"（身、口、意等活动）和"惑"（贪、嗔、痴等烦恼），唯有习经、律、论三藏，修戒、定、慧三学，转变世俗知见，才可灭苦脱俗，乃至成佛；否则只能沉沦于轮回之中。大约在东汉初，佛教传入中国。起先在上层社会传播。魏晋南北朝时期，佛经翻译事业大盛，并与中国本土思想进一步融合，至隋唐达到鼎盛，形成具有中国特色的诸多宗派，如天台宗、法相宗、华严宗、净土宗、律宗、禅宗、密宗等，成为主要社会思潮之一。宋以后，禅宗和净土宗成为势力最盛、影响最大的两个宗派，禅宗流行于士大夫之间，而净土宗多传播于民众。佛教丰富了中国的哲学、语言、文学、艺术、建筑等，也促进了医学和历法的发展。

　　道教是中国本土宗教，是由古代巫术、先秦道家学派、汉代神仙方术及黄老道家逐渐融合、演变而成。其主要教义是：人经过一定修炼可以使精神、肉体长生永存，成为神仙。道教以老子为教主，以《道德经》（即《老子》）为主要经典。开始主要流行于民间，至魏晋南北朝时期，道教逐渐走入上层，并以儒家的纲常道德思想充实其教义。入唐，道教被定为国教，盛极一时。宋元时期，以符箓、外丹为主体的旧道教日趋衰落，而以炼养、内丹为主的新道派相继产生。明清时期，道教逐渐衰微，影响不及佛教。道教对中国哲学、文学、艺术、医学、化学都有广泛的影响。

佛教的传入，道教的兴起，打破了汉代确立的儒术独尊的局面。儒、释、道三种意识形态相互斗争又相互融合，成为中古以降的社会常态。传统儒家士大夫对佛、道二教的态度主要有两种：第一种是以激烈的态度排斥二教，其理由不外乎思想和经济二端，即破坏纲常和耗费国用，如韩愈的名文《原道》就持这种观点。第二种是以圆融的心态包容二教，认为三教可以互补，共同造就和谐社会。尽管历代排佛、斥道的呼声不绝于耳，但是三教圆融是历史大势所趋，也符合中国传统文化兼容并蓄的特点。南宋孝宗皇帝《原道辨》所说的"以佛修心，以道养生，以儒治世"，就是对三教圆融的精辟概括。所以，我们今天看待佛、道二教，一方面要尊重历史，尊重信众，另一方面也不妨学习中国古代士大夫的心胸和智慧，从宗教中汲取正能量。事实上，唐宋之后佛教和道教的发展，都有"人间化""生活化"的倾向，并且越发展越趋向于内心的修养：道士们固然会炼丹求仙，但"内丹派"终究取代了"外丹派"；僧人们固然要烧香拜佛，但"明心见性"的禅宗最终大行其道。简而言之，中国宗教的核心精神，不是一味追求成仙成佛，而是先做一个完善的人。在这个意义上，宗教信仰才不是自私自利的封建迷信，而是道德资源、智慧能量，能够与现代精神文明建设相融相洽。我们认识佛、道二教，应该先存这样的看法，才能得其真髓，裨益人生。

主题课文

魏书·释老志（节选）[①]

魏 收

> **提示**
>
> 这篇课文分两段，分别讲解佛、道二教的基本教义。第一段依次讲解了"佛""业""轮回""报应""修心""三归""五戒""六道"、僧尼、居士

[①] 本文节选自《魏书》（中华书局 1974 年版），有删改。《魏书》是一本以纪传体的形式编写的北魏王朝的历史，分为帝纪 14 卷，列传 96 卷，志 20 卷。魏收（506—572），北方史学家、文学家。字伯起，下曲阳（今河北晋州西）人。《释老志》，"释"指佛教，"老"指道教。《释老志》是魏收对纪传体史书体例的创新和发展，它提纲挈领地介绍了佛道二教的起源、发展，并详细记述了二教在北魏的发展情况，是一篇很好的宗教简史。

等概念。第二段依次介绍了道教史上的重要人物如老子、黄帝、帝喾、大禹、尹喜、秦皇、汉武、张道陵等，以及道教的重要概念如"长生""道德""三元""九府""五劫"等，并提到了道教的一些仪轨法术，如设坛、斋沐、炼丹、符篆等。总体看来，佛教在哲学上更深刻、更宏博，而道教在文化源流上更为驳杂，关系到古代中国的诸多文化现象。学习这篇课文，主要目标是理解佛学概念，识记道教历史，为进一步认识古代中国人的宗教生活打下基础。

　　浮屠正号曰佛陀[①]，佛陀与浮图声相近，皆西方言[②]，其来转为二音[③]。华言译之则谓净觉[④]，言灭秽成明[⑤]，道为圣悟[⑥]。凡其经旨，大抵言生生之类[⑦]，皆因行业而起[⑧]。有过去、当今、未来，历三世，识神常不灭[⑨]。凡为善恶，必有报应。渐积胜业[⑩]，陶冶粗鄙[⑪]，经无数形[⑫]，澡练神明[⑬]，乃致无生而得佛道[⑭]。其间阶次心行[⑮]，等级非一，皆缘浅以至深[⑯]，藉微而为著。率在于积仁顺，蠲嗜欲[⑰]，习虚静而成通照也[⑱]。故其始修心则依佛、法、僧，谓之三归[⑲]，若君子之三畏也[⑳]。又有五戒，去杀、盗、淫、妄言、

---

　　① 佛陀：简称"佛"，音译为"浮屠""浮图"等，意译为"觉者""智者"等。小乘佛教讲佛，一般是对释迦牟尼的尊称。大乘佛教除指释迦牟尼之外，还泛指一切修行圆满者。释迦牟尼是佛教创始人，姓乔达摩，名悉达多，是古印度北部迦毗罗卫国的太子，对当时婆罗门教不满，舍弃贵族生活，出家修道，创立佛教。
　　② 西方：指印度。
　　③ 转：翻译中的语音变化。
　　④ 净觉：纯净的觉悟，指佛的智慧。
　　⑤ 秽：污秽的思想与行为。明：清明的智慧。
　　⑥ 道：通"导"，引导。圣悟：神圣的道理。
　　⑦ 生生之类：一切生命及其运转。
　　⑧ 业：泛指一切身心活动。行业，即造业。佛教有"三世因果"说，即现世界人们的贫富穷达，是前生所造善恶诸业决定的结果；今生的善恶行为，亦必导致后生的祸福报应。
　　⑨ 识神：指不灭的精神主体，即灵魂。
　　⑩ 胜业：好的业力，即德业。
　　⑪ 陶冶粗鄙：陶冶情操，去除粗鄙之性。
　　⑫ 无数形：指无数有形的修炼变化。
　　⑬ 澡练：清洗，修炼。神明：指人的精神、心思。
　　⑭ 无生：一切烦恼不会再生，不再处生灭之世间。
　　⑮ 阶次：等级次序。心行：变动不居之心。
　　⑯ 缘：由。
　　⑰ 蠲（juān）：去除。
　　⑱ 习虚静：安于清虚安静的状态。通照：万念皆空从而洞察一切。
　　⑲ 三归：指皈依佛、法、僧三宝，即以佛陀为师，以佛教教义为药，以僧人为友。
　　⑳ 三畏：《论语·季氏》："君子有三畏：畏天命，畏大人，畏圣人之言。"

饮酒，大意与仁、义、礼、智、信同，名为异耳①。云奉持之②，则生天人胜处③，亏犯则坠鬼畜诸苦④。又善恶生处，凡有六道焉。诸服其道者，则剃落须发，释累辞家⑤，结师资⑥，遵律度，相与和居，治心修净，行乞以自给⑦。谓之沙门，或曰桑门，亦声相近，总谓之僧，皆胡言也⑧。僧，译为和命众⑨，桑门为息心，比丘为行乞。俗人之信凭道法者，男曰优婆塞⑩，女曰优婆夷⑪。

道家之原，出于老子⑫。其自言也，先天地生，以资万类⑬。上处玉京⑭，为神王之宗；下在紫微⑮，为飞仙之主。千变万化，有德不德⑯，随感应物⑰，厥迹无常。授轩辕于峨嵋⑱，教帝喾于牧德⑲，大禹闻长生之诀⑳，尹喜受道德之旨㉑。至于丹书紫字㉒，升玄飞步之经㉓；玉石金光㉔，妙有灵洞之说㉕。如此之文，不可胜纪。其为教也，咸蠲去

---

① 名为异耳：意思是佛教"三归"与儒家"三畏"，佛教"五戒"与儒家"五常"，意思相同，只是名称不同。这是一种调和儒释的论调，事实上二者思想有诸多不同。

② 奉持：奉行遵守。

③ 天人胜处：指六道轮回中较好的位置。佛教把善恶流转之处分为六种境地，即六道轮回，包括地狱、鬼、畜生、阿修罗、人、天。前三道为恶道，后三道为善道。众生的善恶行为，会决定轮回转生的趋向。

④ 亏犯：违犯。

⑤ 累：指家眷。

⑥ 结师资：拜师父。

⑦ 行乞：指僧人化缘。

⑧ 胡言：指梵语。

⑨ 和命众：指出家群居的佛教徒众。

⑩ 优婆塞：即男居士。

⑪ 优婆夷：即女居士。

⑫ 老子：道家思想的创始人。后世尊为"老君""太上老君""太上玄元皇帝"。据《史记·老子列传》，老子李姓，名耳，字伯阳，谥曰聃。楚国苦县（今河南鹿邑东）人。曾任东周守藏室之史，即掌管图书文册的官吏，后因周室内乱，去官出函谷关，莫知所终。传说后世道家最权威的经典《道德经》（又称《老子》）为其所作，书中有关"道""自然无为"等思想是后世道家的根本信仰，也是道教教义的理论根据。

⑬ 资：帮助，拯救。

⑭ 玉京：道家称天帝所居之处。

⑮ 紫微：即紫微垣，星官员。古人把星辰分为若干组，一组称为一个星官。重要的星官有三垣、二十八宿，紫微垣即三垣之一。

⑯ 有德不德：有德而不显示德。

⑰ 随感应物：随着事物变化而显现灵感。

⑱ 轩辕：即黄帝，本是历史传说中的人物，姓公孙，名轩辕，乃有熊国君少典之子，后被方士和道教尊奉为神，成为五天帝之一，居中央之位以主四方。

⑲ 帝喾（kù）：相传为上古帝王。姬姓，号高辛氏。相传是黄帝后裔，十五岁佐颛顼，三十岁登帝位，都于亳（今河南偃师），商人称之为先祖。牧德：台名，相传为帝喾受天书之所。

⑳ 大禹：号高密，姒姓，鲧之子。奉舜命继鲧治理洪水，以疏导方法平水治土，发展农业，在外十三年，终于成功。因功大，继舜位，为夏朝第一代王。诀：秘诀。

㉑ 尹喜：春秋末期道家学者，老子弟子。道德：即《道德经》，泛指道教思想。

㉒ 丹书紫字：泛指道教经书。

㉓ 升玄飞步：指飞升成仙。

㉔ 玉石金光：指仙物符谶之类。

㉕ 妙有：玄妙的事物。灵洞：即灵通，洞达灵妙。

邪累，澡雪心神①，积行树功②，累德增善，乃至白日升天，长生世上。所以秦皇、汉武，甘心不息。灵帝置华盖于濯龙③，设坛场而为礼④。及张陵受道于鹄鸣⑤，因传天宫章本千有二百⑥，弟子相授，其事大行。斋祠跪拜⑦，各成法道。有三元九府、百二十官⑧，一切诸神，咸所统摄。又称劫数⑨，颇类佛经。其延康、龙汉、赤明、开皇之属，皆其名也。及其劫终，称天地俱坏。其书多有禁秘，非其徒也，不得辄观。至于化金销玉⑩，行符敕水⑪，奇方妙术，万等千条，上云羽化飞天⑫，次称消灾灭祸。故好异者往往而尊事之。

知识链接

佛教与数字

三宝：佛、法、僧。佛即佛教创始人释迦牟尼，也泛指一切佛；法即佛教教义；僧即继承、宣扬佛教教义的僧众。

三业：身、语、意。这是三种主要的身心活动：身业即行动，语业即言语，意业即思想活动。三业会产生相应的善恶报应，是众生流转生死的动力。

三毒：贪、嗔、痴。这是三种最具毒害作用的烦恼，是其他烦恼的根本。

三藏：经、律、论。这是佛教典籍的总称：经藏即说教，律藏即戒律，论藏即论述或注解。

---

① 澡雪：洗涤，洁净。
② 积行树功：积累善行，树立道业。
③ 华盖：帝王或贵族的车盖。濯龙：东汉宫苑名，在洛阳。据《后汉书·桓帝纪》，汉桓帝曾祠黄老于濯龙宫，设华盖以祠浮图、老子，这里《魏书》误记为汉灵帝。
④ 坛场：设神坛以祭祀的场所。
⑤ 张陵：一名张道陵（34—156），东汉五斗米道创立者，沛国丰（今江苏丰县）人。东汉顺帝年间，携弟子入蜀，居鹄鸣山修道。自称太上老君授以"三天正法"，号为"三天法师正一真人"，作道书二十四篇，创立五斗米教，这也是道教正式建立的标志。鹄鸣：即鹄鸣山，亦称鹤鸣山，在今四川。
⑥ 天宫章本：即天书。
⑦ 斋祠：斋戒祭祀。
⑧ 三元：道教中的"三元"有多重内涵，这里指三位教主即天宝君、灵宝君、神宝君，分别为洞真部、洞玄部、洞神部教主，传授三洞经典秘篆。九府：即九宫，其内涵亦极复杂，这里泛指各方神仙。官：指仙官。
⑨ 劫：道教指天地改变之名，佛教指极漫长的时间。道教将天地未分、既分以及化生万物的过程分为"五劫"，即延康、龙汉、赤明、开皇、上皇。
⑩ 化金销玉：在炉鼎中烧炼矿石以制丹药。
⑪ 行符敕水：符即神秘的文字或图形，道教认为画符或烧符于水中，饮之可治病。
⑫ 羽化飞天：指成仙。

三学：戒、定、慧。这是佛教教义的总称：戒学即戒律，防止身、口、意三不净业；定学即禅定，修持者思虑集中，观悟佛理，灭除烦恼情欲；慧学即智慧，修持者断除烦恼，达到解脱。

四大：地、水、火、风。佛教认为这是构成一切物质现象的四种基本元素。

五戒：杀、盗、淫、妄言、饮酒。这是佛教在家教徒应遵守的五条戒律，是基本戒律。杀戒即不杀害生命，盗戒即不偷盗财物，淫戒即不发生不正当的男女关系，妄言戒即不说假话谎话，饮酒戒即不饮酒从而避免种种迷乱行为。

六道：地狱、鬼、畜生、阿修罗、人、天。佛教认为，众生根据生前善恶行为有六种轮回的趋向。前三道为恶道，后三道为善道。

六根：眼、耳、鼻、舌、身、意。根是能生的意思，六根就是六种功能，指眼、耳、鼻、舌、身、意能取相应之六境（色、声、香、味、触、法），生长相应之六识（眼识、耳识、鼻识、舌识、身识、意识）。

八苦：生、老、病、死、怨憎会、爱别离、求不得、五盛阴。这是佛教总结的人生的八种主要痛苦。生苦即出生时的痛苦；老苦即老年时的痛苦；病苦即疾病时的痛苦；死苦即死亡的痛苦；怨憎会苦即众生不由自主，不得不与憎恶的人事聚集在一起，从而产生痛苦；爱别离苦即众生不由自主与相爱的人事离别的痛苦；求不得苦即众生有所欲求而得不到满足的痛苦；五盛阴苦即众生是由色、受、想、行、识五种因素组成，生灭变化无常，盛满各种身心痛苦。

思考题

1. 请说说儒家"五常"与佛家"五戒"之间的异同。

2. 佛教"八苦"包含哪些内涵？

3. 张道陵在道教史上的地位如何？他的思想与《老子》相比有哪些不同？

拓展课文

众妙堂记①

苏　轼

提示

这篇课文通过梦境来表达对道教思想的体悟，核心是一个"妙"字，文中出现了三个人物：苏轼自己、道士张易简、洒水除草者。三人各抒己见：苏轼认为真正妙的事物只有一个，就是"玄之又玄"的"道"；张道士认为生活中处处都有妙；洒水除草者认为忘我归化才是真妙。借助这些辩论，苏轼揭示了养生的"妙"理。若用《魏书·释老志》里的话来说，就是："蠲去邪累，澡雪心神"，领悟"妙有灵洞之说"，"乃至白日升天，长生世上"。一言以蔽之：养生重在养心，养心重在无为。

眉山道士张易简教小学，常百人，予幼时亦与焉。居天庆观北极院，予盖从之三年。谪居海南，一日梦至其处，见张道士如平昔，汛治庭宇②，若有所待者，曰："老先生且至。"其徒有诵《老子》者曰："玄之又玄，众妙之门。"予曰："妙一而已，容有众乎？"道士笑曰："一已陋矣，何妙之有。若审妙也，虽众可也。"因指洒水薙草者曰③："是各一妙也。"予复视之，则二人者手若风雨，而步中规矩，盖涣然雾除，霍然云散。予惊叹曰："妙盖至此乎！庖丁之理解④，郢人之鼻斫⑤，信矣。"二人者释技而上，曰："子未睹真妙，庖、郢非其人也。是技与道相半，习与空相会，非无挟而径造者也⑥。子亦见夫蜩

---

① 本文选自《苏轼文集》（中华书局 1986 年版）。
② 汛：洒水扫地。治：整理。
③ 薙（tì）：除草。
④ 庖丁之理解：典故出自《庄子·养生主》："庖丁为文惠君解牛，手之所触，肩之所倚，足之所履，膝之所踦，砉然向然，奏刀騞然，莫不中音，合于桑林之舞，乃中经首之会。"理解，指分解。
⑤ 郢人之鼻斫：典故出自《庄子·徐无鬼》："郢人垩漫其鼻端，若蝇翼，使匠石斫之，匠石运斤成风，听而斫之，尽垩而鼻不伤，郢人立不失容。"
⑥ 无挟而径造：指不倚仗技艺和习惯，而直接达到道境。

与鸡乎①？夫蜩登木而号，不知止也。夫鸡俯首而啄，不知仰也。其固也如此②。然至蜕与伏也③，则无视无听，无饥无渴，默化于荒忽之中④，候伺于毫发之间⑤，虽圣智不及也。是岂技与习之助乎？"二人者出。道士曰："子少安，须老先生至而问焉。"二人者顾曰："老先生未必知也。子往见蜩与鸡而问之，可以养生，可以长年。"广州道士崇道大师何德顺，学道而至于妙者也。作堂榜曰"众妙"⑥。以书来海南，求文以记之。予不暇作也，独书梦中语以示之。戊寅三月十五日，蜀人苏轼书。

知识链接

道教典籍：道教典籍大概可以分为四类：第一类是先秦道家经典如《老子》《庄子》《文子》等，这些书在道教里都改了名字，比如《老子》称《道德真经》，《庄子》称《南

武当

青城

龙虎

齐云

四大道教名山

---

① 蜩：蝉。
② 固：固陋。
③ 蜕：蝉脱壳。伏：鸡孵蛋。
④ 默化：不知不觉地变化。荒忽：模糊不定的样子。
⑤ 候伺：这里指等待蝉蜕与破壳。道教常用蝉蜕来比喻人修炼成仙时的蜕变。
⑥ 榜：题匾。

华真经》。第二类是道教确立之后的道士们的理论著作，比如葛洪《抱朴子》、陶弘景《真诰》、张伯端《悟真篇》等。第三类是记载各种道教仪式的实用著作，比如杜光庭《道门科范大全集》。第四类是记载各种神仙、道士事迹的小说类著作，比如葛洪《神仙传》等，各种民间道教故事如八仙过海，也都可以算作这一类。

　　道教圣地：道教称神仙多居于名山胜境，有"十大洞天""三十六小洞天""七十二福地"之说，再加上古代帝王的封禅活动常常和道教有关，还有很多先贤也被道士们看作神仙，比如关羽被尊为关圣帝君，所以道教圣地数量极多。五岳泰山、华山、衡山、恒山、嵩山，都有很多道教宫观或历史遗址。其他较有特色的道教圣地有：湖北武当山、四川青城山、江西龙虎山、安徽齐云山、山东崂山、陕西终南山、广东罗浮山、福建武夷山、北京白云观、上海城隍庙，等等。其中，武当、青城、龙虎、齐云为四大道教名山。青城山、龙虎山与张道陵，武当山与张三丰，齐云山与栖霞真人，都有密切关系，可谓道人与名山交相辉映。

思考题

1. 谈谈你对本文中"妙"的理解。
2. 古代道教和道家是什么关系？
3. 和尚和道士都有各自常用的服饰和法器，请说说它们的样式以及用法。

佛道故事二则

慧能①

普　济

提示

　　禅宗是最具中国特色的佛教宗派。它主张用禅定来概括佛教的全部修习，强调众生皆具佛性，只要明心见性即可成佛。其思想简捷质朴而又充满灵性智慧，

---

　　① 本文节选自《五灯会元》卷一（中华书局1984年版）。普济，南宋杭州灵隐寺僧，他将五部重要禅宗史籍（古称"传灯录"）删繁就简，合并成书，称为《五灯会元》。

深受中国文人士大夫青睐。唐代安史之乱以后，禅宗分裂为南北二宗，北宗尊神秀为领袖，以长安、洛阳为中心，多流行于贵族；南宗尊慧能为领袖，以江南、四川为主，流行于普通士人及民众。北宗禅法强调"渐悟"，要求通过不断打坐息想，除去烦恼，保持清净，也就是课文中神秀所说的"时时勤拂拭，莫使惹尘埃"。而南宗禅法强调"顿悟"，主张心性本净，不需要外在力量的净化，只要觉悟此点，立刻就能成佛，也就是课文中慧能所说的"本来无一物，何处惹尘埃"。后来，南宗禅赢得了更多的信众，主导了禅宗正脉。这篇课文所记神秀与慧能的偈子，非常鲜明地表达了各自的思想，值得仔细揣摩。

　　咸亨中有一居士①，姓卢名慧能，自新州来参谒②。祖问曰③："汝自何来？"卢曰："岭南。"祖曰："欲须何事？"卢曰："唯求作佛。"祖曰："岭南人无佛性，若为得佛？"卢曰："人即有南北，佛性岂然？"祖知是异人，乃诃曰："著槽厂去④。"卢礼足而退，便入碓坊⑤，服劳于杵臼之间⑥，昼夜不息。经八月，祖知付授时至⑦，遂告众曰："正法难解，不可徒记吾言，持为己任。汝等各自随意述一偈⑧，若语意冥符⑨，则衣法皆付⑩。"时会下七百余僧。上座神秀者⑪，学通内外，众所宗仰，咸推称曰："若非尊秀，畴敢当之⑫？"神秀窃聆众誉，不复思惟，乃于廊壁书一偈曰："身是菩提树⑬，心如明镜台。时时勤拂拭，莫使惹尘埃。"祖因经行，忽见此偈，知是神秀所述，乃赞叹曰："后代依此修行，亦得胜果。"其壁本欲令处士卢珍绘《楞伽变相》⑭，及见题偈在壁，遂止不画，各

---

① 咸亨：唐高宗年号（670—674）。居士：未出家的佛教信徒。
② 新州：今广东新会县。参谒：参学，拜见。
③ 祖：即禅宗五祖弘忍。
④ 槽厂：这里指磨房。
⑤ 碓坊：舂米的作坊。
⑥ 杵臼：舂捣的工具。
⑦ 付授：即将僧衣和钵盂赐授弟子，作为传法的凭证。
⑧ 偈：佛经中的唱颂词。
⑨ 冥符：指暗合真理。
⑩ 衣法：指僧衣和佛法，包含传承之意。
⑪ 上座：对有德行僧人的尊称。
⑫ 畴：谁。
⑬ 菩提树：乔木名，原产印度，大约与佛教同时传入我国。菩提，又为佛教名词，意为"觉""智""道"等，指对佛教真理的豁然开悟。
⑭ 楞伽：山名，梵文音译，在古师子国（今斯里兰卡），相传佛在此山说经。变相：描述佛经故事的绘画艺术。处士：隐居不出仕的人。

令念诵。卢在碓坊，忽聆诵偈，乃问同学："是何章句？"同学曰："汝不知和尚求法嗣，令各述心偈？此则秀上座所述。和尚深加叹赏，必将付法传衣也。"卢曰："其偈云何？"同学为诵。卢良久曰："美则美矣，了则未了。"①同学诃曰："庸流何知，勿发狂言！"卢曰："子不信邪？愿以一偈和之。"同学不答，相视而笑。卢至夜，密告一童子，引至廊下，卢自秉烛，请别驾张日用于秀偈之侧②，写一偈曰："菩提本无树，明镜亦非台。本来无一物，何处惹尘埃。"祖后见此偈曰："此是谁作，亦未见性③。"众闻师语，遂不之顾。逮夜，祖潜诣碓坊，问曰："米白也未？"卢曰："白也，未有筛。"祖于碓以杖三击之。卢即以三鼓入室④。祖告曰："诸佛出世为一大事，故随机大小而引导之，遂有十地、三乘、顿渐等旨⑤，以为教门。然以无上微妙、秘密圆明、真实正法眼藏付于上首大迦叶尊者⑥，展转传授二十八世。至达磨届于此土⑦，得可大师承袭以至于今⑧，以法宝及所传袈裟用付于汝。善自保护，无令断绝。听吾偈曰：'有情来下种，因地果还生。无情既无种，无性亦无生。'"卢行者跪受衣法。

知识链接

禅宗六代祖师：初祖达摩，二祖慧可，三祖僧璨，四祖道信，五祖弘忍，六祖慧能。

禅宗五家七宗：晚唐五代时期，禅宗分裂为更多宗派，包括沩仰宗、临济宗、曹洞宗、云门宗、法眼宗，称为禅宗五家。到两宋，临济宗又分出杨岐派、黄龙派，与五家合称为七宗。禅宗在日本、朝鲜、越南都有法脉传承，影响深远。

佛教四大菩萨与四大道场：文殊菩萨，智慧才辩第一，故称"大智文殊"。普贤菩萨，德行至高，重视弘法，故称"大行普贤"。观音菩萨，是观世音菩萨的简称，大慈大悲，救苦救难，故称"大悲观音"。地藏菩萨，是地藏王菩萨的简称，发愿"地狱不空，誓不成佛"，故称"大愿地藏"。道场，即供奉佛菩萨的场所。四大菩萨的道场分别是山西五台山、四川峨眉山、浙江普陀山、安徽九华山。

---

① 了：了悟，彻悟。
② 别驾：官名，州郡长官的佐官。
③ 见性：即明心见性，指禅宗所追求的内心觉悟。
④ 三鼓：三更。
⑤ 十地：亦称"十住"，佛教修行过程的十个阶位。顿：顿悟。渐：渐悟。
⑥ 正法眼藏：禅宗用语。亦称"清净法眼"。释迦摩尼亲自付嘱弟子迦叶的涅槃妙心，谓之"正法"；洞悉"正法"的智慧，谓之"眼"；心法广大，含藏万法，谓之"藏"。
⑦ 达磨：即菩提达摩，为南天竺（今印度）香至王第三子，通晓大小乘佛法，入中土后先晤梁武帝，后至北魏，寓于嵩山少林寺。其所传安心禅法，是佛教禅宗的源头。后被尊为禅宗初祖。
⑧ 可大师：即慧可，北魏、北齐时禅僧，为禅宗二祖。

　　佛像在寺庙中的排列方式：正中为释迦牟尼佛，左胁为文殊菩萨，右胁为普贤菩萨，合称"华严三圣"；正中为阿弥陀佛，左胁为观音菩萨，右胁为大势至菩萨，合称"西方三圣"。这是寺庙中最常见的两种排列方式。

　　中国佛教史四大翻译家：鸠摩罗什、真谛、不空、玄奘。前三位都是西域僧人，玄奘就是《西游记》中的唐僧。玄奘不仅是大翻译家，也是大思想家和大旅行家。他撰写的《大唐西域记》记载了中古印度的诸多史实，为各国学者所重视，享有盛誉。

四大道场中的四大菩萨像：五台文殊像、峨眉普贤像、普陀观音像、九华地藏像（从左至右）

玄真子①

李昉等

提示

　　这篇课文讲的是唐代道教人物张志和的故事。张志和《渔歌子》可谓妇孺皆知："西塞山前白鹭飞，桃花流水鳜鱼肥。青箬笠，绿蓑衣，斜风细雨不须归。"如果从道教的角度理解这首诗，才会明白原来写的就是他自己的生活：他活得就像神仙那样美妙、洒脱。他朋友很多，且多是名流，如大书法家颜真卿、"茶圣"陆羽。张志和多才多艺，能写诗，善绘画，懂养生，会法术。尤其是铺席水上、随鹤而升一段，情节奇异，意境优美，让人神往。在中国历史上，道教及道家思想常与赏玩、艺术等活动有密切关系，这大概与"道法自然"的祖训有关吧！

---

　　① 本文选自《太平广记》卷二十七（中华书局 1961 年版）。李昉（925—996），宋初名臣、学者、文学家，参与编写《太平御览》《太平广记》《文苑英华》等类书，其诗亦有声名。

玄真子，姓张，名志和，会稽山阴人也①。博学能文，擢进士第，善画，饮酒三斗不醉。守真养气，卧雪不寒，入水不濡②。天下山水，皆所游览。鲁国公颜真卿与之友善。真卿为湖州刺史，与门客会饮，乃唱和为《渔父词》。其首唱即志和之词，曰："西塞山边白鸟飞，桃花流水鳜鱼肥。青箬笠，绿蓑衣，斜风细雨不须归。"真卿与陆鸿渐、徐士衡、李成矩，共和二十五首，递相夸赏。而志和命丹青剪素③，写景天词④。须臾五本，花木禽鱼，山水景像，奇绝踪迹，今古无伦。而真卿与诸客传玩，叹服不已。其后真卿东游平望驿，志和酒酣，为水戏。铺席于水上，独坐，饮酌笑咏。其席来去迟速，如刺舟声⑤。复有云鹤随覆其上。真卿亲宾参佐观者，莫不惊异。寻于水上挥手，以谢真卿，上升而去。今犹有宝传其画在人间。

知识链接

八仙传说

八仙的故事在我国传播已久，至明代始定型为以下八个人物：

汉钟离：亦称钟离权，字云房。其身世传说颇多，一说为汉代武将，一说为晋人周处之偏将，一说为唐末五代人。其形象极为闲散，头上扎髻，龙睛虬髯，坦腹自若。

吕洞宾：唐代人，原名吕岩，字洞宾。好酒，好剑术。民间有吕洞宾三醉岳阳楼度铁拐李、飞剑斩黄龙的故事。

张果老：原名张果，为唐代道士，隐居恒州中条山，寿数百岁。所骑白驴，日行万里，夜间叠如纸，放在箱中，白天又变成驴。

铁拐李：原名李凝阳，黑脸跛足，形极丑恶，常背一个药葫芦，周游江湖，治病救人。

曹国舅：宋仁宗曹皇后之长弟，名景休，戴纱帽，穿官袍，与其他仙人的隐士打扮不同。

韩湘子：原名韩湘，相传为唐代韩愈之侄孙，被吕洞宾点化成仙。

蓝采和：原为行乞道士，衣衫破烂，赤一脚，周游醉吟。

何仙姑：相传原名何秀姑，15岁时遇神人教食云母粉，遂轻身如飞。后遇吕洞宾，

---

① 会稽山阴：今浙江绍兴。

② 濡（rú）：沾湿。

③ 丹青：颜料。剪素：画布。

④ 写景：描画风景。天词："天"一作"夹"，即画中题词。

⑤ 刺舟：撑船。

授以一桃，食后不饥不渴。

明代木雕《八仙过海》

明人画《铁拐李像》

思考题

1. 五祖弘忍为什么选择慧能作为接班人？
2. 佛教四大菩萨各自代表了哪四种德行？
3. 参观当地寺庙，看看供奉了哪些佛菩萨。
4. 请从葛洪《神仙传》等典籍中选择几个道教人物故事，交流讨论。

佛教与中国文化的关系[①]

赵朴初

佛是人，而不是神。他是公元前六世纪时的人，有名有姓，他的名字是悉达多，姓乔达摩。因为他属于释迦族，人们又称他为释迦牟尼，意为释迦族的圣人。"佛"是"佛陀"的简称，是 Buddha 的音译，意为"觉者"或"智者"。当然，到了后来佛陀被人们神化了，但是根据佛教教义，佛不是造物主，他虽有超人的智慧和能力，却不能主宰人的吉凶祸福。佛教还认为过去有人成佛，未来也会有人成佛，一切人都有觉悟的可能性，所以说"一切众生，皆有佛性，有佛性者，皆得成佛"。

---

① 本文节选自《佛教与中国文化》（中华书局 2005 年版）。赵朴初，当代著名佛教学者、书法家、社会活动家，曾任中国佛教协会会长。

　　佛教哲学本身蕴藏着极深的智慧，它对宇宙人生的洞察，对人类理性的反省，对概念的分析，有着深刻独到的见解。恩格斯在《自然辩证法》中称誉佛教徒处在人类辩证思维的较高发展阶段上。在世界观上，佛教否认有至高无上的"神"，认为事物是处在无始无终，无边无际的因果网络之中。因此，在西方学术界中有人认为佛教是唯一的"无神论"的宗教。这种看法，好像不易理解，但佛教教义确实如此。这个道理很简单，佛教既以"诸法皆空"（即俗语中的"万法皆空"）为教义，当然神也是空的。神既然空，何来创造世界之事？但是，佛教又认为"业果不空"，"业"即人的有意识的行为活动，这种活动必然要产生一定的结果，这二者都是实际存在的，不能说是空无所有。不过，它们也都属于缘起，无常的范畴，没有独立存在固定不变的体性，所以也是一种无自性的性空。在人生观上，佛教强调主体的自觉，并把一己的解脱与拯救人类联系起来。佛学和中国古典哲学的交互影响，推动了哲学提出新的命题和新的方法。它以独特的思想方式和生活方式，给予人们以新的启发，把人的精神生活推向一个新的世界。

　　佛教对中国文化有十分深刻和广泛的影响。佛教传来中国近两千年，思想体系发展演变成十多个派别，可谓是学术成果灿烂辉煌，对中国思想文化起了重大的影响和作用。在文学方面，从对我国文学发展的影响来看：数千卷由梵文翻译过来的经典，其中一部分本身就是典雅、瑰丽的文学作品。如《维摩诘经》、《法华经》、《楞严经》特别为历代文人所喜爱，被人们作为纯粹的文学作品来研读。鲁迅先生曾捐款给金陵刻经处，刻印了一部《百喻经》。这部经所叙的譬喻故事，今天常常被译为语体文，作为文学作品来欣赏。佛教还为中国的文学带来了新的意境，新的文体，新的命意遣词方法。《法华经》、《维摩诘经》、《百喻经》等鼓舞了晋唐小说的创作。般若和禅宗的思想影响了陶渊明、王维、白居易、王安石、苏轼等大文学家的诗歌创作。再从佛教对我国文体变化所起的作用来看：我们从敦煌莫高窟发现的各种变文可以看出后来的平话、小说、戏曲等中国俗文学的渊源所自。此外，还有由禅师们的谈话和开示的记录而产生的朴素、活泼、自由的语录体。后来也被宋明理学家仿效而产生了各种语录。在音韵学方面，如过去中国字典上通行的反切，就是受梵文拼音的影响而发展起来的。在艺术方面，首先要说明一个普遍存在的误解。外国人由于传统的成见，看到佛教庙宇中有许多佛菩萨的造像就认为佛教是"多神教"或偶像崇拜，我们也有人这样看。其实，佛教在最初的小乘流行时期（约五百余年）并没有佛像，一般用佛的脚印图或菩提树做标记，大乘佛教流行后才开始雕刻塑造佛像，一是为了纪念，二是表示佛教的教义，这和偶像崇拜不是一回事。如最早的佛像大多是佛在菩提树下成道说法，或者是佛在双树下涅槃，前者表示佛由人修而成，后者表示生必有灭的无常教义。其后称这种使教义形象化的方法为"表法"，导致佛教在艺术方面的创造和发展，产生极为灿烂的成果。例如，大家知道中国的建塔造像起源于佛教。建塔造像包括两门艺术，一是建筑，二是雕塑。随着佛教的传播，建塔造像的艺术亦随之风行全国各地。四世纪到六世纪，全国各地到处涌现壮丽的塔寺建筑。晚唐诗人杜牧有"南朝四百八十寺，多少楼台烟雨中"的诗句，可知当时的寺院之多。现在我国古代建筑保存最多的是佛教寺塔，许多佛教建筑已成为我国各地风景轮廓线的标志。世界闻名的敦煌、云冈、龙门等石窟是我国雕塑艺术的宝库。此外，佛画艺术也很著名。佛画主要是壁画。最初盛行的是佛陀本生故事画，发展到唐代，逐渐为经变故事画所代替。所谓"经变画"也就是将佛经中的故事譬喻演绘成图。经变画的兴起使佛画内容大大丰富起来，也就能使画家们发挥更大的想像力和给了他们驰骋艺术才能的更广阔的天地，所以唐代佛寺壁画极盛。当时名画家辈出，如阎立本、吴道子皆以擅画佛画而知名于世。中国画学中由王维一派的文人画而发展到宋元以后盛行的写意画，则与般若和禅宗的思想很有关系。由此可见佛教对当时绘画艺术的影响之大。另外，佛教版画也随着佛经的刊印很早就产生了，现在我们所能见到的中国最早的版画便是佛经上的释迦说法图。

伴随佛教俱来的还有天文、音乐、医药等的传习。1955年我国发行邮票纪念古代天文学家一行，就是8世纪的一位高僧。他制定了《大衍历》，测定了子午线，对天文学有着卓越的贡献。至于医药，隋唐史书上记载由印度翻译过来的医书和药方就有十余种，藏语系佛教《大藏经》中还有医方明之学，存有大量医学著作。音乐方面，公元三世纪，中国已有梵呗的流行。中国唐代的音乐中吸收了天竺乐、龟兹乐、安国乐、康国乐、骠国乐、林邑乐等来自佛教国家的音乐。唐代音乐至今还有少部分保存在某些佛教寺庙中。

佛教各宗派学说，对中国思想界也起了不可磨灭的影响。研究中国古代哲学史的人感到两晋南北朝隋唐五代时期的哲学史基本上是佛学在中国的发展史。至于宋明理学，在很大程度上是受了华严宗、禅宗理论的刺激和影响而产生的。在晚清时期，中国知识界研究佛学成为一时的风气。一些民主思想启蒙者，如谭嗣同、康有为、梁启超、章太炎等，都采取了佛教中一部分教理作为他们的思想武器，甚至我国早期的马克思主义活动家瞿秋白同志的早年时期，也受过佛教思想的影响。他曾说过："无常的社会观，菩萨行的人生观引导我走上了革命道路。"什么叫"菩萨行"呢？凡是抱着广大志愿，要将自己和一切众生从苦恼中救度出来，要使大众得到利益，并使大众觉悟，凡是有这种志愿的人都可称为"菩萨"。为实现这种志愿而坚持实践就称"菩萨行"。可见佛教的慈悲、平等、无常、无我的思想在近代的知识界中是起了一定的启发和鼓舞作用的。

思考题

1. 佛教对中国文化的影响体现在哪些方面？
2. 请搜集著名爱国宗教人物故事，谈一谈宗教与爱国之间的关系。

参考书目

赵朴初：《佛教常识答问》，北京：北京出版社 2009 年版。

方立天：《佛教哲学》，北京：中国人民大学出版社 1986 年版。

文史知识编辑部编：《佛教与中国文化》，北京：中华书局 2005 年版。

［日］铃木大拙：《禅学入门》，谢思炜译，北京：生活·读书·新知三联书店 1988 年版。

李山，过常宝：《历代高僧传》，济南：山东人民出版社 1994 年版。

李养正：《道教概说》，北京：中华书局 2001 年版。

詹石窗：《道教文化十五讲》，北京：北京大学出版社 2003 年版。

袁志鸿：《道教神仙故事》，北京：大众文艺出版社 1998 年版。

第十单元

乡风民俗

导 语

　　乡风民俗，或曰民间风俗，乃共同生活在特定地域范围内之人群在长期共同的历史发展过程中所创造、传承和享用的生活文化，并展现出的共有的精神风貌与相似的心理特征。具体而言，民俗包含着人们的衣食住行、岁时节日、人生仪礼、民间信仰、社会组织、口头文学和语言、民间艺术、民间游戏竞技等方方面面。中国民俗文化是多样性和统一性的复合体。中国地大物博，气候多样，历史悠久，族群众多，社会分层突出，区域差异明显，由此造就了复杂多样的民俗生态，"十里不同风，百里不同俗"的俗谚正是对此的生动总结。但多样性背后又是较长历史时期内民族融合下形成的统一性，即人们共享着几乎一致的伦理道德观念，有着共通的不易改变的民族心理模式。

　　岁时节日是风俗的代表性内容。我国的岁时节日主要是在农业生产方式基础上，依托传统天文历法知识，融合了以儒家思想为主导的伦理道德观念以及其他信仰体系内容而构成的一系列复杂的知识系统。传统节日如春节、清明节、端午节、中秋节等自古至今为汉族、蒙古族、苗族、土家族、彝族、壮族等不同民族、不同地域的人们所共享和传承。此外，各少数民族也有着自己独特的节日或节庆方式，如蒙古族的那达慕、维吾尔族的肉孜节、傣族的泼水节，等等。节日中所蕴含的爱国尊贤、崇宗敬祖、家庭团聚、尊老爱幼等伦理价值观念，以及遵天时、顺自然的自然观，突出体现了民众关于时间和空间、人与人、人与社会以及人与自然之间关系的认识，至今仍指导着人们的日常生产和生活。

　　人生礼俗也是重要的民俗文化，是与人的生命历程紧密相关的礼俗内容，包括诞生礼、成年礼、婚礼和丧葬礼等，通过身体实践表达人们在特定人生节点的情感和心理状态，体现了人们对生命和社会的理解，体现了民俗的象征性和模式性特征。比如诞生礼中的"洗三"与"抓周"仪式，汉族男子成年冠礼仪式的三次加冠，婚礼仪式中的传袋、拜堂、结发、合卺等，每一个仪式和物质载体都蕴含着人们对生命个体的美好期待。与岁时节日、人生礼俗密切相关的民间信仰，在民风乡俗中也有着生动的表现，它是民众精神的寄托与习俗传承的内在力量。此外，衣食住行等风俗习惯，虽日用而不自觉，规范着并服务于人们的日常生活，是民俗的实用功能之体现。

生活是流动的，服务于生活的风俗习惯也在不断变迁。当前，随着城市化进程的加速，传统以农业立国的生产和生活方式正在发生改变，以家族和村落为基本单位的社会组织模式不再是主导，而以儒家和家族社会为依托的伦理道德也面临传承困难。包括传统民俗文化在内的中华传统文化如何传承发展，是时代提出的新课题。21世纪以来，旨在保护和传承传统民族文化根脉的非物质文化遗产活动正在全国范围内如火如荼地开展，民俗节口、人生礼俗、民间技艺与民间艺术等作为非物质文化遗产正逐步走进公众视野，它们或作为宝贵的文化产品供公众欣赏，或作为生活文化回归日常生活，或作为隽永的文化乡愁涌动在人们心中。尊重和传承传统民俗文化将对历史的保存、社会文化的重建、社会治理以及民族文化未来发展起到重要的促进作用。

主题课文

汉书·地理志①

班　固

提示

　　本文是《汉书·地理志》中关于各地风俗特征部分的节选，共分五段：第一段提出了风俗的概念，并作出具体解释。第二至第五段分别介绍了秦、齐、鲁、

---

　　①　本文节选自《汉书》卷二十八下（中华书局1962年版），有删改。《汉书》是我国第一部纪传体断代史，"二十四史"之一，东汉史学家班固撰。《汉书·地理志》分上、下两卷，记叙了上古至西汉时期的地理沿革，并汇总刘向、朱赣的风俗记录成果，详细介绍了各地历史地理、民风民俗、物产资源等，警示当政者须关注风俗，因俗施政，对后世影响深远。

楚四个地域的历史、物产、自然地理以及风俗状况。所追溯的历史时段上起先秦下迄汉代，人文地理涉及山川河泽、经济生产方式、政治修为等多个方面。这篇课文，有助于我们了解古代的正统风俗观念，掌握各地的风俗特征，加深对民俗区域性特征的理解。

凡民函五常之性①，而其刚柔缓急，音声不同，系水土之风气，故谓之风；好恶取舍，动静亡常②，随君上之情欲③，故谓之俗。孔子曰："移风易俗，莫善于乐。"言圣王在上，统理人伦，必移其本，而易其末，此混同天下一之乎中和④，然后王教成也。汉承百王之末，国土变改，民人迁徙，成帝时刘向略言其地分⑤，丞相张禹使属颍川朱赣条其风俗⑥，犹未宣究⑦，故辑而论之，终其本末著于篇。

秦地于《禹贡》时跨雍、梁二州，《诗·风》兼秦、豳两国。昔后稷封斄⑧，公刘处豳⑨，大王徙邠⑩，文王作酆⑪，武王治镐⑫，其民有先王遗风，好稼穑，务本业，故《豳诗》言农桑衣食之本甚备⑬。有鄠、杜竹林⑭，南山檀柘，号称陆海⑮，为九州膏腴。始皇之初，郑国穿渠⑯，引泾水溉田，沃野千里，民以富饶。汉兴，立都长安，徙齐诸田⑰，楚昭、屈、景及诸功臣家于长陵⑱。后世世徙吏二千石、高訾富人及豪杰并兼之家于诸

---

① 函：同"含"。
② 亡：通"无"。
③ 情欲：欲望。
④ 混同：统一。
⑤ 刘向（约前77—前6）：字子政，西汉经学家、目录学家、文学家，撰有《别录》《新序》《说苑》《列女传》等。
⑥ 张禹（？—前5）：字子文，汉成帝河平四年（前25）始任丞相，封安昌侯。哀帝建平二年（前5）去世，谥号节侯。朱赣：汉代地理学派人物，撰有《地理书》等。条：条陈，即分条目来叙说。
⑦ 宣究：详备。
⑧ 斄（tái）：古同"邰"，今陕西省扶风县东南。
⑨ 豳：今陕西省旬邑县西南。
⑩ 邠（qí）：亦作岐，今陕西省岐山县。
⑪ 酆（fēng）：今陕西省户县。
⑫ 镐（hào）：今陕西省长安县西北。
⑬ 《豳诗》：即《诗经·国风》中的《豳风·七月》。
⑭ 鄠（hù）：今陕西省户县北。杜：指杜陵，汉宣帝陵墓，位于今陕西省西安市附近。
⑮ 陆海：指物产富饶的地方。
⑯ 郑国：战国时韩国水利专家，主持引泾水灌溉工程，使关中一带成为沃野，后该渠被命名为郑国渠。
⑰ 田：田氏，齐国之族。
⑱ 楚昭、屈、景：皆楚国王族。

陵①。盖亦以强干弱支，非独为奉山园也②。是故五方杂厝③，风俗不纯。其世家则好礼文，富人则商贾为利，豪杰则游侠通奸④。濒南山⑤，近夏阳⑥，多阻险轻薄，易为盗贼，常为天下剧⑦。又郡国辐凑⑧，浮食者多，民去本就末，列侯贵人车服僭上，众庶放效⑨，羞不相及，嫁娶尤崇侈靡，送死过度⑩。

齐地，少昊之世有爽鸠氏⑪，虞、夏时有季蒯⑫，汤时有逢公柏陵，殷末有薄姑氏，皆为诸侯，国此地。至周成王时，薄姑氏与四国共作乱，成王灭之，以封师尚父⑬，是为太公。太公以齐地负海舄卤⑭，少五谷而人民寡，乃劝以女工之业⑮，通鱼盐之利，而人物辐凑。后十四世，桓公用管仲⑯，设轻重以富国⑰，合诸侯成伯功⑱，身在陪臣而取三归⑲。故其俗弥侈，织作冰纨绮绣纯丽之物⑳，号为冠带衣履天下㉑。初太公治齐，修道术，尊贤智，赏有功，故至今其土多好经术，矜功名㉒，舒缓阔达而足智。其失夸奢朋党，言与行缪㉓，虚诈不情㉔，急之则离散，缓之则放纵。始桓公兄襄公淫乱，姑姊妹不嫁，于是令国中民家长女不得嫁，名曰"巫儿"，为家主祠，嫁者不利其家，民至今以为

———————

① 訾（zī）：钱财。
② 山园：指帝王的陵园。
③ 厝（cuò）：交错。
④ 通奸：交往坏人。
⑤ 南山：今秦岭。
⑥ 夏阳：今陕西省韩城市南。
⑦ 剧：复杂、繁难，在此指复杂难以处理的事情。
⑧ 辐凑：也作辐辏，原指车轮的辐条，引申为人或物聚集，像车辐集中于车毂。
⑨ 放：同"仿"。
⑩ 送死：送葬。
⑪ 少昊：传说中古代东夷集团的首领。
⑫ 蒯（zè）：季蒯，亦作"蒯"，夏代齐地诸侯。
⑬ 师尚父：指姜太公吕尚，一名吕望。
⑭ 舄（xì）卤：即盐碱地。
⑮ 女工：亦作"女功""女红"，旧时指女子所从事的缝纫、纺织、刺绣等工作以及工作的成品。
⑯ 管仲（前719—前645）：姬姓，管氏，名夷吾，字仲，颍上（今安徽颍上县）人。齐桓公时为相，春秋法家代表人物。
⑰ 轻重：本指重量的大小，此处指古代关于控制商品和货币流通，调整物价等方面的理论。
⑱ 伯：通"霸"。伯功：即霸业。
⑲ 陪臣：亦作"重臣"，古代天子以诸侯为臣，诸侯以大夫为臣，大夫又有家臣。所以，大夫之于天子，大夫的家臣之于诸侯都隔了一层的臣，称"陪臣"。简而言之，即臣子的臣子。三归：据颜师古注，为三姓女子。归，古代指女子出嫁。三归，一说为齐桓公赐给管仲的封地。
⑳ 冰纨：纯白的细绢。绮绣：彩色的丝织物。纯丽：精美而华丽。
㉑ 冠带衣履天下：指齐地所产之丝织及服饰遍天下。
㉒ 矜：自夸。
㉓ 缪：错误。
㉔ 不情：不诚实。

俗。痛乎，道民之道①，可不慎哉！

鲁地，周兴，以少昊之虚曲阜封周公子伯禽为鲁侯②，以为周公主③。其民有圣人之教化，故孔子曰"齐一变至于鲁，鲁一变至于道"，言近正也。今去圣久远，周公遗化销微，孔氏庠序衰坏④。地狭民众，颇有桑麻之业，亡林泽之饶。俗俭啬爱财，趋商贾，好訾毁⑤，多巧伪⑥，丧祭之礼文备实寡，然其好学犹愈于它俗。

楚有江汉川泽山林之饶；江南地广，或火耕水耨⑦。民食鱼稻，以渔猎山伐为业，果蓏蠃蛤⑧，食物常足。故呰窳偷生⑨，而亡积聚，饮食还给⑩，不忧冻饿，亦亡千金之家。信巫鬼，重淫祀⑪。

知识链接

民居与地域

我国幅员辽阔，地形多样，各地的地理环境、历史文化和民俗风情差异显著。在此基础上建造的传统民居样式也是丰富多彩。下面列举的是我国部分地区的传统民居。

四合院：又称四合房，汉族传统合院式建筑，格局为院子四面建有房屋，包括正房、东西厢房和倒座房，形成四院合围庭院居中之"口"字形制，故名四合院。四合院在我国普遍存在，以北京四合院最为典型。

江南水乡民居：江南水乡水道纵横，田地较少，水乡建筑多临河而建，坐北朝南，中间有天井，多以木梁承重，砖石砌墙，雕刻精致，色调雅静，形成如诗如画的水乡风貌。

皖南古村落：以位于安徽省长江以南山区的古村落、徽州和淮扬地区民居为代表。民居依山傍水，青瓦白墙，雕梁画栋，风格鲜明。

---

① 道：本句第一个"道"字通"导"。
② 虚：同"墟"。
③ 主：指主持祭祀者。
④ 庠（xiáng）序：古代的学校。
⑤ 訾（zǐ）毁：诋毁。
⑥ 巧伪：虚伪不实。
⑦ 耨（nòu）：除草。用火来耕种，用火来除草。一种原始耕作方式。
⑧ 果蓏（luǒ）：瓜果的总称。蠃：同"螺"。
⑨ 呰窳（zǐ yǔ）：懒惰。
⑩ 给（jǐ）：富裕充足。
⑪ 淫祀：指不合礼法的、过多的祭祀。

北京四合院

浙江民居

山西窑洞

皖南民居

西北地区窑洞：我国黄土高原地区的典型民居建筑，广泛分布于陕西、山西、宁夏、甘肃等地。窑洞有多种形式，如靠崖式、下沉式、独立式等，其中靠山窑较多。窑洞的特点是施工简便、造价低廉，冬暖夏凉、舒适节能，外观俭朴、美观大方。

思考题

1. 民俗与国家政治有什么样的关系？

2. 对于家乡的民风乡俗，你知道多少？举例说明。

3. 俗话说"十里不同风，百里不同俗"，说说你对这句话的理解。

拓展课文

九月九日①

宗 懔

提示

这篇选文记述的是九月九日重阳节俗，文中的按语为后人所加，补入了南朝之后的重阳节俗，并引南朝梁吴均《续齐谐记》中的一则故事，对重阳节来源作出解释。重阳节是中华民族的传统节日，节俗丰富多彩，包括吃重阳糕、饮菊花酒、佩插茱萸、赏菊登高等。当代重阳节又称"老人节"，人们在节日期间关爱老人、服务老人，体现中华民族尊老敬老的美好传统。

九月九日，四民并籍野饮宴②。

按③：杜公瞻云："九月九日宴会，未知起于何代。"然自汉至宋未改④。今北人亦重此节。佩茱萸，食饵⑤，饮菊花酒，云令人长寿。近代皆宴设于台榭⑥。

又《续齐谐记》云⑦："汝南桓景随费长房游学⑧。长房谓之曰：'九月九日，汝南当有大灾厄⑨，急令家人缝囊盛茱萸系臂上，登山饮菊花酒，此祸可消。'景如言，举家登山。夕还，见鸡犬牛羊一时暴死⑩。长房闻之曰：'此可代也。'"今世人九日登高饮酒，妇人带茱萸囊，盖始于此。

---

① 本文节选自《荆楚岁时记译注》（湖北人民出版社 1985 年版）。宗懔（约 500—563），南朝时期梁人，先在襄阳做官，后襄阳陷落，被掳至北周，于客居之时回忆家乡荆楚一带的岁时节日风俗，留下此作。标题为编者所加。

② 籍：践踏。籍野：出外郊游。

③ 按：即按语，为解释说明上文的文字。

④ 宋：420 年刘裕定都建康（今江苏省南京市），国号称宋。史称刘宋，非后来的赵宋。

⑤ 饵：糕。即后世所称重阳糕。

⑥ 榭：建在土台上或者水上的木屋。

⑦ 《续齐谐记》：南朝梁吴均撰，志怪小说集。书中记载的不少故事至今仍广为流传，如五月五日包粽子祭祀屈原，七月七日牛郎织女天河会，九月九日桓景登高避灾等。

⑧ 汝南：古代郡名，今河南汝南。费长房：东汉方士，汝南人，《后汉书·方术列传下》有传。

⑨ 厄：灾难。

⑩ 暴：又急又猛的，强大而突然的。

知识链接

节日与诗词

岁时节日是一套特殊的时间序列，凝结着人们对时间、生命和生活的复杂情愫和感悟。古代文人墨客常常于岁时节日之际留下抒情表意的吟哦之语，下面择几则重阳节名篇一同欣赏。

独在异乡为异客，每逢佳节倍思亲。遥知兄弟登高处，遍插茱萸少一人。

——（唐）王维《九月九日忆山东兄弟》

江涵秋影雁初飞，与客携壶上翠微。尘世难逢开口笑，菊花须插满头归。但将酩酊酬佳节，不作登临恨落晖。古往今来只如此，牛山何必独沾衣。

——（唐）杜牧《九日齐山登高》

薄雾浓云愁永昼，瑞脑销金兽。佳节又重阳，玉枕纱厨，半夜凉初透。　东篱把酒黄昏后，有暗香盈袖。莫道不销魂，帘卷西风，人比黄花瘦。

——（宋）李清照《醉花阴》

渊明采菊图（民国瓷板画）

寿星麻姑（民国年画）

思考题

1. 说一说你所了解的岁时节日风俗。

2. 举例说明你对中国传统节日内涵的理解。

3. 在全球化时代，中西方文化互融共生，中国传统节日文化面临着西方节日的冲击。你如何看待当前中国传统节日的现状？

娶妇①

孟元老

提示

本文出自宋代孟元老所撰《东京梦华录》一书。该书是作者于北宋灭亡南迁之后，回忆旧都风俗而作。在古代，婚姻不只是男女两情相悦之事，而是"合二姓之好，上以事宗庙，而下以继后世"。（《礼记·昏义》）作为缔结婚姻的标志，婚礼的重要性便可想而知。作者用简约的笔墨勾勒出北宋开封民间婚俗的仪式场景，依次介绍了起帖子、相媳妇、下财礼、催妆、铺房、迎娶、回门等一系列婚礼细节，要而不烦，妙趣横生。

凡娶媳妇，先起草帖子②，两家允许，然后起细帖子，序三代名讳，议亲人有服亲田产官职之类③。次檐许口酒④，以络盛酒瓶，装以大花八朵、罗绢生色或银胜八枚⑤，又以花红缴檐上⑥，谓之缴檐红与女家。女家以淡水两瓶，活鱼三五个，箸一双⑦，悉送在

① 本文节选自《东京梦华录笺注》卷五（中华书局 2006 年版）。孟元老，宋人，生平不详。

② 草帖：俗称"八字帖"。古代婚俗，议婚时写明男方或女方的生辰八字等的来往帖子。

③ 议亲：议婚。服亲：古代依亲疏远近而确立丧服种类，由亲至疏，依次为斩衰、齐衰、大功、小功、缌麻，并以此建立亲属关系，作为婚姻、继承和刑事制度。

④ 檐：通"担"。下同。

⑤ 胜：古代妇女的一种首饰，有"花胜""银胜"等。花胜，亦作"华胜"，是一种花形首饰，以剪彩为之。

⑥ 以花红缴檐：用花红的绸子缠在酒担上。

⑦ 箸（zhù）：同"箸"，筷子。

元酒瓶内，谓之"回鱼箸"。或下小定、大定①，或相媳妇与不相。若相媳妇，即男家亲人或婆往女家看中，即以钗子插冠中，谓之"插钗子"；或不入意，即留一两端彩段②，与之压惊，则此亲不谐矣③。其媒人有数等，上等戴盖头，着紫背子④，说官亲宫院恩泽。中等戴冠子，黄包髻，背子，或只系裙，手把青凉伞儿，皆两人同行。下定了，即旦望媒人传语⑤。遇节序即以节物、头面、羊酒之类追女家⑥，随家丰俭。女家多回巧作之类⑦。次下财礼，次报成结日子⑧。次过大礼，先一日，或是日早，下催妆冠帔花粉⑨，女家回公裳、花幞头之类⑩。前一日，女家先来挂帐，铺设房卧，谓之"铺房"。女家亲人有茶酒利市之类⑪。至迎娶日，儿家以车子，或花檐子发迎客⑫，引至女家门，女家管待迎客⑬，与之彩段，作乐催妆上车，檐从人未肯起⑭，炒咬利市⑮，谓之"起檐子"，与了然后行。迎客先回至儿家门，从人及儿家人乞觅利市钱物花红等，谓之"栏门"。新妇下车子，有阴阳人执斗⑯，内盛谷豆钱果草节等⑰，咒祝望门而撒⑱，小儿辈争拾之，谓之"撒谷豆"，俗云厌青羊等杀神也⑲。新人下车檐，踏青布条或毡席，不得踏地，一人捧镜倒行，引新人跨鞍蓦草及秤上过⑳，入门于一室内，当中悬帐，谓之"坐虚帐"；或只径入房中，坐于床上，亦谓之"坐富贵"。其送女客急三盏而退㉑，谓之"走送"，众客就筵三杯之后，婿具公裳，花胜簇面，于中堂升一榻，上置椅子，谓之"高坐"，先媒氏

---

① 小定、大定：古代议婚程序中，下彩礼称为下定。一般分两次，俗称"小定""大定"。也称"过小贴""过小礼""过大礼"。

② 段：通"缎"。

③ 谐：事情办妥。

④ 背子：也称褙子，汉族传统服饰。宋代妇女不论身份高低，皆穿褙子，可作常服或礼服。

⑤ 旦望：农历每月的初一和十五。

⑥ 节物：逢年过节应时的礼品。头面：旧时妇女头上的妆饰品总称。羊酒：羊和酒的合称。古人常将其用作祭祀、定亲、赏赐或馈赠的礼品。

⑦ 巧作：指女性从事纺织、缝纫、刺绣等的手工成品。

⑧ 成结：结婚。

⑨ 催妆：古代婚仪。指迎娶日将近，男家派人到女家催促准备嫁妆或梳妆出嫁。花粉：妇女戴的花和搽的粉，亦为化妆品代称。

⑩ 公裳：宋代婚礼通用服饰，上衣下裳形制衣服。裳，即后世所称的裙子。幞头：盖头。

⑪ 利市：指喜庆仪式或者节日中所赏的喜钱。

⑫ 花檐子：娶亲的花轿。

⑬ 管待：招待。

⑭ 檐从人：迎娶新人的车夫、轿夫等。

⑮ 炒：通"吵"。即担轿的人吵着要喜钱。

⑯ 阴阳人：即阴阳生，俗称风水先生。

⑰ 谷豆钱果草节：谷物、豆子、铜钱、果子和草节，现在用五彩花纸屑代替。

⑱ 咒祝：指祝祷祈福。

⑲ 厌：镇住。青羊：神活中的木神，煞神。俗以青羊、乌鸡、青牛为居于人宅的三位凶神，称"三煞"。

⑳ 跨鞍蓦草及秤上过：跨过马鞍、草垫及秤，象征平平安安。

㉑ 送女客急三盏而退：女方送亲的客人们饮三杯酒后告辞。

请，次姨氏或妗氏请①，各斟一杯饮之；次丈母请，方下坐。新人门额，用彩一段，碎裂其下，横抹挂之，婿入房即众争扯小片而去，谓之"利市缴门红"。婿于床前请新妇出，二家各出彩段绾一同心，谓之"牵巾"，男挂于笏②，女搭于手，男倒行出，面皆相向，至家庙前参拜毕，女复倒行扶入房讲拜③，男女各争先后，对拜毕就床，女向左，男向右坐，妇女以金钱彩果散掷，谓之"撒帐"。男左女右，留少头发，二家出疋段钗子④，木梳头须之类，谓之"合髻"。然后用两盏以彩结连之，互饮一盏，谓之"交杯酒"。饮讫，掷盏并花冠子于床下，盏一仰一合，俗云大吉，则众喜贺，然后掩帐讫。宫院中即亲随人抱女婿去，已下人家即行出房，参谢诸亲，复就坐饮酒。散后次日五更，用一卓盛镜台镜子于其上⑤，望上展拜，谓之"新妇拜堂"，次拜尊长亲戚，各有彩段巧作鞋枕等为献，谓之"赏贺"。尊长则复换一疋回之，谓之"答贺"。婿往参妇家，谓之"拜门"，有力能趣办，次日则往，谓之"复面拜门"。不然三日、七日皆可，赏贺亦如女家之礼。酒散，女家具鼓吹从物迎婿还家。三日，女家送彩段油蜜蒸饼，谓之"蜜和油蒸饼"。其女家来作会⑥，谓之"暖女"。七日则取女归，盛送彩段头面与之，谓之"洗头"。一月则大会相庆，谓之"满月"。自此以后，礼数简矣。

知识链接

人生礼仪

人的一生中几个重要环节常伴随着一定的仪式行为，主要有诞生礼、成年礼、婚礼、丧葬礼和祭礼。

诞生礼：人一生的开端礼，包括婴儿出生前及出生后养育过程中的一系列仪式活动，比如求子、洗三、做满月、过百日、抓周等，被称为"摇篮边的礼仪"。

成年礼：一个人具备了一定的能力和资格正式步入社会的标志性礼仪。成年礼在世界各地普遍存在，形式多样。我国古代汉族有男子冠礼、女子笄礼，少数民族中有纳西族穿裤子礼和穿裙子礼、青海土族女子戴天头、瑶族男子度戒等。

---

① 妗氏：妗子，民间的一种称呼，即舅母。
② 笏：又称手板，用于记事，不用时插于腰间。
③ 讲拜：行拜见礼。
④ 疋段：泛指丝织品。
⑤ 卓：桌子。
⑥ 作会：来男家聚会。

婚礼：婚礼是向社会公开并得到承认的结婚仪式。我国古代有婚姻"六礼"：纳采、问名、纳吉、纳徵、请期、亲迎。纳采，俗称"提亲""说媒"，即男家请媒人向女家求婚。问名，女家同意后，男家前往女家问生辰八字以卜吉凶。纳吉，即男家到女家确定婚约，相当于订婚。纳徵，双方缔结婚约后，男家将聘礼送往女家。请期，即确定会婚日期。亲迎，又称迎亲。后世基本沿袭这一模式。

丧葬礼：为去世者举行的礼仪。中国古代儒家重视丧葬礼，规定了一整套繁复的仪式程序，包括初终、停尸、沐浴更衣、报丧、吊唁、入殓、出丧择日、招魂送魂、下葬等。这些程序直至近现代也无根本变化。

祭礼：祭祀或祭奠仪式。祭祀的含义是祭祀者借助祭品、仪式和咒语等向神灵致敬，祈求神灵保佑。祭祀对象包括天地社稷、日月星辰、先祖圣贤等，中国古代祭祀受儒家思想影响，具有很强的人文特质。

抓周盘（民国）

当代拟古成人礼（北京）

当代蒙古族婚礼（辽宁）

祭品台（浙江）

思考题

1. 关于你家乡的人生礼俗，你知道多少？请择一二有特色者介绍给同学们。

2. 结合你自己的人生历程，谈谈你印象最深的人生礼仪。

3. 以婚丧礼俗为例，说一说你对中国传统人生礼俗精神内涵的理解。

高梁桥①

刘 侗 于奕正

提示

　　这篇课文描述了明代北京人清明节出游时的游戏竞技和文艺表演场景。游戏竞技是民间社会日常娱乐生活的重要组成部分，形式多样。常见的竞技分为力量型、技巧型和技艺型。力量型竞技，如摔跤、举重、爬竿、拔河、赛龙舟等；技巧型竞技，像跳绳、跳皮筋、踢毽子、荡秋千、赛马等；技艺型则包括下棋、抓子儿等，简单易行，妙趣横生。本文语言节奏明快，形象描写逼真，读来令人赏心悦目，如临其境，不失为一幅文字版的清明踏青图。

　　水从玉泉来，三十里至桥下，荇尾靡波②，鱼头接流。夹岸高柳，丝丝到水。绿树绀宇③，酒旗亭台，广庙小池，荫爽交匝。岁清明，桃柳当候，岸草遍矣。都人踏青高梁桥，舆者则骞④，骑者则驰，蹇驱徒步⑤，既有挈携，至则棚席幕青，毡地藉草⑥，骄妓

---

①　本文节选自《帝京景物略》卷五（北京古籍出版社 1983 年版）。刘侗（1593—1636），字同人，号格庵，麻城（今属湖北）人。除《帝京景物略》外，还著有《龙井崖诗》《雉草》和《韬光三十二义》等。于奕正（1597—1636），原名继鲁字司直，宛平（今北京）人。除本书外，还有《天下金石志》《朴草》等著作。

②　荇（xìng）：荇菜，一种水草。指的是水草长如马尾，随波荡漾。

③　绀（gàn）宇：即绀园，佛寺的别称。

④　骞（qiān）：骞帏，即撩起车帘。

⑤　蹇（jiǎn）驱：驱赶着毛驴。蹇，指驴，也指驽马。

⑥　藉（jiè）草：以草铺地。

勤优①，和剧争巧②。厥有扒竿、觔斗③、咷喇④、筒子⑤、马弹解数⑥、烟火水嬉。扒竿者，立竿三丈，裸而缘其顶⑦，舒臂按竿，通体空立移时也。受竿以腹，而项手足张，轮转移时也。衔竿，身平横空，如地之伏，手不握，足无垂也。背竿，髁夹之，则合其掌，拜起于空者数也。盖倒身忽下，如飞鸟堕。觔斗者，拳据地⑧，俯而翻，反据，仰翻，翻一再折，至三折也。置圈地上，可指而仆尔，翻则穿一以至乎三，身仅容而圈不动也。叠案焉，去于地七尺，无所据而空翻，从一至三，若旋风之离于地，已则手两圈而舞于空，比卓于地，项膝互挂之，以示其翻空时，身手足尚余闲也。咷喇者，掐拨数唱，谐杂以诨焉⑨，鸣哀如诉也。筒子者，三筒在案，诸物械藏，示以空空，发藏满案，有鸽飞，有猴跃焉。已复藏于空，捷耳，非幻也。解数者，马之解二十有四，弹之解二十有四。马之解，人马并而驰，方驰，忽跃而上，立焉，倒卓焉，鬣悬⑩，跃而左右焉，掷鞭忽下，拾而登焉，镫而腹藏焉，鞦而尾赘焉⑪，观者岌岌，愁将落而践也。弹之解，丸空二三⑫，及其坠而随弹之，叠碎也，置丸童顶，弹之碎矣，童不知也。踢丸，反身弹之，移踢则碎，人见其碎，不见其移也。两人相弹，丸适中遇而碎，非遇，是俱伤也⑬。烟火者，鱼、鳖、凫、鹭形焉，燃而没且出于溪，屡出则爆，中乃其儿雏，众散，亦没且出，烟焰满溪也。是日游人以万计，簇地三四里。浴佛、重午游也⑭，亦如之。

知识链接

非物质文化遗产中的民间技艺

近些年，随着国家非物质文化保护运动的开展，很多民间技艺被列入非遗名录，引

---

① 妓、优：泛指艺人、演员。

② 和剧：各种杂耍曲艺混合上演。

③ 觔（jīn）斗：即翻跟头。

④ 咷（dào）喇：《字集补·口部》："咷，咷喇者，掐拨数唱，杂剧之名。"

⑤ 筒子：又称"罗圈""罩子"，中国传统戏法的一种，表演者使用空筒，经过巧妙安排，变出各种物品。现代魔术表演依然保留了这一节目。

⑥ 马弹解数：马戏弹艺。

⑦ 缘：攀援。

⑧ 拒地：以手按地。

⑨ 谐：诙谐。诨：插科打诨。

⑩ 鬣：马、狮子等兽类颈上的长毛。

⑪ 鞦（qiū）而尾赘：手持马尾，人身赘后，如荡秋千。

⑫ 丸空二三：将二三枚弹丸射向空中。

⑬ 非遇，是俱伤也：如果两人弹的弹丸碰不上，则两个人都会受伤。

⑭ 浴佛：又称佛诞日、佛诞节等，为每年的农历四月初八，佛祖释迦牟尼诞辰。重午：端午节的别称。

起社会广泛关注。下面是第一批入选国家级非遗项目的民间技艺（共17项），看一看有没有你家乡的技艺瑰宝吧。

吴桥杂技（河北省吴桥县）、聊城杂技（山东省聊城市）、天桥中幡（北京市）、抖空竹（北京市宣武区）、维吾尔族达瓦孜（新疆维吾尔自治区）、宁德霍童线狮（福建省宁德市）、少林功夫（河南省登封市）、武当武术（湖北省十堰市）、回族重刀武术（天津市）、沧州武术（河北省沧州市）、太极拳（河北省永年县）并杨氏太极拳和陈氏太极拳（河南省焦作市）、邢台梅花拳（河北省邢台市）、沙河藤牌阵（河北省沙河市）、朝鲜族跳板和秋千（吉林省延边朝鲜族自治州）、达斡尔族传统曲棍球竞技（内蒙古自治区莫力达瓦达斡尔族自治旗）、蒙古族博克（内蒙古自治区）、蹴鞠（山东省淄博市）。

狮子舞（河北荣成县）

中幡（北京）

高跷走兽（山西稷县）

武吵子（北京）

思考题

1. 你还熟悉哪些传统的民间技艺？举例说明。
2. 以你家乡或你所熟悉的民间技艺为例，说说其形成原因和目前的发展状况。

忆社戏①

钟敬文

风急天高，已届暮秋时节了。在这当儿，故乡各地正热闹地演唱着社戏呢。

在我们那南海之滨的故乡，自然社会上的风俗、习惯，不少还是属于中古时代的。其实，在我们这古老的国度里，除了少数的地域，受了欧化的洗礼，略有些变动外，大部分不仍是如此吗？那一年一度的演唱社戏，便是古代风尚的遗留了。

每年到了凉秋九月，各乡村、各市镇的善男信女，便欢天喜地，提议唱戏，以酬神愿，——其实，不少的民众，已没有什么娱神的观念，不过借此种玩乐，以洗涤他们一年中劳苦困倦的精神罢了。

我们故乡的土剧有三种，曰西秦②，曰正字③，曰白字④。而它们当中，以白字为最平民的。不但价钱不高，便是他们的演唱，除小部分外，大概都是取材近事，采用土话的。所以在这九月的社戏的演唱，率以白字为多。高雅的西秦和正字，是不大为我们多数民众尤其是那些农夫村妇所喜好的。白字戏的价钱很便宜，每台约数两或十余两不等。剧员多为年纪很轻的子弟。它们的出目不多，而每处初开台那天，必演唱一出《吕蒙正抛绣球》⑤。所以演唱的头一天，人家是不大喜欢去看的。城市人是如此，在看戏的村人，却不同了。他们一逢到唱戏，就禁不住手舞足蹈，好像得了什么珍宝似的，哪里舍得这

---

① 本文节选自《钟敬文文集》（散文随笔卷）（安徽教育出版社 2002 年版）。钟敬文（1903—2002），原名钟谭宗，广东海丰人，我国著名民俗学家、教育家、诗人、散文家。

② 西秦：即西秦戏，又称乱弹戏、西秦腔。流行于粤东闽南台湾等地，为西北地区的秦腔与地方艺术结合的产物。腔调主要有正线、西皮、二符、小调数种，传统剧目一千多种。2006 年入选首批国家级非物质遗产名录。

③ 正字：即正字戏，亦称正音戏，流行于粤东闽南等地，以中州音韵唱念，有中国戏剧活化石之称。2006 年入选首批国家级非物质遗产名录。

④ 白字：即白字戏，流行于广东汕尾的汉族戏曲剧种。

⑤ 吕蒙正（944 或 946—1011）：字圣功，北宋太平兴国二年（977 年）状元，后三次登上相位，封许国公。《吕蒙正抛绣球》的剧情：吕蒙正贫困潦倒，偶遇宰相之女刘月娥抛绣球，月娥不顾父亲反对，与吕蒙正成亲。婚后夫妇二人牛衣对泣，蒙正无奈向岳丈求助，却遭娥父派人毒打，往寺院求饭又遭恶僧奚落。后得到月娥母亲暗中资助，闭门苦读，终于高中状元。

市镇人所鄙为俗熟的《吕蒙正抛绣球》而不看呢？

我现在的家庭，虽在市镇里，但故居却在一个很幽僻的乡下。忆幼年时，每届乡中做社戏之际，便同家人回去观看。乡村中的一切，都使住在市镇的我感到兴味。田沟里游泳着的小鱼，丛林中自生着的野花，山涧上涌喷的流水……无一不使我对之喜爱。而且有许多新的同伴的接触，使我有时玩得忘记了饮食。更何况还有社戏看呢？

几年以前，在故乡读书时候，也还有看社戏的机会。每到那时，同学和朋友，便加倍亲热起来，夜里或白昼，我们成群结队的，穿街过巷，落乡下村，玩得确也很有味儿。

年来是不多看社戏了，尤其是现在此刻。为了学问，为了口腹，来到这去家千里的大都会的一块幽静之地居住着，在笔墨和书本的下面，断送着这一页一页的秋光。但在记忆里，故乡的旧事却不时的浮现着。这时，就仿佛某街某村的社戏之锣鼓声，丁当地在我耳畔响动起来呢……

思考题

1. 本文是一篇回忆性散文，文中处处流露出作者淡淡的乡愁。在当前的城市化进程中，你如何理解作者这种内心的愁绪？你认为如何才能"留住乡愁"？

2. 从你的家乡民间文艺形式中任选一项，展开田野调查，并制作课件与大家分享。

参考书目

郭振华：《中国古代人生礼俗文化》，西安：陕西人民教育出版社 1998 年版。

华觉明，李绵璐：《民间技艺》，北京：中国社会出版社 2006 年版。

萧放：《岁时——传统中国民众的时间生活》，北京：中华书局 2002 年版。

许嘉璐：《中国古代衣食住行》，北京：北京出版社 2011 年版。

袁珂：《中国神话传说：从盘古到秦始皇》，北京：人民文学出版社 1998 年版。

钟敬文主编：《民俗学概论》（第二版），北京：高等教育出版社 2010 年版。

第十一单元

文学艺术

导语

在漫长的历史长河中，先民们通过自己的聪明才智，理解和感悟着自然、社会和人生，并赋予自然、社会、人生以各种感情和理想，利用丰富的想象力和高超的技法创造了灿烂辉煌的精神文化。中国是一个文学艺术大国，江山代有才人出，各阶层、各民族广泛参与文艺创作，涌现出灿若繁星的文学家、艺术家，留下了数不胜数的文艺瑰宝。中华民族在文学艺术上的创造力，使得中国传统文化内涵更显丰厚，而且璀璨夺目。

我国文学源远流长，最早的书面文学作品可追溯到三千年前，各代都有代表性的文学样式，如《诗经》、楚骚、汉大赋、骈文、唐诗宋词、元明戏曲、明清小说等，都是王国维所说的"一代之文学"。名垂青史的文学大家，如屈原、司马相如、司马迁、陶渊明、李白、杜甫、韩愈、苏轼、关汉卿、汤显祖、罗贯中、施耐庵、曹雪芹、蒲松龄等，他们以自己的情感、意志和智慧，培育了中华民族高贵典雅的精神气质，哺育了一代代华夏子孙。他们的作品是中华民族对世界文化的巨大贡献。

我国有着十分发达的艺术，音乐、舞蹈、绘画、书法、雕塑等，各种艺术类型都取得了伟大的成就。就中国特有的书法艺术而言，它自成体系，分为篆、隶、草、燕、行、楷六大书体，各体皆有不同风格的书法家，李斯、王羲之、柳公权、颜真卿、怀素、米芾、赵孟頫等，都能独创风格，各领风骚。中国绘画从描绘对象上可分为山水、花鸟、人物几类，从绘画方法上可分为写意、工笔等，著名画家如顾恺之、吴道子、阎立本、张择端、唐寅、徐渭、郑燮等，不可胜数。此外，闻名遐迩的佛教四大石窟，余音绕梁的《高山流水》《广陵散》《梅花三弄》等，这些魅力无穷的作品，造就了我国华美的艺术大厦，为我们保留了先辈们真切的情感体验和精心构造的理想世界。

文学艺术来源于生活，反映着生活，是人们内在主观精神和外部客观世界的综合表达。和世界各地的文学艺术一样，中国古代文艺作品表达了对真、善、美孜孜不倦的追求，表达了人们的社会认知、社会理想和社会批判，也表达了个体对独特的生命体验和情感诉求。

中国古代的文学艺术又有着自己的特色和底蕴。自先秦以来，文学艺术都讲求"文以载道"或"器以贯道"，认为文学艺术有着感化人心的作用，因此，赋予文学艺术以引导君王、教化人民、针砭时弊的责任。也就是说，文学艺术应该服从"道"、传播"道"，所表达的内容要符合传统伦理道德。孔子的"兴观群怨"说、宗炳的"山水以形媚道"、唐代"新乐府运动"、唐宋古文运动等，都体现了文学艺术向"载道"观念的自觉靠拢。"载道"观念使得中国的文学艺术多了一份沉重的社会责任，也就多了一份现实感和严谨的态度。

丰厚而独特的文化传统，又造就中国文学艺术丰富而特性鲜明的美学风貌。从形式上看，中国最有代表性的诗歌样式是格律诗。所谓格律，是指从汉语四声出发的声律组合的法则，它使得诗歌读起来声韵起伏有致，自然而富于变化，形成美妙的音乐效果。在格律诗中，最为出彩的就是对仗。对仗追求的是句式和内容的对称，尤其追求错落有致中的均衡。对仗的形态有工对、宽对、流水对、扇面对、借对、当句对、错综对、蜂腰对、偷春对等，形态各异，无不精巧别致，充满了美学魅力。再如文人画，画家将山水、人物、花鸟等传统绘画对象，看作士人的各种情感符号，因此，讲究离开"形"而追求"神"，追求画外之意。他们或以平淡、萧瑟的风格，表达士人的高蹈出世；或以狂放怪拙、崎岖不平之态，抒发胸中的激情。无论是精美雅致的诗歌，还是萧散怪异的绘画，都体现了中国文学艺术对形式和内涵的追求。而传统画论的"气韵生动论"、严羽论诗云"吟咏情性"、公安派主张"独抒性灵，不拘格套"等，都强调对作者内心情志和个性精神的尊重，突出了文学艺术的个性精神。

中国传统文学艺术，既是社会教化的有效手段，也是精神寄托的美学世界。不同的文艺形态相互贯通，彼此借鉴，共同创造出意蕴丰厚的精神境界，营造出个性多样的艺术形象，发明出复杂精致的表现手法，丰富了中国文化传统，塑造了中国人敏锐的感受能力和美好的心灵，值得我们永远珍视。

主题课文

答谢民师推官书（节选）①

苏 轼

> **提示**
>
> 此文是苏轼写给好友谢明师的回信。在信中，苏轼提出了文学创作的四个标准：第一，文学创作的过程应当如行云流水一般，自然而然，这样才能文理得当，姿态横生；第二，所谓"辞达"，是指能够自然地描绘出事物之实情，表达出作者的真意，这是文章的目的；第三，反对文辞艰深而立意浅薄，创作当立意高远；第四，文章自有客观标准，不是人为的吹捧或贬低所能左右的。这篇文章是苏轼自己的文学经验的总结，也反映了中国传统的主流文学观念。

所示书教及诗赋杂文②，观之熟矣。大略如行云流水，初无定质③，但常行于所当行，常止于所不可不止，文理自然④，姿态横生。孔子曰："言之不文⑤，行而不远⑥。"又曰："辞达而已矣⑦。"夫言止于达意，即疑若不文⑧，是大不然。求物之妙⑨，如系风捕景⑩，能使是物了然于心者⑪，盖千万人而不一遇也⑫。而况能使了然于口与手者乎？是之谓辞

---

① 本文节选自《苏轼文集》卷四十九（中华书局 1986 年版）。谢民师，原名谢举廉，江西新干县人，时任广州推官。他曾多次携诗求教于苏轼，两人结下了深厚的友谊。苏轼离开广州后，两人继续书信往来，此文即为答谢明师的第二封信。推官，职官名，唐代始置，宋代时在三司各部各设一员，主管公案诸事。

② 书：文书。教：文告。

③ 初无定质：原本没有大致的体式。

④ 文理：文章的结构、脉络。

⑤ 文：指文采。

⑥ 行：流传，传播。

⑦ 辞：指语言。达：说得清楚，表达完整。

⑧ 疑若：怀疑。不文：不美观。

⑨ 妙：奥妙。

⑩ 景：同"影"。

⑪ 是物：此物，指所求得的事物的奥妙。

⑫ 盖：大概。

达。辞至于能达，则文不可胜用矣①。扬雄好为艰深之词②，以文浅易之说③，若正言之④，则人人知之矣。此正所谓雕虫篆刻者⑤，其《太玄》《法言》⑥，皆是类也。而独悔于赋，何哉？终身雕虫，而独变其音节⑦，便谓之经，可乎？屈原作《离骚经》⑧，盖风雅之再变者，虽与日月争光可也。可以其似赋而谓之雕虫乎？使贾谊见孔子⑨，升堂有余矣⑩，而乃以赋鄙之⑪，至与司马相如同科⑫！雄之陋，如此比者甚众⑬。可与知者道，难与俗人言也。因论文偶及之耳。欧阳文忠公言文章如精金美玉⑭，市有定价，非人所能以口舌定贵贱也。

苏轼像

① 不可胜用：用不完的意思。
② 扬雄：字子云，蜀郡（今四川成都郫县）人，西汉著名文学家。好：喜欢。
③ 文：掩饰。说：内容。
④ 正言：直截了当。
⑤ 雕虫篆刻：比喻辞章小技。虫，指虫书，笔画如虫形的一种书体。刻，刻在信符上的一种字体。这里指秦代八种字体中的两种。
⑥ 《太玄》《法言》：扬雄仿《易经》而成《太玄》，仿《论语》作《法言》。
⑦ 变其音节：指用韵、声韵等。
⑧ 《离骚经》：汉王逸给《楚辞》作注，尊《离骚》为经，奉《九章》《九歌》为传。
⑨ 贾谊：洛阳（今河南洛阳东）人，世称贾生。西汉著名政论家兼文学家，与屈原并称"屈贾"。
⑩ 升堂：比喻高深的学问。
⑪ 鄙：轻视，小看。
⑫ 同科：等类齐观。
⑬ 比：类。
⑭ 欧阳文忠公：指北宋政治家、文学家欧阳修，谥号文忠，唐宋八大家之一。

知识链接

诗言志：这是中国古代最早的关于诗歌功能的解释。《尚书·尧典》云："诗言志，歌永言，声依永，律和声。""志"在孔子那里主要是指政治抱负，强调诗歌的政教功能；而在《庄子》以及其他学者那里，有时指一切思想、意志和情感。汉代《毛诗序》说："诗者，志之所之也，在心为志，发言为诗，情动于中而形于言。"则将政教和抒情统一到"志"中，赋予诗歌更广泛的意义。由于对"志"的理解、取舍不同，导致了后代诗论"言志"与"缘情"的对立。从中国古代文学实践来看，诗歌既反映现实，推广教化，也吟咏情性，抒发感情，两者都有优秀作品，也有两者兼顾的优秀作品。

文以载道：由唐代古文运动领袖韩愈提出，经宋代理学家解说而完善。"文以载道"的意思是说"文"像车，"道"像车上所载之物。这是就文的社会功用而言的，认为文学应该承担传播政治伦理思想和教化社会的责任。相似的说法还有"文以明道""文以贯道"等。这些说法对中国古代散文写作及其他形式的文学创作，都有很大的影响，也成为中国古代文学的基本特征之一。

意境说："意境"是中国诗学的重要范畴，是一种诗歌美学理想。它要求诗歌能够呈现出形式优美，浑然天成，而又意蕴丰厚、回味无穷的艺术效果。一般认为，它是主观的"意"与客观的"境"自然结合而产生的一种艺术境界，能营造出情景交融、虚实相生而又富于生命律动的诗意空间。学者对意境说有不同的论述，王国维曾根据主观情志的表现程度，将其分为二重境界：有我之境与无我之境，这是对中国传统美学的重要总结，也是对"意"与"境"关系的精彩论断。

李杜：唐朝诗人李白和杜甫，代表着中国古代诗歌的最高成就。李白（701—762），字太白，号青莲居士，有"诗仙"之称，是中国古代最伟大的抒情诗人。李白诗歌风格多样，想象丰富而生动，充满激情，诗歌有强烈的震撼力，是中国古典诗歌黄金时代的代表。李白存世诗文千余篇，代表作有《蜀道难》《将进酒》等诗篇，有《李太白集》传世。杜甫（712—770），字子美，自号少陵野老，世称杜工部、杜少陵等，河南巩义人，被世人尊为"诗圣"，是中国古代最伟大的现实主义诗人，杜甫忧国忧民，诗歌多抒发其对社会的关怀，饱含忧患意识，诗艺精湛，各体皆精，诗风以沉郁顿挫为主，很受后人推崇。杜甫存诗约1400余首，代表作有"三吏""三别"、《茅屋为秋风所破歌》《闻官军收河南河北》《秋兴八首》等，有《杜工部集》传世。"李杜"为中国诗歌史上的双璧，对后世诗歌有着巨大的影响。

唐宋八大家：指唐、宋以来以写散文为主的八位文学家的合称，即唐代的韩愈、柳宗元，宋代的苏洵、苏轼、苏辙（合称三苏）、欧阳修、王安石、曾巩。他们倡导了古文运动，主张言之有物。他们自己的散文创作，各有特色，但都取得了巨大的艺术成就，赢得了很高的声誉。

豪放派、婉约派：对宋词风格和语言艺术的基本分类。豪放派大体视野壮阔豪迈，气势恢宏雄放，重要作家和作品有苏轼《念奴娇·赤壁怀古》、辛弃疾《破阵子·茅屋为秋风所破歌》、陆游《卜算子·咏梅》、张孝祥《六州歌头》等；婉约派感情细腻圆润，音律谐婉，语言绮丽，具有柔婉之美，代表作家及作品有柳永《雨霖铃》、晏殊《浣溪沙》、周邦彦《兰陵王》、李清照《如梦令》、秦观《鹊桥仙》等，所谓豪放、婉约是后人对词风的总结，其实并没有形成严格的文学流派。

思考题

1. 孔子既说"言之不文，行而不远"，又说"辞达而已"，这两者是否矛盾？你对此是如何理解的？

2. 苏轼举扬雄的例子说行文写作要直截了当，切记文辞艰深晦涩。结合自己在写作中的实际经验，谈一谈体会。

3. 在古代各类文学体裁中，你最喜欢哪一类？说说原因。

拓展课文

序文二篇

桃花扇小引（节选）①

孔尚任

提示

《桃花扇》为清代孔尚任的传奇作品，历经十余年三易其稿而成。传奇是明

---

① 本文节选自《桃花扇》卷首（人民文学出版社1958年版）。《桃花扇》，传奇名，以明代南都为背景，以复社文人侯方域与秦淮名妓李香君的爱情故事为线索，抒写历史兴亡之感。剧中人物李香君因拒婚而以头撞地，血溅扇面，杨文骢就血画成桃花一枝，故名《桃花扇》。

清时期流行的长篇戏曲样式，主题和唱词的文人色彩较浓。《桃花扇》是明清传奇的代表作品之一，作品借侯方域和李香君的爱情故事，表现南明覆亡的历史，即"借离合之情，写兴亡之感"。作者非常重视历史剧的可信度，并且希望后人能知兴废往来，以古鉴今。在小引中，他指出传奇虽为小道，但却众体皆备，具有警示劝诫、辅助王化的教育作用，很好地表达了传奇的特点。

　　传奇虽小道①，凡诗赋、词曲、四六、小说家②，无体不备。至于摹写须眉③，点染景物，乃兼画苑矣。其旨趣实本于《三百篇》④，而义则《春秋》⑤，用笔行文，又《左》、《国》、太史公也⑥。于以警世易俗⑦，赞圣道而辅王化，最近且切⑧。今之乐，犹古之乐，岂不信哉？

《桃花扇》剧照

---

　　① 小道：儒家对宣扬礼教以外学说的贬称。
　　② 四六：文体名，骈文的一种。因以四字六字句为对偶，故有此称。
　　③ 须眉：胡须眉毛，男子的代称。摹写须眉即摹写人物。
　　④ 《三百篇》：指《诗经》。相传《诗经》原有三千多篇，经孔子删诗成三百余篇。后世故以《三百篇》指代《诗经》。
　　⑤ 义则《春秋》：指要像《春秋》那样用精当而含义深远的话表达深刻的道理。
　　⑥ 《左》：《左传》，又称《春秋左氏传》《左氏春秋》。《国》：《国语》。太史公：这里指司马迁所著《史记》。
　　⑦ 易俗：改变习俗。
　　⑧ 切：恰到好处。

《桃花扇》一剧，皆南朝新事①，父老犹有存者。场上歌舞，局外指点，知三百年之基业，隳于何人②，败于何事，消于何年，歇于何地，不独令观者感慨涕零，亦可惩创人心，为末世之一救矣。盖余未仕时，山居多暇，博采遗闻，人之声律，一句一字，抉心呕成③。今携游长安，借读者虽多，竟无一句一字着眼看毕之人，每抚胸浩叹，几欲付之一火。转思天下大矣，后世远矣，特识焦桐者④，岂无中郎乎⑤？

聊斋自志（节选）⑥

蒲松龄

提示

《聊斋志异》是清代文言短篇小说集，共 491 篇，涉及的题材非常广泛，塑造了形形色色的人物典型，尤其是花妖鬼狐的形象格外生动。它虽然是一部志异小说，但实际上却是"孤愤之书"，蒲松龄借花妖鬼狐来抒发胸中的愤懑愁思，讽喻寄托，寓意深刻，情节曲折离奇，是古代短篇小说中的佳作。本文说明了悲愤之情是作者创作的动力，创作的目的则是为了寄托情志。

松悬弧时⑦，先大人梦一病瘠瞿昙⑧，偏袒入室⑨，药膏如钱，圆粘乳际。寤而松生，果符墨志⑩。且也：少羸多病⑪，长命不犹⑫。门庭之凄寂，则冷淡如僧；笔墨之耕耘，

---

① 南朝：指南明。

② 隳（huī）：毁坏。

③ 抉心呕成：倾尽心血。

④ 焦桐：东汉蔡邕曾用烧焦的桐木制琴，后因称琴为焦桐。特识焦桐者，指知音。

⑤ 中郎：蔡邕，字中郎，文学家，曾制焦尾琴。

⑥ 本文节选自《聊斋志异》卷首（上海古籍出版社 1962 年版）。蒲松龄（1640—1715），字留仙，一字剑臣，号柳泉，山东淄川（今淄博）人。一生醉心于科举考试，直到七十一岁才为岁贡生，生平穷困潦倒，最后著成《聊斋志异》一书。《聊斋志异》写鬼怪妖狐之事，警示薄俗，一向被推为清代文言小说之冠。

⑦ 松：蒲松龄自称。弧：木弓。悬弧：指男子诞生。

⑧ 先大人：死去的父亲。瞿昙：梵语，原为佛教始祖姓氏，后泛指僧人。

⑨ 偏袒：佛教徒披身披袈裟，袒露右肩，故称。

⑩ 墨志：黑痣。

⑪ 羸（léi）：瘦弱。

⑫ 长命不犹：长大后命运不好。不犹，不如别人。

则萧条似钵①。每搔头自念：勿亦面壁人果是吾前身耶②？盖有漏根因③，未结人天之果④；而随风荡堕，竟成藩溷之花⑤。茫茫六道⑥，何可谓无其理哉！独是子夜荧荧⑦，灯昏欲蕊⑧；萧斋瑟瑟，案冷疑冰。集腋为裘⑨，妄续幽冥之录⑩；浮白载笔⑪，仅成孤愤之书⑫。寄托如此，亦足悲矣！嗟乎！惊霜寒雀，抱树无温；吊月秋虫⑬，偎阑自热。知我者，其在青林黑塞间乎⑭！

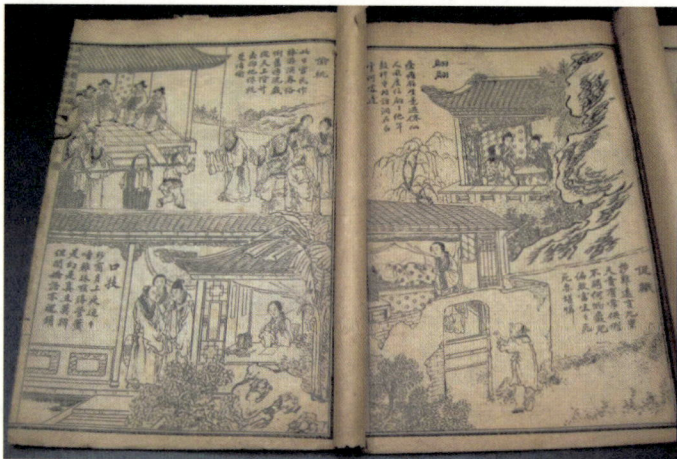

《聊斋志异》书影

知识链接

杂剧四大家：指关汉卿、白朴、郑光祖、马致远四位元杂剧作家，其代表作有《窦

---

① 萧条似钵：像托钵和尚一样清贫。
② 面壁人：泛指佛僧。
③ 有漏根因：佛家语，指未断绝尘缘。
④ 人天之果：佛教语，指行善者得到的果报。
⑤ 溷（hùn）：粪坑。这里借以自喻。
⑥ 六道：佛家语，指天道、人道、阿修罗道、畜生道、饿鬼道、地狱道六道轮回。
⑦ 荧荧：烛光微弱的样子。
⑧ 蕊：指油灯将尽。
⑨ 腋：指狐腋下的毛皮。裘：皮袍。
⑩ 幽冥之录：指南朝刘义庆所撰的志怪小说《幽冥录》。
⑪ 浮白：本义为罚满饮一杯酒。浮：旧时行酒令罚酒之称，后指满饮。白：罚酒用的杯子。后以"浮白"指饮酒。
⑫ 孤愤之书：战国韩非著有《孤愤》，这里指代《聊斋志异》。
⑬ 吊月：望月哀伤。
⑭ 青林黑塞：指冥冥中。

娥冤》《梧桐雨》《倩女离魂》《汉宫秋》等。杂剧是用北曲演唱的戏曲形式，形成于宋末，繁盛于元代，内容多反映社会不公，也有浪漫爱情故事。一本杂剧有四折，通常还有一个楔子，全剧一人主唱。"四大家"代表了不同时期不同流派的杂剧创作的最高成就。

古典四大戏剧：指王实甫的《西厢记》、汤显祖的《牡丹亭》、孔尚任的《桃花扇》和洪昇的《长生殿》。《西厢记》唱出"愿天下有情人终成眷属"的呼声，为古典戏剧的现实主义杰作；《牡丹亭》主张"至情论"，为浪漫主义戏剧典范；《桃花扇》借男女离合之情写历史兴亡之感，反映了当时丰富的社会内容；《长生殿》以唐玄宗和杨贵妃爱情为主线，表达了对爱情与政治的反思和同情。

四大奇书：指《三国演义》《水浒传》《西游记》和《金瓶梅》，它们代表了我国古代小说的四种基本类型。《三国演义》是历史演义小说，我国第一部长篇章回体小说；《水浒传》是英雄传奇，第一部白话章回小说；《西游记》是神魔小说，古代浪漫主义小说的代表；《金瓶梅》是世情小说，第一部完全由文人独立创作的长篇小说。

小说革命：梁启超于1902年在《新小说》创刊号发表《论小说与群治之关系》，提出"今日欲改良群治，必自小说界革命始，欲新民，必自新小说始"，这是小说界革命的开始。小说革命的作用主要有二：首先，梁氏提出了小说之于社会革命的积极作用，将其提高到与经、史并列的社会地位；其次，将小说纳入资本主义社会改革之中，为小说的创作提供了广阔的现实题材和范围，反映了小说具有"浅而易解""乐而多趣"的艺术特征，小说具有"支配人道"的"熏""浸""刺""题"四种力量。"小说革命"影响深远，在它的指导下，许多人投身小说创作，对近代小说的发展具有巨大的推动作用。

思考题

1. 明清时期，南、北方相继形成了不同的戏曲流派。查找资料，说一说他们各有哪些贡献。

2. 阅读《桃花扇》，并了解剧本的时代背景，体会作者的"兴亡之感"。

画山水序（节选）①

宗 炳

提示

　　宗炳是佛学家，他将自己对佛、道的体悟引入山水绘画中，表现"山水以形媚道"的主题。《画山水序》是中国历史上最早关于山水画的论著，文章结合古代圣贤"知者乐水，仁者乐山"来体现"道"，这种认识直接影响了宋代山水画的趣味，而且其形神论在造型艺术上具有十分普遍的意义。《画山水序》还在充满儒学色彩的人物画论之外另立一宗，即阐明了欣赏山水画的虚静情怀和畅神功能，发展了传统美学理论。

　　圣人含道暎物②，贤者澄怀味像③。至于山水，质有而灵趣，是以轩辕、尧、孔、广成、大隗、许由、孤竹之流④，必有崆峒、具茨、藐姑、箕首、大蒙之游焉⑤。又称仁智之乐焉。夫圣人以神法道⑥，而贤者通。山水以形媚道⑦，而仁者乐。不亦几乎？

　　余眷恋庐、衡，契阔荆、巫⑧，不知老之将至。愧不能凝气怡身⑨，伤砧石门之流⑩，于是画象布色，构兹云岭⑪。

　　夫理绝于中古之上者⑫，可意求于千载之下。旨微于言象之外者⑬，可心取于书策之

---

　　① 本文选自《历代名画记》（浙江人民美术出版社 2011 年版），有删改。宗炳（375—433），南朝宋画家。字少文，南阳涅阳（今河南邓州东北）人，他擅长书法、绘画和抚琴，信仰佛教，曾参加名僧慧远在庐山主持的"白莲社"。《画山水序》是他漫游江南山水，结合内心情志而写的一篇散文，其中多处表达了自己对山水画的体悟和见解，也是一篇优美的山水文章。

　　② 含道暎（yìng）物：体内藏道，表现在物体上。暎，古同"映"，照耀。

　　③ 澄怀味像：澄清怀抱，胸无杂念，品味道所显现出的像。

　　④ 轩辕、尧、孔、广成、大隗（wěi）、许由、孤竹：都是古代充满智慧的圣人。

　　⑤ 崆峒、具茨、藐姑、箕首、大蒙：传说均为神仙居住的山。

　　⑥ 法：驾驭。

　　⑦ 以形媚道：用外在美好的形态表现"道"的内涵。

　　⑧ 契阔：怀念。

　　⑨ 凝气怡身：神仙家修行之法，指呼吸吐纳之术。

　　⑩ 伤砧石门之流：身体多病，难于行走，但仍坚持游览石门等地。

　　⑪ 构：创造。

　　⑫ 绝：埋没。

　　⑬ 旨：思想意旨。微：隐蔽。言象之外：物象之外。

内①。况乎身所盘桓②，目所绸缭③。以形写形，以色貌色也④。

且夫昆仑山之大，瞳子之小，迫目以寸⑤，则其形莫睹，迥以数里⑥，则可围于寸眸。诚由去之稍阔⑦，则其见弥小⑧。今张绢素以远暎⑨，则昆、阆之形⑩，可围于方寸之内。竖划三寸，当千仞之高；横墨数尺，体百里之迥。是以观画图者，徒患类之不巧⑪，不以制小而累其似⑫，此自然之势。如是，则嵩、华之秀，玄牝之灵⑬，皆可得之于一图矣。

圣贤暎于绝代，万趣融其神思。余复何为哉⑭，畅神而已⑮。神之所畅，孰有先焉⑯。

知识链接

人物画：是以人物形象为主体的绘画的总称。中国人物画的出现比较早，是中国画中的一大画科，大体可分为道释画、仕女画、肖像画、风俗画、历史故事画等。人物画力求人物个性刻画得逼真传神，气韵生动，形神兼备。其传神之法，常把对人物性格的表现，寓于环境、气氛、身段和动态的渲染之中。历代著名人物画有东晋顾恺之的《洛神赋图》、五代南唐顾闳中的《韩熙载夜宴图》、北宋李公麟的《维摩诘像》、南宋李唐的《采薇图》等。

花鸟画：在中国画中，凡是以翎毛走兽、花卉瓜果、禽鸟虫鱼等为描摹对象的，统称为花鸟画。其画法有工笔，主要用浓、淡勾勒物象，如五代西蜀黄荃的《写生珍禽图》；写意花鸟画用概括的手法绘写对象，如八大山人和石涛的《荷花小鸟》；介于工笔和写意之间的称为兼工带写，形态比较逼真，在绘画中的使用也比较广泛，如唐代

---

① 可心取于书策之内：通过用心研究书籍可以了解到。
② 盘桓：徘徊于山水之间。
③ 绸缭：反复地看。
④ 貌：绘制。
⑤ 迫目：眼睛靠近去看。以寸：相距一寸。
⑥ 迥：远远地。
⑦ 诚：确实。
⑧ 弥小：越小。
⑨ 张绢素以远暎：指展开绢素，把远处的景物画在纸上。
⑩ 昆、阆（làng）：指昆仑山阆风巅，传说为神仙居住的地方。
⑪ 徒患：只是担心。
⑫ 累：劳烦。
⑬ 玄牝（pìn）：道教及修行术语。
⑭ 余复何为哉：指没有什么可做的了。
⑮ 畅神：使精神畅快。
⑯ 孰有先焉：还有什么比作画强的呢。

薛稷的《瑞鹤图》。

山水画：简称"山水"，以山川自然景观为主要描摹对象。山水画形成于魏晋南北朝时期，但尚未从人物画中完全分离。隋唐时始独立，五代、北宋时趋于成熟，成为中国画的重要画科。传统上按画法风格可分为青绿山水、金碧山水、水墨山水、浅绛山水、小青绿山水、没骨山水等。著名的山水画有隋代展子虔的《游春图》、北宋范宽的《山水图》、元代黄公望的《富春山居图》、明张宏的《华子冈图》等。

文人画：也称为"士大夫甲意画"或"士夫画"，指画中蕴含文人思想、审美情趣的绘画。文人画发端于魏晋时期，但作为正式的名称，则是由元代画家赵孟頫提出的。他多取材于花鸟、山水、梅兰竹菊等，借以抒发内心性灵，亦表达对某些重要事件的看法。文人画标举"士气"，强调神韵和文学涵养，通常在画中创造出优美的意境，比较著名的文人画有五代董源的《龙宿郊民图》、北宋范宽的《临流独坐图》、南宋李迪的《风雨归牧图》、明唐寅的《秋风执扇图》、清郑板桥的《竹石图》等。

（宋）李公麟《维摩诘像》（局部）

（清）郑板桥《竹石图》（局部）

（唐）薛稷《瑞鹤图》

（元）黄公望《富春山居图》

思考题

1. 你对宗炳的"山水以形媚道"是如何理解的？

2. 古人特别喜欢画梅、兰、竹、菊，这是为什么呢？

3. 结合元代黄公望的《富春山居图》，谈谈这幅画所表达的意境。

兰亭记①

赵卫彦

提示

　　《兰亭集序》又名《兰亭宴序》《兰亭序》《临河序》或《禊序》。东晋穆帝永和九年（353年）三月三日，王羲之与孙绰、谢安等四十一位儒雅之士汇聚山阴兰亭"修禊"，与会者每人赋诗，编纂成集。王羲之为诗集作序，即《兰亭集序》。作为书法作品的《兰亭集序》，字法遒媚飘逸，字体骨格清秀，世人争相临摹，宋代米芾更称之为"中国行书第一帖"。《兰亭集记》一文以曲折的情节，对唐太宗如何获得《兰亭集序》始末进行了详细完整的记录，尤其对萧翼如何骗取真帖事描述最为详细，从中可见后世对王羲之书帖艺术作品的珍爱。

　　贞观中，太宗尝与魏征论书，征奏曰："王右军昔在永和九年莫春之月②，修禊事于兰亭③，酒酣书《序》，时白云先生降其室而叹息之④。此帖流传至于智永⑤，右军仍孙也⑥，为浮屠氏于越州云门寺⑦，智永亡，传之弟子辩才。"上闻之，即欲诏取之。征曰："辩才宝此过于头目，未易遽索⑧。"

　　后因召至长安，上作赝本出示以试之⑨。辩才曰："右军作此三百七十五字，始梦天台子真传授笔诀，以'永'字为法。此本乃后人模仿尔！所恨臣所收真迹，昔因隋乱，以石函藏之本院，兵火之余，求之不得。"上密遣使人搜访，但得智永《千文》而归⑩。

---

①　本文选自《云麓漫钞》卷六（中华书局1996年版），有删改。赵卫彦（约1195年前后在世），字景安，里居及生卒年不详。今有《云麓漫钞》传世，书中不少资料有助于文史研究。

②　莫春：即暮春。"莫"，通"暮"。

③　修禊：古代汉族民俗，每年于春季上巳日在水边举行祭礼，洗濯去垢，消除不祥，又叫祓禊。

④　白云先生：指神仙。

⑤　智永：书圣王羲之七世孙，号"永禅师"，会稽山阴人。

⑥　仍孙：即七世孙。

⑦　浮屠：也作浮图，休屠。古人称佛教徒为浮屠，后并称佛塔为浮屠。

⑧　遽索：快速求得。

⑨　赝本：假托名人手笔的书画。

⑩　智永《千文》：即《真草千字文》。智永将《兰亭序》带到云门寺保存，并创"永字八法"，临有《真草千字文》，为楷书立下了典范。

既而辩才托疾还山，上乃夜祝于天①，是夜，梦守殿神告以此帖尚存，遂令西台御史萧翼持梁元帝画《山水图》②、大令书《般若心经》为饵，赚取以进。

翼至越，舍于静林坊客舍，著纱帽，大袖布衫，往谒辩才，且诳以原从师出家③，遂留同处。乃取《山水图》并《心经》以遗之。辩才曰："此两种料上方亦无之，去岁上出《兰亭》模本，唯老僧知其伪，试将真迹睨秀才④，如何？"翼见之，佯为轻易⑤，且云："此亦模本尔。"辩才曰："叶公好龙，见真龙而慑；以子方之⑥，顾不虚也。"一日辩才持钵城中⑦，携翼以往。翼潜归寺中，给守房童子以和尚令取净巾⑧，遂窃《兰亭》及《山水》《心经》复回客舍，方易服报观察使，至后亭召辩才，出诏示之。辩才惊骇，举身仆地，久之方苏⑨。

翼日即诣阙投进，上焚香授之，百僚称贺。拜翼献书侯，赐宅一区，钱币有差。及赐辩才米千斛⑩，二十万钱。上于内殿学书，不舍书夜，既成，书以赐欧阳询等。

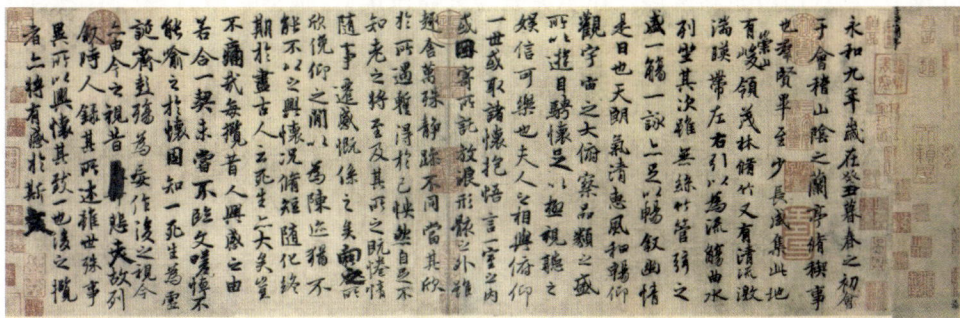

（晋）王羲之《兰亭序》

知识链接

汉隶十大名碑：汉代以隶书刻碑，流传后世十大名碑分别是：东汉永兴元年的乙瑛碑（现存山东曲阜孔庙）、东汉永寿二年刻《礼器碑》（现存山东曲阜孔庙）、东汉中平二年刻曹全碑（现藏西安碑林博物馆）、东汉建和二年刻摩崖石刻石门颂（现藏陕西汉中博

---

① 祝：祈祷。
② 萧翼：梁元帝曾孙，唐贞观年间任谏议大夫，监察御史。
③ 诳：哄骗。
④ 睨：斜着眼睛看。
⑤ 佯：假装。
⑥ 方之：比作。
⑦ 钵：僧人外出化缘用的食器。
⑧ 给（dài）：古同"诒"，欺骗，欺诈。
⑨ 苏：苏醒。
⑩ 斛：中国旧量器名，亦是容量单位，一斛本为十斗，后来改为五斗。

物馆)、东汉延熹四年刻华山碑（已毁）、东汉建宁二年刻史晨碑（现存山东曲阜孔庙)、东汉中平三年刻《张迁碑》（现存山东泰安岱庙）、东汉延熹八年刻《鲜于璜碑》（现藏天津博物馆）、东汉建宁二年刻《衡方碑》（现存山东泰安岱庙）、东汉建宁四年刻摩崖石刻《西狭颂》（在甘肃成县西峡中段青龙头)。

二王： 东晋王羲之书法博采众长，自成一体，有"书圣"之称，代表作《兰亭集序》被称为"天下第一行书"。其子王献之以草书和行书闻名，代表作有《淳化阁帖》。王羲之和王献之被后人合称"二王"。

楷书四大家： 书法史上以楷书著称的四位书法家，分别是唐朝欧阳询（欧体）、唐朝颜真卿（颜体）、唐朝柳公权（柳体）、元朝赵孟頫（赵体）。欧阳询书法号称"唐人楷书第一"，代表作有《九成宫醴泉铭》；颜真卿笔势端庄，骨力遒健，代表作有《多宝塔碑》《颜勤礼碑》；柳公权以瘦劲著称，代表作有《玄秘塔碑》《神策军碑》；赵孟頫笔法圆润清秀，又不失飘逸隽秀，代表作有《玄妙观重修三门记》。

天下三大行书： 由于历代诸家的称善，世人将《寒食帖》与东晋王羲之《兰亭序》、唐颜真卿《祭侄稿》合称为"天下三大行书"。有人说《兰亭序》是文人雅士的风格，《祭侄稿》是圣哲贤人的风格，《寒食帖》是才子学士的风格。它们先后媲美，各领风骚，是中国书法史上行书的三大里程碑。

寒食帖

苏黄米蔡： 指宋代苏轼、黄庭坚、米芾、蔡襄四位最能代表宋代书法艺术的书法家，也称"宋四家"。四位按年龄排序。苏轼书法丰腴跌宕，黄庭坚纵横傲绝，米芾俊迈豪放，蔡襄端庄沉着。

思考题

1. 说出一种你喜欢的书帖，并说明其原因。

2. 中国书法艺术有哪些美学特点？

中国艺术表现里的虚与实（节选）①

宗白华

提示

　　这篇短文主要从艺术表现的虚与实的视角出发，分别举戏剧、绘画、书法的例子说明艺术领域的虚、实问题。在艺术创作中，看得见的、符合客观情况的东西就是实景，由实景带入的作者的深切的情感体验就是虚景，这在审美体验中往往是显而易见的。虚与实的结合是中国艺术领域里最重要的因素，只有做到虚实结合，才能表达出真、善、美，才能创作出优秀的作品。

　　先秦哲学家荀子是中国第一个写了一篇较有系统的美学论文——《乐论》的人。他有一句话说得极好，他说："不全不粹不足以谓之美。"这话运用到艺术上就是说：艺术既要极丰富地全面地表现生活和自然，又要提炼地去粗取精，提高、集中，更典型，更具普遍性地表现生活和自然。

　　由于"粹"，由于去粗取精，在艺术表现里有了"虚"，"洗净尘滓，独存孤迥"（恽南田语）②。由于"全"，才能做到孟子所说的"充实之谓美，充实而有光辉之谓大"。"虚"和"实"辩证的统一，才能完成艺术的表现，形成艺术的美。

　　但"全"和"粹"是相互矛盾的。既去粗取精，那就似乎不全了，全就似乎不应"拔萃"。又全又粹，这不是矛盾吗？

　　然而只讲"全"而不顾"粹"，这就是我们现在所说的自然主义；只讲"粹"而不能反映"全"，那又容易走上抽象的形式主义的道路；既粹且全，才能在艺术表现里做到真正的"典型化"，全和粹要辩证地结合、统一，才能谓之美，正如荀子在两千年前所正确指出的。

　　中国传统的绘画艺术很早就掌握了这虚实相结合的手法。例如近年出土的晚周帛画凤夔人物、汉石刻人物画、东晋顾恺之《女史箴图》、唐阎立本《步辇图》、宋李公麟

---

① 本文节选自《艺境》（北京大学出版社 2007 年版），有删改。宗白华（1897—1986），江苏常熟人，现代美学大师、哲学家、诗人。宗先生主张主观的生命情调与客观的自然景象交融互渗，并提出"艺境"说，他将此称之为"艺术创作的中心之中心"。

② 尘滓：俗世污浊。孤迥：孤傲高远。恽南田（1633—1690）：原名格，字寿平，改字正权，号南田，明末清初著名画家，常州画派的开创者。

《免胄图》、元颜辉《钟馗出猎图》、明徐渭《驴背吟诗》，这些赫赫名迹都是很好的例子。我们见到一片空虚的背景上突出地集中地表现人物行动姿态，删略了背景的刻画，正像中国舞台上的表演一样（汉画上正有不少舞蹈和戏剧表演）。

中国舞台表演方式是有独创性的，我们愈来愈见到它的优越性。而这种艺术表演方式又是和中国独特的绘画艺术相通的，甚至也和中国诗中的意境相通。中国舞台上一般地不设置逼真的布景（仅用少量的道具桌椅等）。老艺术人说得好："戏曲的布景是在演员的身上。"演员结合剧情的发展，灵活的运用表演程式和手法，使得"真境逼而神境生"。演员集中精神用程式手法、舞蹈行动，"逼真地"表达出人物的内心情感和行动，就会使人忘掉对于剧中环境布景的要求，不需要环境布景阻碍表演的集中和灵活，"实景清而空景现"[①]，留出空虚来

宗白华像

让人物充分地表现剧情，剧中人和观众精神交流，深入艺术创作的最深意趣，这就是"真境逼而神境生"[②]。这个"真境逼"是在现实主义的意义里的，不是自然主义里所谓逼真。这是艺术所启示的真，也就是"无可绘"的精神的体现，也就是美。"真"、"神"、"美"在这里是一体。

做到了这一点，就会使舞台上"空景"的"现"，即空间的构成，不须借助于实物的布置来显示空间，恐怕"位置相戾，有画处多属赘疣"，排出了累赘的布景，可使"无景处都成妙境"。例如川剧《刁窗》一场中虚拟的动作既突出了表演的"真"，又同时显示了手势的"美"，因"虚"得"实"。《秋江》剧里船翁一支桨和陈妙常的摇曳的舞姿可令观众"神游"江上[③]。八大山人画一条生动的鱼在纸上，别无一物，令人感到满幅是水。我最近看到故宫陈列的齐白石画册里一幅上画一枯枝横出，站立一鸟，别无所有，但用笔的神妙，令人感到环绕这鸟是一无垠的空间，和天际群星相接应，真是一片"神境"。

中国传统的艺术很早就突破了自然主义和形式主义的片面性，创造了民族的独特的现实主义的表达形式，使真和美、内容和形式高度地统一起来。反映这艺术发展的美学

---

① "实景"句：语出清代画家笪重光《画筌》，意为实在的景物清晰、简洁，虚空的景也就显出来了。

② "真境"句：出于笪重光《画筌》，意为实在的景物逼真了，神奇的境界就出现了。

③ 陈妙常：南宋绍兴年间，临江青石镇郊女贞庵中的尼姑。陈妙常善诗文，工音律，经常穿着袈裟跳舞，令人目眩神迷。

思想也具有独创的宝贵的遗产，值得我们结合艺术的实践来深入地理解和汲取，为我们从新的生活创造新的艺术形式提供借鉴和营养资料。

中国的绘画、戏剧和中国另一特殊的艺术——书法，具有着共同的特点，这就是它们里面都是贯穿着舞蹈精神（也就是音乐精神），由舞蹈动作显示虚灵的空间。唐朝大书法家张旭观看公孙大娘剑器舞而悟书法，吴道子画壁请裴将军舞剑以助壮气。而舞蹈也是中国戏剧艺术的根基。中国舞台动作在二千年的发展中形成了一种富有高度节奏感和舞蹈化的基本风格，这种风格既是美的，同时又能表现生活的真实，演员能用一两个极洗练而又极典型的姿势，把时间、地点和特定情境表现出来。例如"趟马"这个动作，可以使人看出有一匹马在跑，同时又能叫人觉得是人骑在马上，是在什么情景下骑着的。如果一个演员在趟马时"心中无马"，光在那里卖弄武艺，卖弄技巧，那他的动作就是程式主义的了。——我们的舞台动作，确实能通过高度的艺术真实，表现出生活的真实的。也证明这是几千年来，一代又一代的，经过广大人民运用他们的智慧，积累而成的优秀的民族表现形式。如果想一下子取消这种动作，代之以纯现实的，甚至是自然主义的做工，那就是取消民族传统，取消戏曲。

中国艺术这种善于运用舞蹈形式，辩证地结合着虚与实，这种独特的创造手法也贯穿在各种艺术里面。大而至于建筑，小而至于印章，都是运用虚实相生的审美原则来处理，而表现出飞舞生动的气韵。《诗经》里《斯干》那首诗里赞美周宣王的宫室时就是拿舞的姿式来形容这建筑，说它"如跂斯翼，如矢斯棘，如鸟斯革，如翚斯飞"。①

由舞蹈动作伸延，展示出来的虚灵的空间，是构成中国绘画、书法、戏剧、建筑里的空间感和空间表现的共同特征，而造成中国艺术在世界上的特殊风格。它是和西洋从埃及以来所承受的几何学的空间感有不同之处。研究我们古典遗产里的特殊贡献，可以有助于人类的美学探讨和艺术理解的进展。

思考题

1. 中国传统艺术有哪些共同的审美特点？
2. 任选绘画、书法、戏剧等其中一种艺术形式，谈谈你对虚与实的理解。

---

① 如跂（qǐ）斯翼，如矢斯棘，如鸟斯革，如翚（huī）斯飞。跂：踮起脚跟。翼：端庄严肃的样子。棘：借作"翮"（hé），指箭羽。革：翅膀。翚：野鸡。这些话是说建筑挺拔屹立，就像人端庄站着的样子，鸟展翅将飞的神态。

参考书目

程俊英：《诗经译注》，上海：上海古籍出版社 2006 年版。

董楚平：《楚辞译注》，上海：上海古籍出版社 2014 年版。

吴楚材，吴调侯：《古文观止》，北京：中华书局 2014 年版。

张彦远：《历代名画记》，浙江人民美术出版社 2011 年版。

蒋勋：《汉字书法之美》，南宁：广西师范大学出版社 2014 年版。

祝嘉：《中国书学史》，长沙：湖南大学出版社 2014 年版。

宗白华：《艺境》，北京：北京大学出版社 1997 年版。

朱光潜：《谈美》，北京：生活·读书·新知三联书店 2012 年版。

技艺百工

导语

在五千年的历史中，我们的先民们依靠自己勤劳的双手、不懈的努力，适应着这个世界，改造着这个世界，并由此创造了辉煌灿烂的传统文化。传统技艺，既是传统文化的结晶，也是传统文化最为生动、形象的载体之一。

我国的传统技艺种类繁多。一般来说，包括了工具器械制作、饮食加工、建筑营造、雕塑、织染、编织扎制（诸如竹编、草编、风筝）、陶瓷制作、金属冶煅加工、髹漆（诸如雕漆、推光漆器）、家具制作、文房用品制作、印刷术、刻绘（诸如剪纸、刻纸、木板年画、彩绘）等十几类。在传统技艺的演化和发展过程中，在许多方面都展现出了极高的水平。东汉时期，蔡伦用树皮、麻头及敝布、鱼网等原料，经过挫、捣、抄、烘等工艺制造的纸，是现代纸的渊源。北宋年间的毕昇，发明的泥活字则标志着活字印刷术的诞生，比德国人约翰内斯·古腾堡活字印刷术约早400年。它们和火药、指南针一起，铸就了古代中国工艺技术的辉煌成就，被称为中国古代的四大发明，对人类文明的发展产生了革命性的影响。

漫长的农耕社会造就了中国人注重实用的思维特点。管仲曰："古之良工，不劳其智巧以为玩好，是故无用之物，守法者不失。"（《管子·五辅》）其意为，良好的工匠不会运用自己的智慧去做那些只为满足玩乐需求的无用之物。如我们熟知的鼎，实际就是用青铜铸造的锅，用于煮或盛放鱼肉，只是因为材料的稀缺和铸造工艺的复杂，仅限于古代贵族阶层使用。后来部分体型硕大、工艺繁复的青铜器逐步发展成为祭祀仪式中的礼器，不再在日常生活中使用，但这也只是使用场所和方式的改变。传统技艺注重实用并不是说忽略了对美的追求，只是外在的美总是以实用性为前提，体现了古人"文质彬彬"

的价值追求。

　　中国传统技艺讲求"道法自然"。自然给予了古人创造的灵感，很多传统技艺就是古人在"仰则观法于天，俯则观法于地"的过程中受到启发而创造的。工匠祖师鲁班即从带有锯齿状叶子的植物那里获得了灵感并发明了锯。传统技艺的生产过程也体现了古人对自然的尊重及对自然规律的遵从。《考工记》云："天有时，地有气，材有美，工有巧，合此四者然后可以为良。"也就是说，只有在天时、地气、美材、巧工四者均具备的情况下，才能生产出精良的产品。正因为古代工匠注重天时、地气，他们的生产过程就必然顺从自然的时令；正因为他们追求美材，因地制宜就成为了他们必然的选择。中国的传统技艺始终体现着人类智慧与自然秩序的完美融合。

　　异彩纷呈的传统技艺还体现了中国人独特的审美情趣。如青瓷，虽然色彩单一，但瓷质细腻，造型端庄，传达出一种收敛、温厚、宁静、含蓄的意蕴。青花瓷为单色，但与白底相映成趣，其线条纹饰或繁或简，时而给人以含蓄内敛之感，时而散发大气豪迈之情。而已经绝世的哥窑瓷器，其表面的冰裂状开片既是人工作用的结果，又不完全为人所控制，看上去宛如天然之雕饰，表现出自然天成的美感和趣味，达到了大巧若拙的审美境界。

　　在时代浪潮的冲击与涤荡之下，许多传统的技艺已经逐渐淡出了我们的视野。然而，技艺是永恒的，人类离不开技艺。很多传统技艺，如器具制造、修鞋裁衣、饮食烹饪，仍旧在社会生产和日常生活中发挥着重要的作用。而那些见证了文明发展历程的传统技艺，既是千百年来中华民族认识自然的反映，也是炎黄子孙改造世界的写照，更是全体中华儿女乃至世界人民共有的文化财富。因此，了解传统技艺，保护传统技艺，亦是当代中国人共有的责任。

主题课文

考工记①

提示

本文选自《周礼·冬官》，这是中国目前所见的年代最早的手工业技术文献，内容涉及先秦时代的制车、兵器、礼器、钟磬、练染、建筑、水利等手工业技术，以及天文、生物、数学、物理、化学等自然科学知识。本文点明"国有六职，百工与居一焉"，从而确定了百工的地位，指出了工匠的重要性；提出了"天有时，地有气，材有美，工有巧，合此四者，然后可以为良"的观点，期望工艺能将"天时地利"与"才巧人和"相结合，显示了中国传统工艺所蕴含的哲学理念。

国有六职②，百工与居一焉③。或坐而论道，或作而行之，或审曲面执④，以饬五材⑤，以辨民器⑥，或通四方之珍异以资之⑦，或饬力以长地财⑧，或治丝麻以成之。坐而论道，谓之王公；作而行之，谓之士大夫；审曲面执，以饬五材，以辨民器，谓之百工；通四方之珍异以资之，谓之商旅；饬力以长地财，谓之农夫；治丝麻以成之，谓之妇功。

粤无镈⑨，燕无函⑩，秦无庐⑪，胡无弓、车。粤之无镈也，非无镈也，夫人而能为镈也；燕之无函也，非无函也，夫人而能为函也；秦之无庐也，非无庐也，夫人而能为庐也；胡之无弓、车也，非无弓、车也，夫人而能为弓、车也。知者创物，巧者述之守

---

① 本文节选自《周礼·冬官》（《十三经注疏·周礼注疏》，北京大学出版社 1999 年版），相传为周公旦所著，但实际上可能是战国时期归纳而成。《考工记》记述了战国时期官营手工业的各工种规范和制造工艺，保留有先秦大量的手工业生产技术、工艺美术资料，记载了一系列的生产管理和营建制度。

② 六职：即下文的王公、士大夫、百工、商旅、农夫、妇功。

③ 百工：各种工匠，归司空管辖。

④ 审曲面执：察审材料的曲直形态，因材之宜以制器。

⑤ 饬：整治加工。五材：金、木、水、火、土。

⑥ 辨：犹具备。

⑦ 资：取也。

⑧ 饬：勤。地财：谷物。

⑨ 粤：通"越"，指越国。镈（bó）：古代锄一类的农具。

⑩ 函：铠甲。

⑪ 庐：通"籚"，矛戟之柄。

之，世谓之工。百工之事，皆圣人之作也。烁金以为刃①，凝土以为器，作车以行陆，作舟行水，此皆圣人之所作也。

天有时，地有气，材有美，工有巧，合此四者，然后可以为良。材美工巧，然而不良，则不时、不得地气也。橘逾淮而北为枳，鹳鹆不逾济②，貉逾汶则死③，此地气然也；郑之刀，宋之斤④，鲁之削⑤，吴粤之剑，迁乎其地而弗能为良，地气然也。燕之角，荆之干⑥，妢胡之笴⑦，吴粤之金、锡，此材之美者也。天有时以生，有时以杀；草木有时以生，有时以死，石有时以泐⑧，水有时以凝，有时以泽⑨，此天时也。

传统制瓷工艺

传统造纸工艺

曾侯乙墓出土铜尊盘

传统制笔工艺

① 烁：通"铄"，熔化金属。
② 鹳鹆（qúyù）：八哥，能模仿人说话的某些声音。济：济水。
③ 汶：汶水。
④ 斤：通"斧"，古代砍伐树木的工具。
⑤ 削：书刀，用来刻字。
⑥ 干：弓弩之干。
⑦ 妢（fén）胡：地名，在今安徽阜阳一带。笴：箭杆。
⑧ 泐（lè）：石头崩坏。
⑨ 泽：通"释"，溶解。

知识链接

《梦溪笔谈》：北宋沈括著，共30卷17目609条，是一部涉及我国古代自然科学、工艺技术及社会历史现象的综合性笔记体著作，对中国古代，特别是北宋时期发明创造和科学成就的总结。英国科学史家李约瑟评价其为中国科学史上的里程碑，有巨大的学术价值。

《天工开物》：明朝宋应星著，共3卷18篇，是世界上第一部关于农业和手工业生产的综合性著作，收录了机械、砖瓦、陶瓷、硫磺、烛、纸、兵器、火药、纺织、染色、制盐、采煤、榨油等生产技术，如《机械》篇就详细记述了包括立轴式风车、糖车、牛转绳轮汲卤等农业机械工具。书中强调人类要和自然相协调、人力要与自然力相配合的技艺精神，是一部中国古代的科技百科全书。

行业祖师：《考工记》中就说："百工之事，皆圣人作也。"古人认为，手工艺或技术的发明创造，都源自"圣人"。这些发明创造者，或对本行业有扶持、推广之功的人，就成为本行业敬奉的祖师爷，被视为本行业的保护神。如茶叶行的祖师陆羽、造纸业的祖师蔡伦、印刷业的祖师毕昇、酿酒业的祖师杜康、建筑业的祖师鲁班、理发业的祖师罗公，等等。

思考题

1. 中国古代儒家所说"六职"内涵是什么？请你谈谈如此分工的依据。
2. 请结合某个具体的手工技艺，说明"天时地利"与"人和"的关系。
3. 谈谈你所知道的行业祖师及其来历。

拓展课文

茶之造①

陆 羽

提示

　　本文记述了传统的制茶工艺。采茶多在二月至四月，且必须注意采摘的时间和天气，这会影响最后制成的茶叶的质量。自采茶至封装要经过七道工序。茶饼制成之后会呈现出不同的外在形态，据此可判断茶饼的优劣。通过这篇文章，可以概览传统的制茶工艺，加深对茶文化的认识。

　　凡采茶，在二月三月四月之间。茶之笋者生烂石沃土②，长四五寸，若薇蕨始抽③，凌露采焉。茶之牙者，发于丛薄之上④，有三枝、四枝、五枝者，选其中枝颖拔者采焉⑤。其日有雨不采，晴有云不采。晴，采之，蒸之⑥，捣之，拍之，焙之⑦，穿之⑧，封之⑨，茶之干矣。

　　茶有千万状，卤莽而言⑩，如胡人靴者蹙缩然⑪，犎牛臆者廉襜然⑫，浮云出山者轮

---

　　① 本文节选自《茶经》（上海古籍出版社 2009 年版），是中国乃至世界现存最早、较为全面介绍茶的专著。陆羽（733—804），字鸿渐，复州竟陵（今湖北天门）人，唐代著名的茶学家，被尊为"茶圣"。

　　② 茶之笋者：茶芽。烂石：碎石。

　　③ 薇蕨：薇和蕨，两种植物，此处用来比喻刚抽芽的茶叶。

　　④ 丛薄：杂草、灌木丛生之地。

　　⑤ 颖拔者：长得挺拔出众的。

　　⑥ 蒸：利用水蒸气的热力将茶蒸热，使其梗、叶变软，以利于压制成形。

　　⑦ 焙：用微火烘茶。焙茶必用文火煨，这样能够在水分逐渐蒸发的同时使茶叶的色、香、味俱在。

　　⑧ 穿：将茶饼穿成串。

　　⑨ 封：封存，包装好。

　　⑩ 卤莽：粗略。

　　⑪ 蹙缩然：皱缩的样子。

　　⑫ 犎（fēng）牛臆者廉襜（chān）然：像犎牛胸肩的肉那样有廉棱。犎牛，一种领肉隆起的野牛。廉襜，有棱边。

菌然①，轻飚拂水者涵澹然②。有如陶家之子，罗膏土以水澄泚之③；又如新治地者，遇暴雨流潦之所经④。此皆茶之精腴。有如竹箨者⑤，枝干坚实，艰于蒸捣，故其形籭簁然⑥；有如霜荷者，至叶凋沮，易其状貌，故厥状委萃然⑦。此皆茶之瘠老者也。

自采至于封，七经目。自胡靴至于霜荷，八等。或以光黑平正言嘉者，斯鉴之下也。以皱黄坳垤言佳者⑧，鉴之次也。若皆言嘉及皆言不嘉者，鉴之上也。何者？出膏者光，含膏者皱，宿制者则黑⑨，日成者则黄⑩，蒸压则平正，纵之则坳垤，此茶与草木叶一也。

采茶

茶具

① 轮菌然：盘曲的样子。
② 轻飚（biāo）：轻风。涵澹：水激荡。
③ 罗：用箩筛东西。澄（dèng）：让液体中的杂质沉淀下去。泚（cǐ）：清澈。此句是说，有的茶饼就像陶匠用箩筛陶土，再用水淘洗之而得到泥膏那样细腻。
④ 遇暴雨流潦之所经：此处指有的茶饼就像新平整的土地被暴雨急流冲刷过后那样平滑。
⑤ 竹箨（tuò）：竹笋的外壳。
⑥ 籭（shāi）簁（shāi）然：像竹筛那样坑坑洼洼的样子。籭、簁，均为竹筛子。
⑦ 凋沮：凋零，败坏的样子。
⑧ 坳垤（dié）：形容茶饼表面凹凸不平的样子。
⑨ 宿制者：隔夜制成的茶。
⑩ 日成者：当天制成的茶。

西湖龙井

安溪铁观音

知识链接

　　中国名茶：西湖龙井，绿茶，产于浙江省杭州市西湖周围的群山之中，外形挺直削尖、扁平俊秀、色泽绿中显黄，汤色杏绿，芽芽直立；六安瓜片，绿茶，产于安徽省金寨县境内大别山中，取自茶枝嫩梢壮叶，因而叶片肉质醇厚，是我国绿茶中唯一去梗去芽的片茶；黄山毛峰，产于安徽省黄山的山坞深谷中，茶芽肥壮，柔软细嫩，滋味醇甜；洞庭碧螺春，产于江苏省太湖洞庭山，条索纤细，卷曲成螺，满披茸毛，色泽碧绿，汤绿水澈；君山银针，黄茶，芽壮多毫，着淡黄色茸毫，芽竖悬汤中冲升水面，徐徐下沉，再升再沉，三起三落，蔚成趣观；武夷岩茶，乌龙茶类，产于福建武夷山，茶树多生长在岩缝之中，具有绿茶之清香，红茶之甘醇，其中又以"大红袍"最为著名。此外，信阳毛尖、都匀毛尖、安溪铁观音、祁门红茶等，都是中国著名的茶叶种类。

　　茶马互市："茶马互市"起源于唐朝，是汉族和西部少数民族间一种以茶马互换为主的贸易形态。北宋时代，边区交易频繁，为边境安全，曾禁止边民以铜钱买马，改用茶叶、布帛、药材等来进行物物交换，并设立了茶马司。"茶马互市"是宋代具有重要的经济意义和战略意义的治边政策。明代官府继续推行茶马政策，并利用其盘剥少数民族，从中谋取巨大的利益。万历年间，官府规定上等马一匹换茶 30 篦，中等 20 篦，下等 15 篦。至清代，茶马治边政策有所松弛，私茶商人增多，至雍正年间，官营茶马交易制度终止。茶叶自宋以来不但成为中原王朝与西北和西南地区的藏族之间的大宗经贸产品，而且也成为与藏族之间保持友好关系的物质手段。

茶马古道：源于"茶马互市"，中国茶马古道有三条：陕甘茶马古道、陕康藏茶马古道、滇藏茶马古道。川藏茶马古道是陕康藏茶马古道的一部分，已有一千三百多年历史，东起雅州边茶产地雅安，经打箭炉（今康定），西至拉萨，最后通到不丹、尼泊尔和印度。茶马古道全长近四千余公里，路途艰险，气候恶劣，但茶马交易对沿线各民族人民的生活和文化都有着深远的影响，是联系古代西藏和内地的重要桥梁。

思考题

1. 查阅资料，了解中国制茶业的起源及其发展历程。

2. 陆羽对中国制茶业有何重要贡献？

3. 你认为中国茶文化的特点是什么？谈谈自己饮茶时的感受。

饮流斋说瓷（节选）[1]

许之衡

提示

本文讲述了宋代以来不同时期制瓷的特点，并指出制瓷总体上呈现出"由朴以趋华，由简以趋赜"的风格形态。作者还注意到了制瓷业的盛衰与时代变迁之间的关系，并且将中国各时代瓷器与不同时代、不同作家的诗进行概括对比，向世人展示了博大进深、精彩纷呈的中国"瓷文化"。文章中使用的很多名词与术语，至今仍为中外博物馆及文物界沿用。

---

[1] 《饮流斋说瓷》（山东画报出版社 2010 年版）是一部研究中国陶瓷史的专著。许之衡（1877—1935），字守白。广东番禺人，毕业于日本明治大学，历任北京大学国文系教授兼研究所国学门导师、北京师范大学讲师。

　　宋代制瓷，虽研炼极精，莹润无比，而体制端重雅洁，犹有三代鼎彝之遗意焉①。粉定妍巧极矣②，而花纹源出秦镜，纯白一色，仍极雅净也。至宋末而加彩兴，始稍稍趋于华美。元瓷间有花彩，然大都步宋规模，且不及宋制之精，时露古拙气象。大抵蒙古历年既短，故制品稍逊于宋代欤？有明聿兴③，制作渐备，润色承平，乃及瓷业。龙凤之文最古，殆沿宋制。由是而花卉，而众兽，而人物，增华饰美，然其时绘事犹见古朴疏宕之气焉④。至清康熙，专以名工制瓷，名手绘画，殆纯入于美术范围，而高穆浑雅之气犹未尽掩。入雍正，则专以佚丽胜矣。至乾隆则华缛极矣⑤，精巧之至，几于鬼斧神工，而古朴浑厚之致，荡然无存。故乾隆一朝，为有清极盛时代，亦为一代盛衰之枢纽也。政治、文化如是，瓷业亦然。嘉庆虽犹存典型⑥，然仅虎贲中郎之似⑦。道光画笔出以轻倩⑧，而物料美盛远逊前朝。咸同一蹶不振⑨，虽美术退化，亦时势使然也。光绪稍稍复兴，但有形式而乏精神矣。故观于瓷业之盛衰，与历史世代变迁之局成正比例。然由朴以趋华，由简以趋赜⑩，乃必循之轨也。

　　古瓷尚青，凡绿也、蓝也，皆以青括之。故缥瓷入潘岳之赋⑪，绿瓷纪邹阳之编⑫。陆羽品茶，青碗为上。东坡吟诗，青碗浮香。柴窑则雨过天青⑬，汝窑、哥窑、龙泉、东窑均主青色⑭，此宋以前尚青之明证也。至均窑始尚红色，元瓷于青中每发紫色，至明宣德祭红则为红色之极轨⑮。康熙郎窑递衍递嬗，而豇豆红、胭脂水尤为时代所尚。故青色以后，红色继兴，至于今益盛，足见由朴趋华之显征也。而西人于重红之外，兼重黑色，

---

①　鼎彝：古代青铜器，造型古朴、凝重，有饰纹。
②　粉定：瓷器之一种。仿照定窑瓷器而和以石粉者称为"粉定"。
③　聿：用于句首或句中，无实义。兴：兴盛。
④　疏宕：流畅奔放。
⑤　华缛：华采繁富。
⑥　典型：古代体制、形态。
⑦　虎贲：勇士。中郎：指东汉蔡邕，曾做左中郎将。此句意为，有一个勇士与蔡中郎长相特别相似，此处用以说明嘉庆时代的制瓷与前代外形相似，而实际则不如。
⑧　轻倩：轻快美好。
⑨　咸同：咸丰与同治的年号。
⑩　赜（zé）：深奥，玄妙。
⑪　缥瓷：指称晋代浙江温州一带的瓯窑所产青瓷。潘岳：即潘安，西晋著名文学家。其所作《笙赋》一文中，有"倾缥瓷以酌雩"之句。
⑫　纪：这里是指被记载。邹阳：西汉文学家，其所作《酒赋》一文中，有"醪醲既成，绿瓷既启"之句。
⑬　柴窑：相传为五代后周皇帝柴荣自创的陶瓷窑，故名。故址在今河南郑州一代。雨过天青：瓷器釉色名。相传五代后周皇帝柴荣曾对请瓷器式的人说过："雨过天青云破处，梅子流酸泛青时。"据此而烧造出来的釉色就叫"雨过天青"。
⑭　龙泉：宋代六大窑系之一，其主要产区在浙江龙泉市。东窑：宋代北方著名民窑，故址在今河南开封附近，以东青器见称。
⑮　祭红：亦称霁红，一种鲜红的釉色。

青色则稍稍摈弃。此种心理不解其由，或者物以希为贵欤？由是言之，青为过去之色，红为极盛之色，而黑为异军特起之色。若夫白色者，则除粉定外，不甚见重于世。殆贵华而贱素固人情所同耶？

试以瓷比之诗家，宋代之汝、均、哥、定，则谢宣城、陶彭泽也①。淡而弥永，渊渊作金石声②，殆去三百篇犹未远也③。元瓷者，其晋人之古乐府欤？质直而有致，朴拙而不陋。若明瓷，则初唐之四杰也④。壮夑华贵⑤，开盛唐之先声，而疏处往往不及来者。至于康熙，殆如李杜，无美不臻，而波澜老成纯乎天马行空⑥，不可羁勒矣⑦。若雍正，颇似王龙标、岑嘉州⑧，高华而清贵者也。若乾隆，则似元、白、温、李⑨，极妃青丽白之能事⑩，所谓千人皆爱，雅俗共赏者矣。嘉庆者，有如晚唐之皮、陆⑪，矩矱不失而声价远逊⑫。道光品格较小，而饶有别趣。揆之诗家，其殆宋代之姜尧章欤⑬？若夫光绪，则明之七子也⑭。刻意摹凝古人，其功力亦有独到处，然比之盛唐，则不啻上下床之别矣⑮。瓷者工之美术，诗者辞之美术，不类而类，亦足资一噱也⑯。

知识链接

海上陶瓷之路：与茶叶、丝绸一样，瓷器也是我国古代重要的对外贸易物品，在与世界各国的交流中，起着纽带作用。陶瓷贸易的主要线路一是沿着著名的丝绸之路，从陆路销往中亚细亚、波斯乃至地中海沿岸地区。另一条从海路自广州绕马来半岛，经印

---

① 谢宣城：即谢朓。陶彭泽：即陶渊明。
② 渊渊：象声词。
③ 三百篇：《诗经》的代称。
④ 初唐四杰：是中国唐代初期四位文学家王勃、杨炯、卢照邻、骆宾王的合称，简称"王杨卢骆"。
⑤ 夑（ào）：矫健有力。
⑥ 波澜老成：形容文章气势浩瀚有起伏，语句老练。天马行空：形容文笔的超逸流畅。
⑦ 羁勒：同"羁勒"，束缚。
⑧ 王龙标：即王昌龄。岑嘉州：即岑参。
⑨ 元、白、温、李：即元稹、白居易、温庭筠、李商隐。
⑩ 妃青丽白：妃，同"配"。"丽"，同"俪"，对仗。用青配白，形容诗文对仗工稳。
⑪ 皮、陆：即皮日休、陆龟蒙。
⑫ 矩矱（yuē）：规矩法度。
⑬ 姜尧章：即姜夔。
⑭ 明之七子：有"前七子"与"后七子"之分。前七子指李梦阳、何景明、徐祯卿、边贡、康海、王九思和王廷相。后七子指李攀龙、王世贞、谢榛、宗臣、梁有誉、徐中行、吴国伦。
⑮ 不啻上下床之别：形容人或事高下悬殊。上下床，典见《三国志·魏志·陈登传》，言陈登因不满来访的许汜没有大志，而自卧大床，让客人卧下床。
⑯ 噱（jué）：大笑。

度洋达波斯湾，远到地中海及非洲的埃及，被称为"海上陶瓷之路"。在过去的千余年里，中国陶瓷通过各种渠道输往亚洲、非洲、欧洲、美洲和澳洲的许多地区，对这些地区的物质文化发展和社会生活产生了重大影响，具有不可磨灭的贡献。直到19世纪上半叶以后，随着欧洲瓷器的发展和日本瓷器的崛起，以及清朝政府的腐败与社会动乱，尤其在鸦片战争之后，中国瓷业趋于衰落，瓷器外销亦锐减。

景德镇及青花瓷器：景德镇是中国著名的"瓷都"，位于江西省东北部，历史上与广东佛山、湖北汉口、朱仙镇并称全国四大名镇。青花瓷是景德镇的四大传统名瓷之一，起始于唐宋，成熟于元代。青花瓷是用含氧化钴的钴矿为原料，在陶瓷坯体上描绘纹饰，再罩上一层透明釉，然后在高温1300摄氏度上下一次烧成，使色料充分渗透于坯釉之中，呈现青翠欲滴的蓝色花纹，显得幽倩美观，明净素雅。青花是中国最具汉族民族特色的瓷器装饰，是釉下彩瓷的一种，也是中国陶瓷装饰中较早发明的方法之一。

宋朝五大官窑：

汝窑，五大名窑之首，窑址在今河南省宝丰县大营镇清凉寺村，宋时属汝州。汝窑以青瓷为主，"釉色天青色""蟹爪纹""香灰色胎""芝麻挣钉"等是鉴别汝窑的重要依据。汝窑瓷胎体一般较薄，釉层较厚，有玉石般的质感，釉面有很细的开片，而在造型上则比较庄重大方。汝窑传世的作品不足百件，又因其工艺精湛，所以非常珍贵。

官窑，宋代官窑由官府直接营建，分北宋官窑和南宋官窑。宋代官窑瓷器主要为素面，既无华美的雕饰，又无艳彩涂绘，最多使用凹凸直棱和弦纹为饰。其胎色铁黑、釉色粉青，"紫口铁足"增添古朴典雅之美。"紫口铁足"是指青瓷胎料中含铁量高达 $3.5\% \sim 5\%$，致使制品的口缘釉薄处露灰或灰紫色，而底端刮釉露胎处呈黑褐或深灰色。

哥窑，与官窑类同，也有紫口铁足，也有开片，其窑址至今不明，学界对其烧造年代也有分歧，大多数人认为是元代。许多瓷器在烧制过程中，一般都不允许有太多的釉面的开裂纹片，但哥窑却将"开片"的美发挥到了极致，产生了"金丝铁线"（瓷器釉面大开片纹路呈铁黑色，称"铁线"；小开片纹路呈金黄色，称"金丝"）。

钧窑，主要烧造时期有说为宋、金、元。钧窑虽然也属于青瓷，但它不是以青色为主的瓷器。钧窑的颜色还有玫瑰紫、天蓝、月白等多种色彩。其中，"钧红"的烧制成功则开创了一个新境界。其典型特征就是"蚯蚓走泥纹"，像雨过天晴以后，蚯蚓在湿地爬过的痕迹。

定窑，最早为北宋宫廷烧造御用瓷器的窑场，也是宋代五大名窑中唯一烧造白瓷的窑场。定窑窑址在河北曲阳。定窑的特点在于一方面色调暖白，细薄润滑的釉面白中微闪黄，给人以湿润恬静的美感；另一方面则由于其善于运用印花、刻花、划花等装饰技法，将白瓷从素白装饰推向了一个新阶段。定窑造型以盘、碗最多。

汝窑瓷器

官窑瓷器

哥窑瓷器

钧窑瓷器

定窑瓷器

思考题

1. 瓷器对中华文明的发展有何影响？

2. 简述中国瓷器走向世界的历程，并谈谈中国瓷器对世界文明的影响。

蜀中锦[①]

沈从文

谁都知道"蜀锦"是指四川成都织造的花锦,可是蜀锦究竟是个什么样子,在历史发展中,每个时代花样有什么特征,它和江浙生产又有什么不同?还少有人认真注意过。试来问问在学校教纺织工艺图案的先生,恐怕也不容易说得明白。原因是如不能把文献和实物相互印证,并从联系和发展认真探讨分析,不论是成都蜀锦,还是江宁云锦,都不大容易搞清楚。

春秋战国以来,锦出陈留,薄质罗纵和精美刺绣出齐鲁[②]。可知当时河南、山东是我国丝绣两个大生产区。汉代早期情形还不大变。因此政府除在长安设东西二织室外,还在齐地设三服官,监造高级丝绸生产。为团结匈奴,每年即有几千匹锦绣运出关外,赠与匈奴诸君长。近年在内蒙古新疆出土的锦绣,证明了历史记载的真实。当时上层社会用锦绣也格外多,"刺绣纹不如倚市门"之谚,一面反映经商贩运的比生产的生活好,另一而也说明生产量必相当大,才能供应各方面的需要。

蜀锦后起,东汉以来才著名,三国鼎立,连年用兵,诸葛孔明在教令中就曾说过,军需开支,全靠锦缎贸易,产量之大,行销之广,可想而知。曹丕是个花花公子,好事买弄,偶而或者也出点主意,作些锦样,因此在《典论》中曾说,蜀锦下恶,虚有其名,鲜卑也不欢迎。还不如他派人织的"如意虎头连璧锦"美观。说虽那么说,曹氏父子还是欢喜使用蜀锦。到石虎时[③],蜀锦在邺中宫廷还占重要地位。唐代以来,河北定县、江南吴越和四川是三大丝绸生产区,吴越奇异花纹绫锦,为巴蜀织工仿效取法。然而张彦远写《历代名画记》[④],却说唐初太宗时,窦师纶在成都作行台官,出样设计十多种绫锦,章彩奇丽,流行百年尚为人喜爱。唐代官服计六种纹样,又每年另为宫廷织二百件锦半臂、二百件赠外国使节礼品用的锦袍,打球穿的花锦衣,且有一次达五百件记载。《唐六典·诸道贡赋》中[⑤],且具体说起四川遂州、梓州每年必进贡"樗蒲"绫。这种梭子式图案织物,到宋代发展为"樗蒲"锦,元明还大量生产,现存不下二十种不同花样,极明

---

① 本文节选自《花花朵朵 坛坛罐罐——沈从文谈艺术与文物》(重庆大学出版社 2014 年版)。书中收录了作者关于艺术与文物研究方面的文章。沈从文(1902—1988),湖南凤凰人,原名沈岳焕,现代作家、学者。

② 罗:轻柔的丝织品。纵:起皱的花纹。

③ 石虎:后赵武帝(295—349)字季龙,334—349 年在位。

④ 历代名画记:中国第一部绘画通史著作,唐代张彦远著。

⑤ 唐六典:全称《大唐六典》,是唐朝一部行政性质的法典,成书于开元 27 年(739 年)。

显多由唐代发展而出。五代时，蜀中机织工人又创造大幅"鸳鸯衾"绵。后来孟昶投降北宋①，仓库所存锦彩即过百万匹。北宋初文彦博任成都太守，为贡谀宫廷宠妃，特别进贡织造金线莲花灯笼锦后，直到明清还不断产生百十种各式各样灯笼锦。成都设"官锦坊"，所织造大小花锦，又设"茶马司锦坊"换取国防所需要的车马，有些在《蜀锦谱》中还留下一系列名目，且在明清还有织造。宋代每年特赐大臣的七种锦名，也还可在明清锦中发现。元代成都织十样锦，名目还在，就现存过万种明锦分析，得知大部分花纹图案，到明代也还在生产。蜀锦在艺术上的成就或工艺上的成就都显明，是万千优秀织工在千百年中不断努力得来的。蜀锦式样，从现存明锦中必然还可以发现百十种。近百年来格子式杂色花五彩被面锦，清代名"锦缎"，图样显明出于僮锦而加以发展，十九世纪晚期生产，上至北京宫廷，下及民间，都还乐于使用，其实也远从唐代小团案格子红锦衍进而来。现代晕色花样花锦，则是唐代蜀中云裥锦的一种发展。

　　蜀锦生产虽有悠久光辉工艺传统，二千年来究竟有些什么花样，特点何在，元人费著《蜀锦谱》曾为我们提供了一些线索②。但是过去实少有人能结合实物，作进一步研究。一般人印象，只不过知道近代格子杂色花被面锦，是蜀中锦之一而已。近年来，我们对于古代锦缎，曾作了些初步探索，对蜀锦才有了些常识。古代工艺图案花纹，极少孤立存在。汉代部分工艺图案，多和当时神话传说有一定联系。《史记·封禅书》等记载东海上有三神山，上有白色鸟兽和仙人一道游息同处，长生不死，通过艺术家想象，因此不仅反映在当时铜、陶制博山香炉和酒樽等器物上作为装饰，同时还广泛使用到一般石、漆、铜、木的雕刻装饰纹样上，丝绣也多采用这个主题，作成各种不同发展。图案基本是鸟兽神人奔驰腾跃于山林云气间。有些锦缎又在花纹间加织文字，如"登高明望四海"，可知创始年代，显然和登泰山封禅有关，如非出于秦始皇时期，必是汉武帝刘彻登泰山时。"长乐明光"是汉宫殿名目③，"子孙无极"是西汉一般用语，由此得知，这些丝绸图案必成熟于西汉。汉文化的普遍性，表现于各方而，丝绸也受它的影响，这些在中国西北边缘地区发现的二千年前锦缎，既或是长安织室的产物，我们却可以说，古代蜀锦，也必然有这种花样。晋人陆翙著《邺中记》，即提起过"大小明光"、"大小登高"诸锦名目，更证实直到晋代，蜀锦生产还采用这种汉代图案。唐代蜀锦以章彩奇丽见称，花树对鹿从图案组织来看，还保持初唐健美的风格。梭子式图案的樗蒲绫、锦，花纹有

---

　　①　孟昶（chǎng）：五代十国时期后蜀末代皇帝。

　　②　《蜀锦谱》：研究两宋丝绸生产的重要文献，元代费著撰。一卷。全文记述了成都锦院的设置、规模、分工、产量、产品用途、管理方法、建置沿革和所产八答晕锦、盘球锦、簇四金雕锦等120个名种，以及茶马司锦院所产的20余个品种，是研究古代蜀锦的专书。

　　③　长乐明光：长乐宫，明光殿，皆为汉代宫殿名称。"长乐明光"寄寓吉祥之意。

龙凤、对凤、对牡丹、聚宝盆等不同内容一二十种。宋代灯笼图案花锦，发展到明清更加丰富多彩。格子杂色花样，如用它和汉代空心砖图案比较，可知或许汉代就有生产，特别是中心作柿蒂的，原出于汉代纹样。惟就目下材料分析，则出于唐代，建筑彩绘平棋格子的形式，和他关系密切。此后约一千年，凡是这种格子花锦，即或不一定是蜀中生产，也可以说是"蜀式锦"一个典型品种。

近半世纪以来，由于旧政权官僚政治的腐败无能，军阀连年混战割据，蜀锦生产受摧残打击，十分严重。仅有一点残余，在生产花纹图案方面，又因为和优秀传统脱离，无所取法。提花技术方面，也不能改进。花纹色彩，都不免保守，难于和日新月异的近代上海、南京、苏杭各地生产竞争。直到近年，生产组织有了基本改变，由分散到集中，才得到新的转机。近年来虽努力直追，还是进展较慢，不能如本省其他部门工艺生产有显著提高。因此，谈到民族优秀遗产，求古为今用，综合民族的和民间保存下来的万千种锦缎好花样，并参考苏杭新提花技术，求改进蜀锦生产，使蜀中锦在国内外重新引起广大人民的重视，恢复本来盛名，应当是今后作研究工作的和主持生产工艺设计以及保有优秀技术和丰富经验的织锦工人共同努力的一个方向。看看近年四川改进的竹器，成绩就十分出色。但是研究工作要踏实，首先得有种新的认识，工作也相当艰巨。得抽出一定人力，投入大量劳动来整理材料，必需真正明白有些什么优秀遗产，才能好好利用这个优秀遗产！如停顿到原来认识基础上，只根据极少部分资料，半出附会，半出猜想，说这是唐，那是宋，谈研究，谈改进，都不能不落空。

知识链接

四大名锦："锦"起源于中国，已有3000多年的历史。它是丝织物14大类中的一类，是指经纬丝无捻或加弱捻，采用先染后织，具有多种色彩花纹的丝织物。在我国众多的锦中，最为著名的锦有蜀锦、云锦、宋锦和壮锦，合称"四大名锦"。

云锦，南京传统提花丝织物的总称，其历史可追溯到宋朝在南京设立的官营织造——锦署，以其华贵，多彩灿烂，变换如云霞而得名。云锦的花纹图案布局严谨庄重，变化概括强，用色浓艳对比性也强，又常以片金勾边，白色相间并以色晕过渡，图案具有浓厚质朴的传统风格，色彩华丽，别具一格。

壮锦，广西壮族自治区传统的著名丝织物，产生于宋代。当时壮族称为僮族，故壮锦又称僮锦。其织物以棉纱股线或麻纱股线为经、桑蚕丝为纬，也有采用染色桑蚕丝为经、染色有光人造丝或金（银）皮作纬织造。它采用两组经线和四组纬线在缎纹组织地

云锦

壮锦

纹上提织各色纬花，形成对称花纹，或用多种彩纬线挑出花纹。壮锦的花纹图案接近剪纸图案，变化千姿百态，具有浓艳粗犷的艺术风格。

蜀锦，又称蜀江锦，是指起源于战国时期成都所出产的锦类丝织品，有两千年的历史，大多以经线彩色起彩，彩条添花，经纬起花，先彩条后锦群，方形、条形、几何骨架添花，对称纹样，四方连续，色调鲜艳，对比性强，是一种具有汉民族特色和地方风格的多彩织锦。蜀锦图案的取材十分广泛、丰富，千百年来不断发展、提炼，具有高度的概括性和艺术水平。

宋锦，一是指宋代由官府锦院主持生产的织锦，二是指明、清时期由苏州织造府主

蜀锦

持生产的宋式锦。宋锦纹样繁复多变，图案灵活多姿，题材广泛多意，造型生动而流畅，构图朴实大方，结构严谨古朴。加上几何骨格添花，花中套花，花纹精细而饱满，风格端庄，典朴娟秀，配色典雅和谐。宋锦的特点是质地柔软，色泽光亮，花型雅致，古意盎然，富有浓郁的民族特色。

宋锦

思考题

1. 锦绣在汉代以前的主要用途是什么？

2. 蜀锦从东汉至明清，各时期都存在哪些代表性的创造？

3. 结合沈从文先生的看法，对于民族工艺的保护和继承，谈谈你的想法。

参考书目

李约瑟：《中国科技史》第一卷，北京：科学出版社 1990 年版。

王世襄：《明式家具珍赏》，北京：文物出版社 2003 年版。

潘嘉来：《中国传统手工艺文化书系》，北京：人民美术出版社 2006 年版。

华觉明，李绵璐：《中国手工艺丛书》，郑州：大象出版社 2010 年版。

华觉明：《民间技艺》，北京：中国社会出版社 2011 年版。

宋应星：《天工开物》，北京：中国画报出版社 2013 年版。

沈从文：《花花朵朵　坛坛罐罐——沈从文谈艺术与文物》，重庆：重庆大学出版社 2014 年版。